남자의 물건

김정운이 제안하는 **존재확인의 문화심리학**

남자의 물건

김정운(여러가지문제연구소장 · 명지대 교수) **지음**

21세기북스

왜
'남자의 물건'
인가

"인생에서 피크peak는 만드는 거 아니여!"

지난 가을 함께 식사하던 중에 이어령 선생이 하신 이야기다. 흥분해서 정신없이 돌아다니는 나를 무척 불안하게 보셨던 것 같다.

"피크를 만들면 내려오는 길밖에 없는 거여. 피크가 눈에 보이는 듯하면 산을 바로 바꿔 타야 해."

이어령 선생은 중요한 이야기 끝에는 항상 이런 충청도 사투리를 쓰신다. 당시에는 아무 생각 없이 "아, 예" 했다. 그런데 그 후 '피크'라는 단어가 자꾸 생각나는 거다. 도대체 내가 추구하는 인생의 '피크'는 뭔가 하는 질문이기도 했다.

다 때려치우고 한 일 년 쉬면서 공부하기로 했다. 난 결정을 아주 빠르고 과감하게 한다. 아주 소심하지만 결정 하나 잘 내리는 걸로 이제까지 버텼다. 그렇지 않아도 글을 쓰다 보면 생각을 자꾸 쥐어짠다는 느낌에 너무 괴로웠다. 하고 싶은 이야기, 나누고 싶은 생각이 샘물처럼 차고 넘쳐야 글 쓰는 게 재미있는 거다.

이어령 선생이 명예학장으로 계시는 '나라현립대학교'에 추천장을 써주셨다. 아주 조용하고 공부하기 너무 좋다고 하셨다. 그래서 지난 2012년 1월 초부터 나라에서 혼자 지내고 있다. 정말 너무 조용하다. 진짜 아무것도 없다. 아주 미칠 지경이다. 그렇게 바쁘고 정신없이 살다가 갑자기 혼자 뚝 떨어져 있으니 환장할 지경이다. 어떤 날은 쓸쓸함에 방바닥을 떼굴떼굴 구르고 또 구른다.

자전거를 샀다. 앞에는 장바구니가 달린 전형적인 일본 아줌마, 아저씨가 타는 자전거다. 아침마다 그 자전거를 타고, 나라현립도서관에 출근한다. 아름다운 개울이 흐르는 논길 사이로 자전거를 타고 간다. 너무 낭만적이다.

고국의 나를 아는 여인들이 이런 모습을 보면 얼마나 멋있다고 생각할까 하는 아주 유치한 생각도 매번 한다. 수컷들은 죄다 그렇다. 그래서 아령을 들 때, 거울 보면서 온갖 엄숙한 표정을 짓는 거다. 그러나 그때뿐이다. 도서관에서 하루 종일 앉아 있다 집에 돌아오면 차가운 방바닥만이 날 기다린다. 온돌이 없는 일본은 너무 발 시리다.

저녁 내내 혼자 앉아 음악만 듣는다. 바흐가 다시 좋아졌다. 바쁠 때는 바흐가 전혀 안 들린다. 이렇게 마음이 처연해야만 바흐가 들린다. 바흐의 〈사냥 칸타타〉에 나오는 〈양 떼는 평화스럽게 풀을 뜯고〉 (난 이곡의 제목을 이상하게 매번 '양 떼는 디비져 자고'로 기억한다)를 듣다 보면 정말 구름 위에서 '디비져' 자는 아련한 기분이다. 특히 피아노로 편곡된 것을 듣다 보면 영혼이 '찡'하는 느낌에 눈물이 날 정도다. (검색하면 바로 찾을 수 있다. 정말 꼭 한번 들어보라.) 가끔은 영혼이 맑아지는 느낌이 뭔지 기억해야 한다. 인생을 아무 생각 없이, 너무 막 살고 있다는 생각이 안 드는가?

바흐의 〈아리오소 Arioso〉도 환상적이다. 쳄발로 연주도 좋고, 오보에 연주도 기가 막히다. 그러나 내겐 첼로 연주가 최고다. 이 곡을 들을 때면 꼭 여자 첼리스트가 연주하는 장면을 상상한다. 난 그 여인의 첼로가 된다. 음악에 몰두하여 황홀한 표정으로 연주하는 여자 첼리스트는 시종일관 나를 꼭 껴안고 있다. 한 손으로는 활로 나를 아주 부드럽게 더듬고, 다른 한 손으로는 손톱으로 쉴 새 없이 나를 찌르고 누르며 흔든다. 세상에 이렇게 흥분되는 상상은 없다. 아, 고작 혼자 한 달 지내고 이렇게 맛이 간 거다.

다행히 외로우면 글이 참 잘 써진다. 너무 외로운데, 누구에게라도 이야기를 하고 싶은데, 아무도 없으니 원고지에 끝이 없는 이야기를 하는 거다. 신기하게도 그토록 쥐어짜내야 했던 글이 그냥 술술 나온다. 그래서 이곳의 혼자 생활을 버틸 수 있는 거다. 덕분에 《남자의 물건》도 잘 마무리 할 수 있었다.

차범근, 안성기, 조영남의 물건을 본 적 있는가?

'남자의 물건'에 관심 있냐고 묻자, 가깝게 지내는 〈경향신문〉의 유인경 기자가 그런다.

"차범근의 물건은 무척 관심 있는데, 안성기, 조영남의 물건은 아무 관심 없네요!"

왜냐니까, 안성기는 이름만 '국민에로배우'지 집 밖에서는 전혀 쓸

데없는 물건이라고 소문났고, 조영남의 경우는 노인네 물건 봐봐야 보는 자기 눈만 손해란다(유인경 기자와 조영남은 매우 친해 이보다 더 심한 이야기도 막 한다. 대한민국에서 말로 유 기자를 당해낼 남자는 없다. 내가 직함으로 쓰고 있는 '여러가지문제연구소장'도 유인경 기자가 작명해준 거다. 이 책이 잘되면 큰 선물해야 한다).

사실 '남자의 물건'에 대한 구상을 한 지는 꽤 오래되었다. 한국 사회가 왜 이렇게 힘들고 복잡한가에 대한 고민에서 출발했다. 다들 정치나 경제 불평등이 근본문제라고 한다. 신문과 방송에는 세상의 모든 전문가들이 나와 사회구조적 문제를 진단하고 대안을 제시한다. 물론 정치경제적 문제는 매우 중요하다. 그러나 왜 다들 그 문제만 이야기하는데, 왜 도무지 변화가 없는 걸까? 나는 한국 사회의 문제를 좀 다른 방식으로, 아주 구체적으로 접근하고 싶었다.

한국 사회의 문제는 불안한 한국 남자들의 문제다. 존재 확인이 안되기 때문이다. 불확실한 존재로 인한 심리적 불안은 적을 분명히 하면 쉽게 해결된다. 적에 대한 적개심, 분노를 통해 내 존재를 아주 명확히 확인할 수 있기 때문이다. 아주 오래전부터 사용된 방법이다. 불안한 정치세력은 적을 분명히 하는 방식으로 권력을 유지하려 한다. 개인도 마찬가지다. 자꾸 적을 만들어야 내 불안함이 사라진다.

또 다른 존재 확인의 방식이 있다. 이야기다. 내 존재는 내가 하는 이야기를 통해 확인된다. 사실 문명사에서 '인간은 이야기를 통해 존재한다!'는 사실을 깨달은 것은 불과 얼마 전 일이다. 비트겐슈타인 이후의 이야기다. 이를 일컬어 '내러티브 전환narrative turn'이라고 한다. '인간은 생각해서 이야기하는 것이 아니라, 이야기하려고 생각한다'는 것이다.

그래서 인류문명이 가능했다는 거다. 우리가 그림을 그리고, 영화를 보고, 축구를 보는 것도 다 나중에 이야기하고 싶어서 그러는 거다. 아침마다 신문을 들추며 '쯧쯧'거리고, 뉴스를 보며 주먹을 불끈불끈 하는 이유도 다 이야기하고 싶어서 그러는 거다.

개인도 마찬가지다. 자기 이야기가 풍요로워야 행복한 존재다. 할 이야기가 많아야 불안하지 않다. 한국 남자들의 존재 불안은 할 이야기가 전혀 없다는 사실에서 출발한다. 모여서 하는 이야기라고는 정치인 욕하기가 전부다.

사회적 지위가 그럴듯할 때는 그래도 버틸 만하다. 자신의 지위에서 비롯되는 몇 가지 이야기가 가능하기 때문이다. 그러나 사회적 지위가 사라지는 순간 그 이야기도 끝이다. 남자가 나이 들수록 불안하고 힘든 이유도 바로 그 때문이다. 도무지 할 이야기가 없기 때문이다. 그래서 '남자의 물건'이다.

자기 물건에 관한 이야기를 한번 해보자는 거다. 물건이야기를 하자면 꼭 '상품자본주의로 인해 왜곡된 인간의식'이 어쩌고 한다. 아, 그런 낡은 유성기는 이젠 좀 그만 틀자. 다른 이야기도 좀 해보자는 거다. 물건을 통해 매개된 존재의 스토리텔링이 어떻게 가능한가를 살펴보자는 이야기다.

'여자의 물건'이라면 바로 여러 가지가 떠오른다. 목걸이, 반지, 가방, 구두, 화장품 등등. 그래서 여자들은 삶이 흥미로운 거다. 여행을 가도 남자들보다 훨씬 더 재미있다. 볼 것도 많고, 이야기할 것도 많기 때문이다. 그런데 남자의 물건이라면 도무지 떠오르는 게 없다. 대부분 잠시 당황하다가, 은밀한 곳의 '그 물건'을 떠올린다. 너무 서글픈 일 아닌가? 여자의 물건은 그토록 화려하고 다양한데, 남자의 물건이라면 기껏 '거무튀튀한 그것'만 생각난다니.

다양한 분야의 대표적인 열 분을 찾았다. 이어령, 신영복, 안성기, 차범근, 조영남, 유영구, 이왈종, 박범신, 김문수, 문재인. 개인적으로 일일이 다 찾아뵙고 의도를 설명했다. 열 분 모두 기꺼이 인터뷰에 응해주셨다. 정말 감사할 뿐이다. 내 예상대로였다. 그분들 각자가 펼쳐놓은 물건 이야기는 너무 흥미진진했다. 인터뷰를 정리하고, 책을 써나가는 내내 참으로 즐겁고 행복했다.

이 책을 읽는 독자들도 자신에겐 어떤 물건이 있는가를 생각해봤으면 좋겠다. 자기 삶에 관해 도대체 어떤 이야기를 할 수 있는지 생각해보자는 거다. 이 땅의 여인들도 자신의 남편, 남자친구의 삶에 대해 관심 좀 가져줬으면 좋겠다. 여자들은 모이면 할 이야기가 끝이 없다. 아무리 어렵고 힘들어도 할 이야기가 많다는 것은 삶의 의욕이 충만하다는 뜻이다.

그러나 남자들의 일상을 한번 가만히 들여다보라. 도대체 무슨 재미있는 이야기가 있을 것 같은가? 그래서 부부동반 모임에서 절대 남편들을 따로 앉히면 안 되는 거다. 정말 할 이야기 없다. 그렇게 서로 마주보고 있기가 너무나 고통스럽다. 그래서 자꾸 부인들 테이블에서 흘러나오는 이야기에 귀 기울이는 거다.

아버지, 아들, 그리고 아들의 아들에 관하여

한 달 전, 큰 아들이 군대에 갔다. 지금 아주 추운데 전방 사단에서 훈련 받고 있다. 그 녀석 입영날짜가 결정된 다음 날, 북한의 김정일이 갑자기 죽었다. 곰곰이 생각해보니 이거 남의 일처럼 손 놓고 있을 일이 아닌 듯 했다. 아들에게 전화해서 입영날짜를 연기해보라고 했다. 그랬더니 "천하의 아빠가 왜 그래?" 그런다. 녀석이 아주 폼 나 보였다. 아, 난 그게 매번 문제다. 폼 나 보이면 다 된다고 생각하는 거다. 내 큰 아들은 키도 나보다 훨씬 더 크고, 생긴 것도 애비 닮아 아주 훤하다. 그런데 생각까지 그렇게 폼 나게 하는 거다. 하도 기특해서, "그래, 그냥 가라. 멋있다!"고 했다.

의정부에 있는 보충대로 머리 바짝 깎은 아들 들여보내고 돌아 나오는데, 눈이 많이 내렸다. 날씨도 갑자기 추워졌다. 그날 저녁, 내 연구실에 앉아 눈 내리는 창문 바깥을 내다보려니 자꾸 마음이 울컥해지며 눈물이 나오는 거다. 그러다 아예 엉엉 울었다. 추운데 고생할 내 아들 생각에만 그런 것은 아니다. 꼭 30년 전, 내가 군대 갈 때의 내 아버지의 마음도 이랬을 거라는 생각이 느닷없이 떠올라서다.

이제까지 나는 어머니만 슬퍼했다고 생각했다. 아버지도 그러셨다.

"너희 엄마가 얼마나 울었는지 모른다. 첫 면회하고 오던 날은 눈이 어찌나 많이 오던지, 화천에서 서울까지 오는데 열 시간도 더 걸렸다."

아버지는 그 이야기만 지금까지 수십 번도 더 했다. 매번 어머니만 울었다고 했다. 아버지 당신의 마음이 어떠했는지는 한 번도 이야기 한 적 없다. 그래서 난 아버지는 하나도 안 슬펐을 거라고 생각했다.

아니, 아버지가 어떤 마음이었을까에 대해서는 아무 관심도 없었다.

그런데 내가 겪어보니 그건 아닌 거다. 그렇게 폼 나고 잘생긴 내 아들이 군대 가는데도 이렇게 수시로 마음이 울컥하는데, 그 무식하던 시절 학교에서 제적되고 화천북방으로 강제징집당해 끌려가던 초라한 아들을 바라보던 내 아버지의 마음은 도대체 어땠을까. 그래서 이 글을 쓰면서도 자꾸 눈물이 난다. 추운데 고생할 '폼 나는 내 아들' 생각에 슬프기도 하고, 그 옛날, 나 때문에 참 많이 마음 아프셨을 아버지 생각도 나서 그렇다. 혼자서 아주 이중으로 슬프다.

이 책을 쓰면서 아버지 생각을 참 많이 했다. 올해 여든셋이신데도 여전히 건강하시다. 참 감사한 일이다. 귀는 잘 안 들리지만 아직도 매일같이 영어, 일어책을 읽으신다. 서재에 계신 아버지의 모습은 여전히 참 폼 난다. 내가 서재를 폼 나게 꾸미고, 그 안에서 하루 종일 꼼지락거리는 건 순전히 아버지의 영향이다. 어릴 때는 그토록 벗어나고 싶었던 아버지의 그늘이었다. 내 나이 오십이 넘도록, 아버지의 마음이 어떨까에 대해서는 한 번도 생각해본 적 없다. 그 아버지를 나는 '아들을 군대 보낸 아버지'가 되어서야 비로소 생각하게 된 것이다. 그래서 남자는 군대 가야 하나 보다.

나는 내 아버지가 참 좋다. 내 아들도 언젠가는 나처럼 자기 아버지를 참 좋아했으면 좋겠다. 그래서 이 책을 내 아버지, 내 아버지의 아들, 그리고 그 아들의 아들, 이 세 사람에게 '헌정'하고 싶다. 이런 경우, 헌정이라는 단어가 맞는지 모르겠다. 아무튼, 아버지와 아들을 둔 여자들도 꼭 읽어야 하는 '남자들 책'이란 이야기다.

남자의 물건 차례

1부
남자에게

2부

남자의
물건

1부

남자에게

늙어보이면
지는 거다!

"아가씨, 얼굴에 뭐 묻었어요!"

식당에서건 카페에서건 내 친구 강영식은 여자만 보면 꼭 그런다. 당황한 여자는 얼굴을 손으로 가리며 묻는다.

"뭐가요?"

영식이는 빙긋이 웃으며 대답한다.

"아름다움이……."

아, 정말 환장한다. 손발이 다 오그라든다. 정말 말도 안 되는 이런 종류의 농담이라도 던져야 여인들이 관심을 가져주는 나이가 된 것이다. 문제는 다른 친구들도 이런 종류의 '아저씨 유머'가 재미있다고 생각한다는 사실이다.

평양의 아가씨에게도 이 유머가 통했다는 영식이의 무용담에 감동한 화식이와 응원이는 나이가 들수록 이런 '잔잔한 유머'가 필요하다며 수첩에 받아 적기까지 한다. 옛날 시골 다방에서 쌍화차 한잔 시켜놓고 어떻게든 '레지 아가씨' 손 한번 만져보려던 할아버지들의 모습과 크게 다를 바 없다.

최근 몇 년 사이 내 친구들은 이렇게 급속히 늙어간다. 이제 아무도 늙어가는 것을 슬퍼하거나 노여워하지 않는다. 심리적으로 포기하고 나니 몸은 더 빨리 망가진다. 모두들 허리띠가 배꼽 위로 올라오는 펑퍼짐한 바지를 입고 뒤로 거의 자빠지듯 의자에 앉아 있다. 하는 이야기라고는 죄다 세상 못마땅한 이야기뿐이다. 가끔 천장을 올려다보는 모습이 많이 서글프다.

몸과 마음이 무너지면 인상조차 훨씬 나이 들어 보이게 된다. 더심각한 것은 나이 들어 보이는 만큼 일찍 죽는다는 사실이다. 실제 연구해봤더니 그렇다는 거다. 최근 덴마크의 심리학자 크리스텐센은 1995년부터 2008년까지의 종단 연구를 통해 같은 나이일지라도 늙어보이는 사람이 먼저 죽는다는 연구 결과를 발표했다. 연구 내용은간단했다.

전혀 관계없는 사람들이 쌍둥이의 사진을 보고 나이를 평가하게하고 그 평가된 나이와 이 쌍둥이가 실제 사망한 나이를 비교하는 방식이다. 2008년까지 약 225쌍의 쌍둥이가 사망했다. 숨질 당시의 나이를 비교해보니 쌍둥이 중 늙어보이는 사람이 일찍 죽었다. 뿐만 아니다. 늙어보이는 만큼 더 빨리 죽었다.

당연한 이야기다. 몸과 마음의 상태가 안 좋으면 늙어보이고 그만큼 일찍 죽는다. 병에 걸려 몸이 아파 늙어보이는 것은 어쩔 수 없다고 치자. 그러나 왜 마음마저 일찍 포기하고 손발 저리는 그 형편없는 '아저씨 유머'나 낄낄대야 하는가?

나이보다 늙어보이는 이유는 삶이 재미없는 까닭이다. 정력적으로 살던 이들이 은퇴한 뒤 갑자기 늙어버리는 모습을 자주 본다. 자신의 존재가 확인되지 않기 때문이다. 사회적 지위가 높았던 사람일수록 은퇴한 뒤 더 빨리 늙는다. 존재 불안의 우울함 때문이다. 우울한 사람이 심장병에 걸릴 확률은 보통사람에 비해 2~4배나 된다고 한다. 건강한 사람이 우울해질 경우 심장병에 걸릴 확률은 훨씬 더 높아진다.

최근 나는 배꼽 위로 올라오는 '아저씨 바지'는 다 버렸다. 허리 아래쪽에 걸리는 청바지만 입는다. 불편해도 참는다. 머리에 파마도 했다. 사실 처음에는 탈모로 엉성해진 머리 안쪽을 가리려는 의도였다. 그러나 파마한 뒤 내 행동은 사뭇 과감해졌다. 이전에는 상상조차 할 수 없었던 옷도 용감하게 사 입는다. 불과 몇 주 동안 역기와 아령을 들고는, 가슴 큰 남자들만 입는 쫄티도 사 입는다. 거울만 보이면 팔뚝에 힘을 잔뜩 준다.

그전에는 거들떠보지도 않던 아주 정신 산만한 잡지나 책도 사 본다. 악기나 그림을 배울 생각도 자주 한다. 어떻게든 재미있고 즐거운 생각만 하려고 애쓴다. 그렇게 끊임없이 노력하지 않으면 우울하고 허전한 생각이 비집고 들어오는 것은 한순간이다. 방심하면 한 방에 '훅' 간다. 우리 나이에는 특히 더 그렇다. 그래서 내 인생은 크게 둘로 나뉜다. 파마하기 전과 파마한 후.

아무튼 난 영식이가 하는 아저씨 유머 따위는 죽을 때까지 절대 안 할 거다. 악착같이 젊고 건강하게 아주 오래 살 거다.

아니, 난 안 죽을 거다!

이 쩨쩨한 인생은
도대체 누가
결정했나?

나는 수첩을 아주 자주 바꾼다. 조금 쓰다가도 지겨우면 바로 바꿔버린다. 한 달에 서너 개 이상은 족히 바꾸는 것 같다. 지금도 내 책상에는 처음 몇 쪽만 쓰다 만 수첩이 수십 종류다. 시내 큰 서점 안에 있는 문구점에 정기적으로 들러 새로운 디자인의 수첩을 찾아보는 것은 내게 아주 큰 즐거움이다. 어쩌다 외국 여행을 가면 문구 파는 곳을 그냥 지나치지 못한다. 거의 강박증 수준이다.

좀 한가한 어느 날, 내가 도대체 왜 이러는가에 대해 곰곰이 생각해봤다. 알아냈다! 내 인생에 내 마음대로 바꿀 수 있는 게 별로 없어서 그렇다. 내가 스스로 선택한 듯 보이지만, 잘 들여다보면 어찌어찌하다 밀려 이렇게 된 경우가 대부분이다. 걸핏하면 학생들에게 화만 내는 내게, 교수는 아무리 생각해도 몸에 맞는 옷이 아니다. 처음부터 교수가 되려 했던 게 아니다. 정신없이 살다 보니 이렇게 교수가 되어 있는 거다. 그래서 몇 번이고 교수를 그만두려 했지만, 다들 말린다.

내 이름 뒤에 무슨 직함을 붙여야 할지 마땅치 않다는 거다. 그래서 비겁하게 이렇게 아직까지 '김정운 교수'로 살고 있다. 소심한 혹은 섬세한 성격의 나는 예술가(?)였어야 옳다. 그러나 이제 와서 예술가가 되기에는 늦어도 한참 늦었다. 내가 요즘 아주 힘들어 하는 딜레마다.

내 삶의 다른 부분들도 마찬가지다. 한번 결혼하면 마누라는 바꾸기 참 힘들다. 내 주위에 바꾼 친구들을 보니 바꾸는 게 더 힘들고 어렵다. 그냥 참고 사는 게 남는 장사다. 자식들은? 자식들은 절대 못바꾼다. 아무리 마음에 안 들어도 죽을 때까지 내 자식이다. 집은? 집은 내 맘대로 바꿀 수 있나? 절대 아니다. 그것도 다 마누라 마음대로다. 집값 상승 요인과 애들 교육 환경 등을 고려해 전적으로 아내가 결정한다. 내 출퇴근 환경, 내 삶의 즐거움 등은 아예 안중에도 없다.

고작해야 자동차나 내 맘대로 바꿀까? 그러나 그것도 돈이 되는 한도 내에서 많이 바꿔야 평생 서너 번 정도다. 그래서 수첩이나 자주 바꾸는 거다. 일 년에 아무리 많이 바꿔봐야 돈 얼마 안 든다.

요즘에는 수첩만으로는 성에 차질 않아 만년필도 자주 사 모은다. 일 년에 수십 자루는 족히 사는 것 같다. 싼 게 몇십만 원이다. 은행지점장 하는 재림이는 기껏 돈 벌어서 자기 은행에 예금이나 하지 무슨 만년필을 그렇게 자꾸 사냐고 타박한다. 그럼 난 이렇게 흥분하여 대답한다.

"그럼 넌 죽을 때까지 200원짜리 볼펜이나 쓰다 죽어라, 이 자식아!"

내 인생이 지금처럼 잘나간 지는 불과 몇 년 안 되었다. 그때까지는 정말 '거지(?)' 같이 살았다. 내가 하고 싶은 것을 내 맘대로 해볼 꿈도 못 꿨다. 무조건 참고 살았다. 이제 나이 오십에 겨우 내 맘대로 쓸 수 있는 용돈 좀 벌어, 그렇게 하고 싶었던 것 겨우 한번 해보는데 그걸 어찌 뭐라고 하는가? 그것도 '쪼잔하게' 문구점 한구석에서 만년필이나 만지작거릴 뿐이다. 서러운 마음에 욕이 저절로 튀어나온다.

우리의 삶이 재미없는 이유는 '선택의 자유freedom of choice'를 박탈당했기 때문이다. 그래서 남자들은 모이면 군대 이야기다. 이 선택의 자유를 박탈당한 트라우마를 어떻게든 해결하고 싶기 때문이다. 자꾸 반복적으로 한 이야기를 하고 또 하는 이유는 뭔가 심리적으로 막혀 있기 때문이다(여자들이 모여 앉으면 시집살이 이야기를 하는 것도 마찬가지 이유에서다). 군인은 24시간을 정해진 규칙에 따라 움직여야 한다. 입는 옷, 사용하는 물건이 모두 정해져 있다. 그래서 장교의 의무 복무 기간이 사병보다 더 긴 거다. 장교는 사병에 비해 훨씬 더 많은 선택의 자유를 부여 받기 때문이다.

선택의 자유는 인간 존재의 근거다. 내 삶의 의미는 내가 선택했는가, 아닌가에 의해 결정된다. 그래서 등산가들은 죽어라고 그 높은 산 정상에 오른다. 자신이 선택한 일이기 때문이다. 심리학에서 이 '선택의 자유'와 아주 비슷하게 쓰이는 개념이 있다. '내적 동기'다. '재미'나 '즐거움'과 같은 내면의 욕구를 의미한다. 요즘 이 '내적 동기' 전성시대다. 자신이 진짜 원하는 일을 선택해서 하라고 곳곳에서 부추긴다. 유사해 보이는 '내적 동기'와 '선택의 자유'는 사실 서로 다른 개념이다. 이 두 개념이 상충하는 경우도 많다. 돈이나 성적 같은 '외적 동기'에 의해 움직이지만, 이는 스스로 선택할 수 있는 범위가 부여된 경우다. 이렇게 내적 동기와 선택의 자유가 서로 충돌할 때 어느 요인이 더 강력할까?

심리학자들은 '선택의 자유' 쪽 손을 들어준다. 비록 외적 동기에 의한 행동이지만 스스로 선택했을 경우, 그 행동의 몰입도가 순수한 내적 동기에 의한 행동의 몰입도보다 더 높다는 것이다. 구태여 순서를 따지자면 선택의 자유가 먼저고 그 다음이 내적 동기라는 이야기다. 재미있어서 선택하는 게 아니라 선택하면 재미있어진다. 아무리 재미없는 행동도 내가 선택하면 재미있어진다. 요즘 유행하는 행동경제학의 '넛지nudge' 같은 개념은 바로 이 선택의 자유에 관한 경영학적 변형이다. 방향만 은근슬쩍 제시하고 최종 결정은 스스로 내리도록 해야 행복해한다는 것이다.

선택의 자유를 박탈당한 이들에게 나타나는 심리 현상은 좌절이다. 좌절한 이 땅의 사내들은 밤마다 옹기종기 모여앉아 다양한 폭탄주를 제조한다. 내 돈 내고 마시는 술이라도 한번 내 맘대로 섞어보자는 거다. 그래서 요즘 자꾸 드는 의문이 있다. 술도 못 마시고 고작해야 수첩이나 바꾸며 만족해야 하는 '이 쩨쩨한 인생은 도대체 누가 결정했는가' 하는 아주 심각한 질문이다. 잘 모르겠다. 이런 젠장, 이제 내 나이 오십인데…….

시키는 일만 하면
개도 미친다!

'파블로프의 개', 먹이를 줄 때 종소리를 울려주면 어느 순간부터 종소리만 울려도 침을 흘리게 되는 참으로 멍청한 개다. 파블로프는 그 개를 가지고 좀더 복잡한 실험을 시도했다. 이번에는 종소리가 아니라 원을 보여주면서 먹이를 줬다.

어느 순간부터 개는 원 모양만 보면 침을 흘리게 되었다. 훈련의 강도를 더 높여, 개가 원과 타원을 구별하도록 훈련시켰다. 원 모양을 보면 침을 흘리도록 먹이를 주고, 타원 모양을 보면 먹이를 주지 않았다. 이제 개는 원과 타원을 아주 정확하게 구별하게 되었다.

문제는 바로 그 다음부터 생겼다. 짓궂은 파블로프가 타원 모양을 점점 원에 가깝게 했다. 어느 순간부터 개의 행동이 이상해졌다. 원과 타원의 구별이 어려워지자 아무 때나 침을 흘렸다. 그래도 실험이 계속되자 개는 낑낑거리기 시작했다. 우리 안을 빙빙 돌아다니며 오줌을 흘렸다. 주변에 있는 물건을 물어뜯는 등 전에는 전혀 보이지 않던 행동을 하기 시작했다. 이를 파블로프는 신경증 환자가 보여주는 행동과 유사하다고 해서, '실험적 신경증experimental neurosis'이라고 불렀다. 개도 똥오줌을 가리기 힘든 상황이 지속되면 정신병에 걸린다는 이야기다.

미국의 심리학자 셀리그만은 개를 가지고 파블로프보다 더 못된(?) 실험을 했다. 우리에 갇힌 개에게 전기 고문을 가하는 실험이었다. 개를 두 집단으로 나누어 한 집단의 개는 코로 지렛대를 누르면 전기 고문을 멈출 수 있게 했다. 그러나 다른 집단의 개는 몸을 꽁꽁 묶어 꼼짝 못하게 했다. 한동안 전기 고문을 가하니, 첫 번째 집단은 고문이 시작되면 바로 코로 지렛대를 눌러 고문을 멈추게 했다. 두 번째 집단은 그저 전기 고문을 당해야만 했다.

문제는 그 다음에 일어났다. 이번에는 두 집단의 개 모두 우리 문을 열어놓고 전기 고문을 가했다. 고문이 시작되자 첫 번째 집단의 개는 바로 문 밖으로 달아났다. 그러나 두 번째 집단의 개는 도망갈 수 있는데도 그 자리에서 꼼짝 않고 전기 고문을 당했다. 이 현상을 셀리그만은 '학습된 무기력learned helplessness'이라고 불렀다. 무기력도 학습된다는 이야기다.

실험적 신경증과 학습된 무기력은 개의 정신질환이 아니다. 인간의 상황을 개에게 적용한 것이다. 자신의 삶을 스스로 결정할 수 없는 상황에 오랜 기간 처하면 누구나 이 병에 걸린다. 스스로 차를 운전하면 절대 멀미를 하지 않지만, 남이 운전하는 차를 타면 멀미를 하는 경우와 마찬가지다. 도무지 차가 언제 가고 언제 서는지 예측할 수 없이 그저 앉아 있어야 하기 때문이다. 그래서 '운전 개같이 한다!'고

투덜대는 거다.

　한국 남자라면 누구나 약한 정도의 '신경증'과 '학습된 무기력'에 사로잡혀 있다. 어려서부터 자신의 삶을 스스로 결정한 경험이 거의 없기 때문이다. 나이가 들어서는 더하다. 집안 문제든, 사회 문제든 도무지 내가 어떤 결정에 주체적으로 관여해본 경험이 전혀 없다. 어떻게 밀려 살다 보니 여기까지 온 거다.

　오디션 프로그램이 인기 있는 이유는 시청자들이 더 이상 무기력하게 '바보상자'를 바라보지 않아도 되는 까닭이다. 자신이 계속 듣고 싶은 노래, 계속 보고 싶은 사람을 결정할 수 있는 까닭에 즐거운 것이다. 그깟 TV 출연자를 결정하는 버튼 누르기도 그렇게 즐거운데, 내 삶을 내가 결정하는 일은 얼마나 설레고 흥분될까?

　개도 시키는 일만 하면 미친다. 이제라도 뭐든 스스로 결정하며 살자는 거다! 내 삶을 주체적으로 사는 일에 제발 쫄지 말자는 이야기다!

아이폰과
룸살롱

모든 동물의 수컷들은 불안하다. 암컷의 경우, 자신이 낳은 새끼는 반드시 자기 피가 섞여 있다. 의심의 여지가 없다. 그러나 수컷은 다르다. 지금 키우고 있는 자신의 새끼가 정말 제 새끼인지 확인할 방법이 없다.

지난 2001년, 독일의 테니스 스타 보리스 베커가 런던의 한 화장실에서 러시아 모델을 임신시키고 아이까지 낳아 독일 사회에 큰 파문이 일었던 적이 있다. 아이의 생긴 모습은 영락없이 보리스 베커의 딸로 보였다. 그러나 베커는 그녀와 성관계를 가진 적이 없다고 강변했다.

미디어의 압력에 못 이긴 그는 클린턴과 르윈스키처럼 '유사 성관계'는 가졌다고 고백했다(그게 어떤 건지 난 매우 궁금하다). 그러나 임신할 가능성은 전혀 없다고 우겼다. 그러나 유전자 검사를 통해 자신의 아이임이 밝혀졌고, 보리스 베커는 당시의 아내와 이혼하고 지금까지 그 아이의 양육비를 지불하고 있다.

더 재미있는 현상은 그 다음에 일어났다. 당시까지 유전자 검사는 그리 일반화된 검사가 아니었다. 그러나 그 사건 이후로 독일 사회에 유전자 검사가 유행처럼 번졌다. 특히 아버지들의 의뢰가 대부분이었다. 안타깝게도 검사의 절반 이상이 지금 키우고 있는 자녀와 아버지의 유전자가 일치하지 않는 것으로 밝혀졌다.

물론 의심 가는 경우만 검사했기에 그 비율이 높은 것이라고 볼 수 있다. 그러나 그 결과를 놓고 독일의 사내들은 저녁마다 술집에서 심각한 토론을 벌였다. 자신이 키우고 있는 아이가 진짜 자신의 아이가 아닐 수 있다는 수컷의 보편적 불안에 집단적으로 휩싸인 것이다. 그래서 세상의 모든 수컷들은 기회가 될 때마다 어떻게든 '씨'를 뿌리려고 하는 것이다.

인간의 경우, 이 불안의 양상은 좀더 복잡해진다. 생물학적 종족 번식과 관련된 불안은 물론, 사회관계에서 불가피하게 나타나는 존재론적 불안으로 끊임없이 괴로워한다. 어쩌지 못하는 불안은 공격성의 외피를 입고 나타난다. 나와 다른 것에 대한 증오와 분노다. 불안이 수컷의 보편적 정서라는 이야기다. 그러나 수컷의 불안은 아주 우습고도 간단하게 해결된다.

암컷들은 불안해하는 수컷들의 몸에 자신의 몸을 비벼대며 위로한다. 원숭이의 경우, 이런 접촉을 '그루밍grooming'이라 한다. 서로의 털을 다듬는 이 행동은 권력관계를 확인하는 행동일 뿐만 아니라 서로의 불안을 해소하는 고도의 심리적 전략이기도 하다. 원숭이에게만 해당되는 게 아니다. 인간도 마찬가지다. 인간은 서로 끊임없이 만지고 만져져야 불안해하지 않는다. 우리는 가까운 사람이 슬픈 일을 당하면 끌어안거나 어깨를 두드리며 위로한다. 왜 그럴까? 만져야 위로가 되기 때문이다.

내가 슬픈 일을 당했는데 아무도 위로해주지 않는 경우가 있다. 이때 우리는 팔짱을 끼거나 이마를 주무른다. 이렇게 스스로라도 만져져야 위로가 되는 까닭이다. 악수를 하는 이유도 마찬가지다. 낯선 상대에게 서로 공격할 의사가 없으니 안심하라는 의미의 접촉이다. 아이를 키우는 여자들에게 터치는 아주 자연스럽고도 당연한 정서적 경험이다.

그러나 현대 사회에서 남자들에게 만지고 만져지는 것은 거의 모든 사회적 상호작용에서 금지된다. 미국의 어떤 주에서는 학교의 남자 선생님이 여학생의 머리를 쓰다듬는 행위까지 금지한다.

한국의 철없는 사내들은 이 박탈된 터치의 경험을 룸살롱에서 만회하려고 한다. 한국의 남자들은 룸살롱에 술 마시러 가는 게 절대 아니다. 술을 마시려면 포장마차나 음식점에서 마실 일이지, 왜 꼭 룸살롱에서 옆에 여자를 앉혀놓고 마시려 하는가? 만지고 만져지기 때문이다. 그래서 하룻밤에 적게는 수십만 원, 많게는 수백만 원을 내고 룸살롱에 가는 것이다. 아무도 나를 만져주지 않기 때문이다. 아닌가? 남자들이 룸살롱에 가는 이유를 나보다 더 잘 설명할 수 있으면 나와 보라!

서로 만지고 만져지는 '터치'는 인간의 가장 근본적인 의사소통 행위다. 사람들이 아이폰, 아이패드에 열광하는 심리학적 이유는 바로 이 터치 때문이다. 신체적 접촉이 사라진 디지털 세상에서 내 손끝의 세밀한 움직임에 반응하는 기계가 생겨났다. 손가락을 벌리고 좁힐 때마다 화면의 변화가 일어나고, 살짝 건드리기만 해도 새로운 창이 열린다. 반드시 맨손으로 만져야 반응한다. 정말 눈물 나도록 감격적이지 않은가? 그래서 40대 중년 남자들이 아이폰에 더욱 열광하는 것이다. 주위를 돌아보라. 요즘 아저씨들은 제각기 아이폰만 만지작거린다.

전혀 상관없어 보이는 룸살롱과 아이폰의 공통점은 바로 '터치'를 통한 위로다. 나는 이를 '배려경제care economy'라고 정의한다. 오늘날 이 배려경제의 범위는 엄청난 규모로 확장되고 있다. 곳곳에 널려 있는 발마사지, 스포츠마사지, 타이마사지, 안마시술소가 바로 그것이다. 좀더 넓은 의미에서 '코칭' '상담' '심리치료'와 같은 '마음의 터치'와 관련된 각종 산업도 이 배려경제에 해당된다.

어떤 이에게도 위로 받지 못하는 이 존재론적 불안을 해소하기 위해 현대인들은 관심과 배려를 돈 주고 산다. 흥미로운 사실은 남자들은 1차 배려경제, 즉 감각적이고 원초적인 배려경제에 많은 지출을 한다. 반면 여자들은 2차 배려경제, 즉 마음의 위로와 배려에 더 많이 지출한다는 것이다. 배려경제가 대세라는 이야기다. 아무튼 만질수록 커진다. 무엇이든…….

설레는가?
그럼 살 만한 거다!

어떤 뛰어난 건축가도 개미의 건축 능력을 뛰어넘을 수 없다. 개미가 집단으로 이뤄내는 건축물은 완벽하다. 그러나 인간이 개미보다 위대한 이유는 건축물의 완성된 모습을 머릿속에 미리 떠올릴 수 있기 때문이다. 상상할 수 있다는 거다.

유학 시절 독일어 원문을 쩔쩔매며 읽었던 마르크스의 《자본론》 어딘가에 있는 내용이다. 행동을 하기 전에 목표를 머릿속에 떠올릴 수 있기 때문에 인간이라는 이야기다. 이와 관련해 마르크스 심리학에서는 '행동Verhalten'과 '행위Handlung'를 구별한다. 반사적 혹은 본능에 따른 움직임은 '행동'이고 목적이 전제된 움직임은 '행위'다.

목적과 상상력, 이 두 가지가 인간 행위의 본질이다. 목적을 떠올리고 그 목적을 향한 행위를 가능케 하는 그 힘의 실체는 무엇일까? 그 과정에서 구체적으로 느껴지는 심리적 경험의 내용은 과연 무엇일까? 이를 심리학에서는 '모티베이션motivation'이라는 개념으로 다룬다. 그러나 모티베이션은 아주 애매한 미국식 개념이다. 그다지 와

닿지 않는다.

현대 심리학은 추상적 개념을 구체화해 측정하려는 방법론의 과학이다. 철학이나 미학 등과는 구별되는 근대 학문으로서의 독자성을 수립하는 과정에서 심리학은 '조작적 정의operational definition'라는 기막힌 개념을 찾아낸다. 추상적 개념을 구체적으로 '조작'할 수 있는 개념으로 전환시키는 방법이다. 그렇다면 '모티베이션' 혹은 '동기'로 번역되는 이 실행 동력의 한국식 조작적 정의는 과연 어떤 것일까?

'설렘'이다. 가슴이 뛰고, 자꾸 생각나고, 목표가 이뤄지는 그 순간이 기대되는 그 느낌을 우리말로는 '설렘'이라고 한다. 설렘이 있어야 상상 속의 목표가 구체화되고 현실화된다. 설렘이 있어야 목표를 이뤄나가는 과정에서의 어려움도 극복할 수 있다. 행복과 재미의 구체적 내용도 설렘이다. 설레는 일이 있어야 삶이 행복하고 재미있다는 이야기다.

우리는 행복하려고 산다. 재미있으려고 산다. 한국 사회에는 행복과 재미를 이야기하면 한 급 아래로 내려다보는 어쭙잖은 엄숙주의가 존재한다. 자유, 민주, 평등과 같은 가치를 이야기하면 폼 나 보인다. 그러나 자유, 민주, 평등은 수단적 가치다. 행복과 재미는 궁극적 가치다. 물론 수단적 가치가 확보되어야 궁극적 가치를 얻어낼 수 있다. 그러나 자유, 평등, 민주라는 조건이 이뤄진다고 자동적으로 사는 게 행복하고 재미있어지는 것이 아니다.

재미와 행복이라는 궁극적 가치에 대한 진지하고 꾸준한 성찰이 있어야 수단적 가치도 이뤄낼 수 있다는 이야기다. 행복과 재미에 관한 어떤 사회문화적 담론이 존재하지 않는 이 사회에는 감각적이고 말초적 재미만 남아 있다. 딸 같은 걸그룹 허벅지나 아들 같은 아이돌 초콜릿 복근이나 이야기하는 방식으로는 절대 행복해질 수 없다. 모여앉으면 막장드라마 이야기를 반복하고, 허구한 날 정치인 욕하는 방식으로는 삶이 절대 흥미진진해지지 않는다. 폭탄주 마시며 룸살롱에서 아가씨와 아랫도리나 비비는 방식으로는 절대 즐거워지지 않는다는 이야기다. 설렘이 빠져 있기 때문이다.

추상적이고 거창한 구호로 삶이 행복해지고 재미있어지는 것이 아니다. 그 어떤 위대한 가치나 이데올로기도 내 삶에 구체적으로 경험되지 않으면 실천되지 않는다. 결정적인 순간에 지식인이 비겁해지는 이유는 바로 이 구체성이 빠져 있기 때문이다. 삶의 구체적 경험이 우리를 설레게 만들고 변화의 동력이 된다는 이야기다.

삶이 재미없는 이들은 대부분 세상이 뒤집어지는 어마어마한 재미에 대한 환상을 가지고 있다. 그런 재미는 없다. 행복을 거창하게 생각해서는 절대 행복해질 수 없다. 내가 좋아하는 게 분명해야 설레는 삶을 살 수 있다. 방법은 간단하다. 지난 한 주간 내 일상에서 가장 기분 좋았던 순간을 떠올려보면 된다. 내가 가슴 설레며 기다렸던 일을 기억해내면 된다. 바로 그 일들이 내가 재미있어 하는 것들이다. 그 설레는 일들을 끊임없이 계획하며 살면 된다.

설렘이 없다면 살아 있는 게 아니다. 그래서 계절이 바뀌는 것이다. 설레라고…….

세상의 모든 아들은
아버지를
들이받는다

아들을 팼다. 아직도 마음이 아프다. 때린 손은 더 아프다. 야단쳤다든가, 혼낸 것이 아니다. 팼다. 아버지로서, 아니 남자로서의 자존심이 형편없이 무너졌기 때문이다. 고3인 아들의 일상 문제로 목소리를 높이다가 내가 무척 흥분했던 모양이다. 내가 때릴 듯 손을 치켜들자, 아들은 내 손목을 꽉 잡았다. 키는 물론 몸집이 나보다 훨씬 큰 아들에게 내가 힘으로 당할 수는 없었다. 정말 꼼짝하기 어려웠다.

당황한 내가 어쩔 줄 몰라 하자 슬그머니 손을 놓는다. 그 상황에서도 아들은 아버지인 내 체면을 지켜준 것이다. 그래서 더 화가 났다. 수컷으로서의 자존심이 회복될 수 없이 망가졌기 때문이다. 그러나 난 이미 졌다. 나도 알고 아들도 안다. 나보다 조금 앞서 비슷한 경험을 한 내 친구 귀현이는, 열 받은 나머지 아들에게 '계급장 떼고 붙자'고 했단다. 느닷없이 웬 계급장(?)! 그러고는 일방적으로 자기만 팼단다. 지금도 이 이야기가 나오면 귀현이는 너무 '쪽팔려' 한다(이 맥락에서는 '쪽팔리다'라는 표현이 가장 적합하다).

한참이 지난 지금도 나는 너무 괴롭다. 그러나 아들 녀석은 아무 일도 없었다는 듯 지낸다. 내게 이야기도 아주 자연스럽게 걸어온다. 젠장, 승자의 여유다. 드디어 올 게 온 것이다. 세상의 모든 아들은 언젠가 아버지를 들이받게 되어 있다. 나처럼 평범한 아버지를 들이받는 데도 내 아들은 18년이 걸렸다. 뛰어난 아버지를 둔 아들은 더욱 힘들다. 죽을 때까지 아버지 그늘을 못 벗어나는 경우가 대부분이다.

프로이트는 인류의 가장 오래된 갈등인 부자 문제를 아주 희한한 방식으로 풀어낸다. '오이디푸스 콤플렉스'란다. 아들은 아버지의 여자인 어머니를 사랑한다. 그러나 힘센 아버지를 당할 재간이 없다. 아들의 선택은 둘 중 하나다. 아버지 밑에서 죽은 듯 지내든가, 아니면 아버지를 살해하고 어머니를 차지하든가다.

아버지는 기존 질서에 대한 상징이다. 아들이 새로운 세상의 주인이 되려면 기존 질서를 부정해야 한다. 아버지를 죽이는 상징적 살해다. 그러나 아버지는 그리 만만한 대상이 아니다. 아들은 아버지가 자신의 성기를 제거할지도 모른다는 '거세불안castration anxiety'에 시달린다. 두려운 아들은 아버지의 가치와 도덕을 그대로 승계한다. 아버지의 세계를 이어받지만 아들을 위한 새로운 세상은 없다.

자신의 세계를 열어가려면 아들은 어떤 방식이든 아버지를 치받아야 한다. 문명사적 딜레마다. 그래서 역사의 위대한 인물은 대부분 아버지가 없다. 그들의 아버지는 가정 폭력을 일삼거나 무책임하게 집을 나간다. 의붓아버지 밑에서 자라기도 한다. 심한 경우, 알을 깨고 태어나거나 우물가에서 주워온다. 나는 내 아들이 나보다 훨씬 더 잘되기를 바란다. 그렇게 되려면 어떤 식으로든 나와 갈등해야 한다. 그러나 매번 이런 식이라면 난 너무 괴롭다.

요즘 차범근, 차두리 부자를 보면서 프로이트식 갈등 이론이 반드시 맞는 것은 아니라고 생각한다. 나는 축구를 좋아하지 않는다. 군대에서 '보름달 빵'과 '베지밀' 내기 축구 시합을 한 이후, 공을 발로 차본 기억이 없다.

이 맥락에서 '군대축구 이야기'는 꼭 한번 해야 한다. 군대에서 난 참 훌륭한 축구 선수였다. 우리 팀이 지고 있을 때만 꼭 출전했다. 그것도 끝나기 10분 전에 출전한다. 그만큼 난 중요한 선수였다. 운동장에 들어가 내가 해야 하는 일은 아주 간단명료했다. 상대편 선수 중에 공을 잘 차는 고참의 종아리를 느닷없이 걷어차는 거다. 그것도 있는 힘껏 군화로 걷어차는 거다.

군홧발에 차이면 그냥 몇 미터는 튕겨져 나가 뒹굴게 되어 있다. 고통스러워하던 고참은 일어나자마자 날 죽어라 팬다. 내가 맞고 있으면 우리 팀 고참들이 떼로 운동장으로 뛰어들어와 상대편 고참을 팬다. 상대편 고참들도 떼로 들어온다. 이렇게 패싸움이 나, 내기축구시합을 '파토'시키는 게 내 임무였다. 그러니 내가 어찌 축구를 좋아하겠는가.

그러나 아들 차두리의 경기 장면을 해설하는 아버지 차범근의 이야기는 넋을 놓고 들었다. 월드컵 기간 내내 차두리 아빠 차범근 감독이 그렇게 부러울 수 없었다. 아들을 가진 사내들은 모두 '누구의 아버지'로 불리고 싶어 한다. 정신분석학적으로 설명할 수 없는 이런 일은 도대체 어떻게 가능한 것일까?

축구공이다. 그들에겐들 어찌 갈등이 없었을까. 그러나 즐겁고 재미있는 일을 공유하는 부자에겐 갈등의 내용도 그 해결 방식도 다른 것이다. 생각해보니 그렇다. 나는 아들이 아주 어릴 때를 제외하곤 함께 즐겁고 행복했던 기억은 별로 없다. 받아들이기 참 어렵지만 인정해야 한다. 자업자득이다!

자기열등감은
죽음에 이르는
병이다

누구나 약점은 있다. 내게도 유일한(?) 약점이 있다. 욱하는 성격이다. 잘 나가다가도 성질나면 확 뒤집어엎는다. 가까운 이들의 마음에 상처도 많이 입힌다. 그러나 내가 입는 내면의 상처는 더 깊다. 요즘 연구소를 운영하면서 입는 내 상처는 말도 못한다. 지시한 일이 제대로 진행되지 않으면 같이 일하는 연구원들의 마음을 면도날로 후려 파는 말을 내뱉곤 한다.

바로 후회하지만 이미 엎질러진 물이다. 그래서 내 밑에서 오래 버티는 연구원이 별로 없다. 연구원들의 능력이 커나가는 것을 기다리고 가르치는 인내심이 내겐 없다. 상처 입고 떠나는 연구원들보다, 밤늦게 혼자 남아 연구원들의 사표를 내려다보는 내 고독함은 도무지 말로 표현이 안 된다. 그러나 난 어릴 때부터 그랬다.

가끔 만나는 고등학교 동창들은 나를 '이유 없이 기분 나쁜 녀석'으로 기억한다. 나보다 훨씬 큰 녀석들에게 대들다가 형편없이 얻어터진 모습으로 나를 기억한다. 내 맘에 조금이라도 거슬리면 씩씩거리며 어쩔 줄 몰라 하던 그때 내 모습만 이야기한다. 학창시절, 난 정학, 제적을 다 당해봤다. 다 그 모난 성격 탓이다. 그러니까 그때나 30년 이 훨씬 지난 지금이나 난 하나도 안 변한 것이다.

사람은 절대 안 변한다. 나는 심리학자다. 심리학의 발생지인 독일에서 13년간의 유학생활을 포함해 30년째 심리학을 공부하고 있다. 이런 내가 요즘 내린 결론이다. 철든 이후 내 성격은 전혀 바뀌지 않았다. 바꿀 수도 없다. 그런데도 사방에서 '나를 바꾸라!'고 한다. 살아남으려면 '마누라'와 '애'만 빼고 다 바꾸라고 한다. 그러니 환장하겠다는 거다! (삼성에 다니는 내 친구는 마누라와 애만 빼고 다 바꾸라는 이 구호가 잘못됐다고 투덜댄다. 가장 바꾸고 싶은 마누라만 빼고 다 바꾸라는 주장이 무슨 설득력이 있겠냐는 거다. 흠, 이 맥락에서 난 별로 할 이야기 없다. 난 이미 《나는 아내와의 결혼을 후회한다》는 책을 쓴 사람이다.)

'너를 바꾸라'는 이 문화사적 압력은 우연이 아니다. 130년 된 현대 심리학의 역사는 '모든 문제의 원인은 너 자신'이라는 명제에서 출발하기 때문이다. 심리학은 근대성의 총아로 나타난 학문이다. 근대성이란 '주체적 자아'의 형성을 뜻한다. 계급, 인종, 지위를 떠난 독립된 주체로서의 책임과 행위의 가능성에 관한 사회적 담론이 인류 역사상 처음으로 나타난 시기가 서구의 근대다. 이 주체적 자아를 설명하기 위한 학문이 바로 심리학이다.

근대 심리학은 '주체적 자아의 이데올로기'를 벗어나는 모든 것을 '이상異常'하다고 진단한다. 정상이 아니라는 이야기다. 근대 심리학이 나타나기 전까지 '정상'과 '이상'의 구분은 그리 분명한 게 아니었다. 오늘날에도 정상과 이상의 구분을 자세히 들여다보면 그 경계가 여전히 자의적이고, 문화적 합의의 결과에 불과하다. 그런데도 모든 책임을 개인의 심리적 차원으로 환원한다. 드러난 심리적 문제가 그리 명확하지 않을 때는 무의식까지 들춰내며 '네가 모르는 뭔가가 있어!'라며 현대인을 협박한다. 온갖 종류의 심리학적 상담, 심리 치료는 바로 이 인간의 '결함모형'에 기초하고 있다. '콤플렉스' '우울' '불안' '성격장애' 등과 같은 심리학적 개념의 철학적 전제는 '부정적 인간관'이라는 뜻이다. 그러니까 사방에 자꾸 '자기 자신'에 대해 괴로워하는 사람이 늘어나는 것이다.

최근 결함모형에 기초한 현대 심리학에 근본적인 패러다임 전환이 일어나고 있다. '긍정심리학positive psychology'이다. 이제까지 인간의 약점과 부정적 측면에 초점을 맞춰 연구해왔던 현대 심리학의 접근 방식에 대한 반성이다. 인간의 약점을 고치기보다는 각 개인이 가지고 있는 장점을 자꾸 키워나가는 편이 훨씬 효과적이라는 이야기다. 누구에게나 약점이 있는 것처럼 누구에게나 장점이 있다. 이 장점을 끌어올리면 약점은 저절로 개선된다는 것이다. 과학적으로 엄밀한 심리학이 되기에는 아직 많은 이론적 약점이 있지만, 긍정심리학은 평생 '나 자신이 문제'라는 자괴심에 시달려온 내겐 큰 위로가 된다.

성격상의 그 치명적 오류에도 불구하고 난 지금까지 너무 잘 버텨왔다. 요즘 거울에 비친 내 모습이 그렇게 사랑스러울 수 없다. 가까운 이들은 참 심각한 '자뻑' 증상이라며 비웃는다. 그러나 한번 생각해보자. 내가 나를 귀하게 생각하지 않으면 이 세상에 도대체 누가 날 귀하게 생각할 것인가. 방송을 같이 하던 영남이 형은 "세상에 너처럼 내놓고 잘난 척하는 놈은 처음 본다"며 타박한다. 결국 〈겸손은 힘들어 Hard to be Humble〉라는 제목의 화투 그림을 내게 선물로 줬다.

세계 모든 문화권에는 '겸손하라!'는 도덕적 명령이 존재한다. 그러나 뒤집어보면, 겸손은 본질적으로 실현 불가능한 덕목이기 때문에 그런 도덕적 명령이 존재하는 것이다. 사람은 누구나 자기 잘난 맛에 사는 거다. 누구나 자기 잘난 거 잘난 체하며, 폼 나고 싶어 한다. 아닌가? 겸손한 사람이 진짜 교만한 사람이다. 스스로 얼마나 교만하면, 그 속내를 숨길 수 있을 만큼 여유가 있느냔 말이다. 그래서 누가 "저 사람 참 겸손해!" 말하면 "저 사람 진짜 교만해!"로 이해한다.

잘난 척하거나 교만한 것은 그리 나쁜 게 아니다. 가장 인간적인 덕목이다. 세상에 진짜 무서운 것은 남과 비교하며 괴로워하는 '자기열등감'이다. 자기열등감에 한번 빠지면 웬만해선 헤어나기 힘들다. 남과 비교하고 괴로워하고 또다시 비교하고 또다시 괴로워하는 자기부정의 악순환에 빠지기 때문이다. 그래서 난 내 모난 성격을 고칠 마음이 전혀 없다. 지금까지 '자~알' 살아온 것처럼 앞으로도 그대로 그렇게 '자~알' 살 것이기 때문이다.

새벽에 자꾸 깬다, 신문이 오려면 아직 멀었다

언젠가부터 새벽에 자꾸 깬다. 특별히 걱정되는 일도 없는데 한번 깬 잠을 다시 이룰 수가 없다. 예전에 이런 일은 거의 없었다. 베개에 머리를 대는 순간 잠들었다. 아침에 일어나기가 그렇게 힘들 수가 없었다. 자명종이 몇 번을 울려도 일어나지 못한 적이 한두 번이 아니다. 그런 내가 요즘 새벽마다 자꾸 깨는 것이다.

몸이 아무리 피곤해도 한번 깬 잠은 다시 오지 않는다. 몸을 자꾸 뒤척여보지만 가슴만 답답해 온다. 이럴 때는 새벽잠을 포기하는 편이 낫다. 일어나 불을 켜니 아내가 투덜대며 돌아눕는다. 사람 참 많이 변했다. 예전에는 그렇지 않았다. 무슨 일이 있느냐며 함께 걱정해주는 시늉이라도 했다. 요즘에는 아주 노골적으로 귀찮아한다. 그러다가 혹시 몸이라도 아프면 아예 무시당할 것 같다는 생각에 갑자기 서글퍼진다.

아이들 방을 들여다본다. 고3인 큰놈은 수능이 몇 달 안 남았는데 공부는 쥐꼬리만큼 하고 잠은 꼭 8시간씩 잔다. 아주 푹 잔다. 팬티 바람으로 퍼져 자고 있는 녀석의 행복한 얼굴을 보고 있으려니 내 마음만 더 심란해진다. 초등학생인 막내 녀석이라도 있어 다행이다. 요즘이 녀석만이 내게 위로가 된다. 자고 있는 막내의 얼굴을 어루만지다가 아이들 방에서 나온다. 부엌과 거실을 오가고, 소파에 누웠다 일어서기를 반복하며 동트기를 기다린다. 신문이 오려면 아직 멀었다.

안팎의 자극에 지나치게 예민해지고 초조해하며 수면 장애, 불안, 두통, 피로 등이 동반되는 이런 종류의 증상을 '신경쇠약neurasthenia'이라고 한다. '신경쇠약'이란 표현을 최초로 정신의학 전문용어로 사용한 미국의 내과 의사 조지 M. 비어드는 이 증상의 원인을 문화 변동으로 설명한다.

비어드가 지적하는 신경쇠약의 가장 결정적인 이유는 삶의 속도다. 19세기 전신, 철도, 증기기관 등의 발전으로 인해 삶의 속도에는 급격한 변화가 일어났다. 그 결과 사람들이 처리해야 할 정보의 양이 18세기에 비해 100배나 많아졌다. 빨라진 삶의 속도와 격렬해진 경쟁 방식에 적응하지 못한 이들에게 나타나는 부적응 현상이 바로 신경쇠약이라는 것이다.

비어드가 경고한 19세기 삶의 속도와 오늘날 우리가 경험하는 삶의 속도는 도무지 비교가 되지 않는다. 인터넷을 통해 사람들은 세계 곳곳에서 일어나는 사건들을 실시간으로 경험한다. 내 삶의 속도를 따라가기도 바쁜데, 남의 삶에도 쉴 새 없이 개입해야 한다. 스마트폰으로 문자와 이메일이 계속 날아든다. 그뿐만이 아니다. 트위터, 페이스북을 통해 전해오는 수십 수백 명의 남의 이야기를 매번 확인해야 한다. 이 첨단기기의 진화를 단 몇 달이라도 모른 체하면 한순간에 바보가 된다.

몸은 갈수록 느려진다. 노안으로 인해 신문 한 장을 보려 해도 안경을 올렸다 내렸다 하며, 아주 공사가 다망하다. 가까운 이들의 이름을 기억해내지 못해 끙끙대는 일도 잦아진다. 휴대폰을 사용한 이후로는 제대로 외우는 전화번호도 없다. 이런 낡은 아날로그적 신체로 급변하는 21세기적 삶의 속도를 쫓아가려니 그토록 힘든 것이다.

삶의 속도가 급변하여 생기는 문화병의 치료법은 의외로 단순하다. '걷기'다. 수백만 년에 이르는 인류의 진화 과정에서 우리의 몸과 마음은 '걷는 속도'에 적응해 발달해왔다. 감당하기 어렵게 빠른 삶의 속도는 불과 지난 몇백 년 동안의 일일 뿐이다. 인류 역사를 하루로 보면 겨우 몇 초 전에 시작된 변화라는 이야기다. 요즘 그래서 다들 '올레길' 등을 찾아다니며 걷느라 난리다. 아주 오래되고 익숙한 삶의 속도를 회복하고 싶은 까닭이다.

내가 최근에 찾아낸 아주 좋은 방법이 있다. 맨발로 걷는 거다. 얼마 전, 가까운 산을 찾았다가 맨발로 걸어봤다. 발바닥으로 느껴지는 흙의 느낌이 그렇게 상쾌할 수 없었다. 그저 한 시간 남짓 걸었을 뿐인데 그날 밤 더없이 깊은 잠에 빠졌다. 잠이 들 때, 잠의 나락에 한없이 떨어지는, 아주 기분 좋은 느낌도 되살아났다. 아침 신문보다 일찍 깨는 새벽이 자꾸 늘어나 괴로운 이들에게 동병상련의 마음으로 꼭 권하고 싶다. 맨발로 걷기. 온천보다 더 좋다. 새벽에 자꾸 깨지 않고 푹 잘 수 있는 것처럼 행복한 일은 세상에 별로 없다.

그리움을
아는 자만이
기쁨을 안다

독일인들은 자신들의 언어에서 가장 아름다운 단어로 '그리움'이란 뜻의 'Sehnsucht'를 꼽곤 한다. 영어로는 '갈망' '열망'을 뜻하는 'longing'으로 번역되나, 정확한 뜻을 전달하지는 못한다. '그리움'은 한국어로도 참 아름다운 단어다. 그리움은 '그림' 혹은 '글'과 그 어원이 같다. 종이에 그리는 것은 그림이나 글이 되고, 마음에 그리는 것은 그리움이 된다.

인간은 도대체 언제부터 생각하는 능력이 생긴 것일까? 태어나면서부터 바로 생각할 수 있는 것은 아니다. 아기가 머리로 생각할 수 있게 되었다고 판단하는 심리학적 기준은 '흉내 내기'에 있다. 아기가 어느 순간부터 타인의 행동을 흉내 내기 시작한다. 그것도 한참 전에 봤던 타인의 행동을 흉내 내는 것이다. 이를 '지연모방deferred imitation'이라고 한다.

지연모방은 타인의 행동이 머릿속에 그림처럼 남아 있었다는 뜻이다. 이를 스위스의 심리학자 피아제는 '표상representation'이라고 정

46

의한다. 표상이란 말 그대로 어떤 대상을 머릿속에 표현하는 것, 즉 그림을 그리는 것이다. 생후 약 9개월부터 이 표상 능력이 나타난다. 그러니까 인간은 생후 9개월부터 머릿속으로 생각할 수 있게 된다는 이야기다.

머릿속에 그림을 그린다는 의미로 보자면 '그리움'과 '생각'은 같은 단어다. 살면서 도무지 그리운 게 없다면 아무 생각 없이 산다는 이야기가 된다. 요즘 내가 아무 생각 없이 그저 멍하니 지내는 것도 도무지 그리운 것이 없기 때문이다. 내 삶의 어느 순간부터 가슴 시린 그리움의 감정이 아무 흔적도 없이 사라졌다.

괴테의 시에 차이코프스키가 곡을 붙인 〈그리움을 아는 자만이〉라는 가곡을 듣고 있으면 가슴 한구석이 아주 깊이 가라앉는 느낌이 든다. 한국에도 이 노래만큼이나 구구절절한 그리움을 표현한 화가가 있다. 이중섭이다.

얼마 전, 제주도에 워크숍을 갔다. 비는 시간을 이용해 서귀포의 이중섭미술관을 찾았다. 무섭게 내리는 비를 뚫고 찾아간 미술관에 전시된 이중섭의 작품은 대부분 복사품이었다. 전시된 진품은 채 몇 점 되지 않았다. 실망스런 마음에 돌아 나오는데, 한쪽 벽에 이중섭의 편지가 전시되어 있었다. 일본에 있는 아내에게 보내는 편지였다. 세상에 이토록 가슴 저리는 그리움은 본 적이 없다.

한국전쟁 당시, 피난 온 서귀포에서의 2년이 채 못 되는 시간이 이중섭에겐 죽을 때까지 잊지 못할 꿈같은 나날이 된다. 어쩌지 못하는 가난 때문에 아내는 아이들을 데리고 일본으로 돌아갔다. 서귀포의

미술관에 전시되어 있는 이중섭의 편지는 그의 일본인 아내에게 보낸 것이다. 네 장을 빽빽하게 쓴 편지에는 입국 허가와 관련된 단 한 문장을 빼고는 처음부터 끝까지 가족에 대한 그리움뿐이다. 특히 아내에 대한 애틋함은 그녀의 발가락에까지 닿아 있다.

이중섭은 아내의 발가락을 '아스파라가스군'이라 부르며 이렇게 쓰고 있다.

"나의 아스파라가스군에게 몇 번이고 몇 번이고 살뜰한 뽀뽀를 보내오." "나만의 소중한 감격, 나만의 아스파라가스군은 아고리이중섭의 별명를 잊지나 않았는지요?" "아스파라가스군이 춥지 않도록 두텁고 따뜻한 옷을 입혀주오. 그렇지 않으면 다음에 아고리가 화를 낼 거요."

이 따뜻하고 유머러스한 발가락의 에로티시즘과 행려병자로 홀로 죽어간 이중섭의 초췌한 모습이 오버랩되며 가슴 끝이 꽉 조여든다.

네 장을 가득 채우고도 못내 아쉬운 이중섭의 그리움은 편지지의 귀퉁이마다 작은 삽화로 다시 그려진다. 떨어져 있는 세 식구를 향해 팔을 벌린 자신의 모습, 네 식구가 서로 껴안고 있는 모습, 아내의 얼굴을 구석구석에 채워 넣었다. 특히 발가락을 따뜻하게 하지 않으면 화낸다는 문장 뒤에는 화를 내는 듯한 자신의 모습을 귀엽게 그려 넣었다.

그의 아내는 이 편지를 받고 얼마나 감격스러웠을까? 또 보고 싶은 마음에 얼마나 울었을까? 쓸쓸한 이중섭은 가족과의 행복은 채 느껴보지도 못하고 평생 그렇게 그리워하다 죽어갔다. 벌거벗은 아들이 게, 물고기와 노는 장면을 수없이 반복해서 그린 이중섭의 그림들은 그래서 더 처연하다.

그리움을 아는 자만이 자신의 삶에 감사할 줄 안다. 그래서 가끔은 외로워야 한다. 가슴 저린 그리움이 있어야 내가 이제까지 살아온 삶에 대한 기쁨, 내 가족에 대한 사랑, 내가 소유한 모든 것들에 대한 감사가 생기는 까닭이다. 나이 들수록 내 삶이 허전한 이유는 그리움이 없기 때문이다. 도무지 그리운 게 없으니 삶에 어떤 기쁨이 있고, 무슨 고마움이 있을까.

삶에 아무런 기쁨이 없을 때는 처절하게 고독해보는 것도 아주 훌륭한 대처 방법이다. 혼자 떠나는 거다. 제주도의 갈대밭을 혼자 헤매거나 한적한 바닷가 마을이나 골목을 헤매보는 거다. 휴대전화, 노트북 모두 놓고 떠나는 거다. 하루 종일 아무 목적지 없이 낯선 길목을 기웃대며 걷는 거다. 혼자 밥 먹고 혼자 뒹굴며 자는 거다. 중간중간 노천카페에서 혼자 커피를 마시는 청승도 떨어보자.

그리고 내 그리움을 노트에 구구절절이 적어보는 거다. 이중섭처럼 편지도 쓰고, 편지지 구석구석에 별 시답잖은 그림도 그려보자. 그렇게 단 며칠 동안만이라도 철저하게 혼자 지내는 거다. 쉽지 않을 것 같다. 그래도 길거리에서 행려병자로 고독하게 죽어간 이중섭과 그의 슬픈 아내를 기억하며 참아야 한다. 중간에 비겁하게 가족이나 친구에게 전화하기 없기다. 고독해야 누군가를 그리워하게 되고, 누군가를 그리워해야 내면이 풍요로워진다.

몇 해 전, 일본에서 정말 고독하게 지낸 적이 있다. 공동 연구를 하기 위해 와세다대학교에 초청을 받아 혼자 일 년을 지냈다. 그때 참 많은 생각을 했다. 논문도 많이 쓰고 연구 주제도 많이 개발했다. 내 인생에서 그때처럼 생산적이고 내면이 풍요로웠던 적은 없다. 그만큼 외롭고 쓸쓸했다는 이야기다. 혼자 지내려니 가족들이 정말 그리웠다. 솔직히 아이들보다 아내가 더 그리웠다. 그때 은행나무 잎이 노랗게 물든 와세다대학교 교정의 낡은 벤치에 앉아 아내에게 전화를 걸곤 했다. 그때 우리는 서로 아주 많이 그리워했다.

요즘은 그런 전화 안 한다. 전화할 일도 없다. 어쩌다 집에서 저녁 먹는다고 전화하면 아주 노골적으로 귀찮아한다. 밤늦도록 집에 안 들어가도 전화 한 통 없다. 그리움은 무슨 개뿔! 그래서 요즘 난 정말 아무 생각 없이 산다. 꽃이 피고 낙엽이 져도 도무지 그리운 게 하나 없다. 아, 이렇게 맛이 가는 거다.

루저를 위한
달걀 프라이는
없다

지난 시절, 한국 남자를 지켜온 세 가지 자부심이 있었다. 우선 생산
인으로서의 자부심이다. 누가 뭐래도 오늘날 대한민국이 이 정도까
지 된 것은 한국 남자들의 희생 때문이다. 불과 50~60년 전만 하더
라도 이 나라 사람들은 미군 '찌프차' 뒤를 쫓아다니며 "기브 미 껌!
기브 미 초콜릿!"을 외쳤다. 스스로의 힘으로는 일어설 가능성이 전
혀 없어보이던 그 불쌍한 나라를 도와주러 세계 각국에서 왔다. 그중
에는 필리핀, 태국 사람들도 있었다.

장충체육관은 그때 필리핀 사람들이 지어준 건물이다. 우리 능력
으로 그런 돔형 체육관을 짓는다는 것은 꿈도 꿀 수 없던 때였다. 광
화문 오른쪽에 서 있는 쌍둥이 건물, 즉 미국대사관과 문화관광부 건
물 역시 필리핀 사람들이 지어준 것이다. 태국도 마찬가지로 우리에
게 큰 도움을 주었다. 한국전쟁 당시 태국군은 정말 용감하게 싸웠
다. 태국의 병사들이 한국의 고아들을 품에 안고 따뜻하게 바라보고
있는 사진은 지금도 볼 수 있다. 포천 쪽을 지나다 보면 잘 가꿔진 태

국군 참전비를 볼 수 있다.

그때 그 고통스럽고 한심했던 나라가 지금 전 세계 10위권의 경제 대국이 되었다. 필리핀 사람이나 태국 사람들이 우리나라에 외국인 노동자로 취업하는 나라가 되었다. 심지어는 불법으로라도 일하고 싶어 하는 '코리안드림'의 나라가 되었다. 불과 수십 년 전 우리가 '아메리칸드림'을 꿈꾸고 어떻게든 미국에 가고 싶어 했던 것처럼.

세계사에 유래가 없는 일이다. 전 세계를 통틀어 이토록 짧은 기간, 이토록 눈부시게 발전한 나라는 없었다. 지난 세월, 남자들의 어깨는 이 기적적인 성장에 대한 자부심으로 빛났다. 그런데 그들이 이제는 떨고 있다. 자신의 목숨까지 바칠 수 있었던 회사에서 언제든지 잘려나갈 수 있다는 불안감에 오늘도 전전긍긍하고 있는 것이다. 젊었을 때는 회사에서 밀려나는 것에 대해 어떤 두려움도 없었다. 내가 온 세상을 바꿀 수 있을 것 같았다. 그러나 이젠 아니다. 나 없이도 회사는 아주 잘 돌아간다. 아쉬운 것은 오히려 나다. 내가 이 회사, 이 나라를 세웠다는 자부심은 버린 지 오래다. 틈만 나면 은퇴한 후 받을 수 있는 연금이나 퇴직금을 계산할 뿐이다.

두 번째 자부심은 가장으로서의 자부심이다. 바깥에서 아무리 비굴하게 돈을 벌어도, 집에 들어서는 바로 그 순간부터 우리 아버지들은 왕이 되었다. 아침에 아버지가 집을 나서려면 어머니는 정성스럽게 다린 옷을 내왔다. 아버지는 팔을 뒤로 내밀기만 하면 되었다. 넥타이도 매줬다(연속극에서 여자가 넥타이를 매주는 장면이 사라진 지 이미 오래다). 아버지가 퇴근하는 시간, 아이들은 문간에 일렬로 늘어서서 아버지를 맞았다. 대문을 들어서며 아버지는 꼭 헛기침을 하셨다. 목이 아프신 것도 아닌데 꼭 그렇게 헛기침을 하셨다. 가장이 돌아왔다는 신호다.

아버지가 세수를 마치고 수건으로 얼굴을 닦으며 안방으로 들어서면, 어머니는 아랫목에 식탁을 펴고 정성스럽게 저녁을 내왔다. 아, 그 맛있고 귀한 달걀 프라이는 오직 아버지의 몫이었다. 가끔 어머니는 생계란을 내오시기도 했다. 김이 모락모락 나는 밥에 '미제 빠다'와 '왜간장'을 비벼 드시는 아버지의 식탁을 온 식구는 군침을 삼키며 그저 부럽게 바라볼 뿐이었다. 아버지는 그러셔야만 했다. 우리 가족의 운명은 오직 아버지의 어깨에 달려 있었기 때문이다.

오늘날 우리의 아내들은 더 이상 남편들을 위해 밥을 짓지 않는다. 오직 아이들을 위해 식사를 준비한다. 아내가 내가 그렇게도 좋아하는 청국장찌개를 끓여주지 않은 지는 정말 오래 되었다. 아이들이 청국장 냄새를 싫어하기 때문이다. 대신 아이들이 좋아하는 스파게티는 매주 쉬지 않고 식탁에 오른다. 느끼한 스파게티 소스를 내가 그토록 싫어한다는 사실에 대해서는 아무도 관심도 없다. 이제 스파게티의 붉은 토마토소스나 희멀건 크림소스에 질릴 만도 하건만 아이들은 매번 피자 아니면 스파게티다. 결국 난 식탁 한구석에서 김치와 남은 반찬을 긁어 밥 한 공기를 때운다.

아, 그 간장게장은 또 어떻고. 간장게장을 먹고 마지막 남은 '게 껍데기'에 밥을 비벼 먹는 것은 게장을 먹는 가장 아름다운 목적이다. 그런데 스파게티만 좋아하던 아이들이 어찌하다 '게 껍데기'에 밥 비벼 먹는 재미를 알게 된 거다. 이젠 '게 껍데기'는 당연히 저희들 차지다. 그 옛날 침 흘리며 아버지의 달걀 프라이를 바라본 것처럼, 이젠 젓가락을 빨며 아이들이 먹는 모습을 바라볼 뿐이다.

세 번째 자존심은 수컷으로서의 자부심이다. 누가 뭐라 해도 남편은 아내를 만족시켜줄 수 있었다. 아니, 그렇다고 생각했다. 밥을 먹다가도 식탁을 치우고 "하자!" 하면 바로 할 수 있었다. 아내는 넘쳐나는 남편의 성욕을 귀찮아하고 부담스러워했다. '짐승' 같다고도 했다. 아, 그런데 그게 전혀 아니었다. 어린 아내는 아무것도 몰랐을 따름이다. 시간이 지날수록 사정은 달라진다. 달라져도 그렇게 달라질 수가 없다.

옛날처럼 내키는 대로 그냥 "하자!"고 했다간 큰일 난다. 촛불도 켜야 하고 분위기 있는 음악도 배경음악으로 깔아야 한다. 깨끗이 샤워하고 향수도 뿌려야 한다. 그리고 가장 중요한 게 있다. 아주 오래, 기술적으로 잘 버텨야 한다. 갈수록 어려워진다. 두려워진다(내 친구 송한욱은 아직도 자신을 "두 시간 송입니다"하며 소개한다. 젠장!).

아내들의 불만족은 여성지의 권말 부록으로 바로 표현된다. '누운 남편을 일으켜 세우는 20가지 방법' '조루 남편 변강쇠 만들기' 등등. 한번은 잘 아는 여성지 편집장에게 물었다. 도대체 여성지 권말 부록의 제목은 왜 꼭 그래야만 하는가를. 그래야 잡지가 잘 팔린단다.

신문에 나오는 여성 월간지의 광고는 죄다 대문짝만 한 전면 광고다. 보기 싫어도 볼 수밖에 없다. 신문에 올 컬러로 실린 전면 광고의 한구석에 꼭 있는 권말 부록의 문구를 발견할 때마다 사내들의 가슴은 철렁한다. 사내들끼리 앉아 자조한다. 요즘은 '자이데나'가 대세다(내친구 홍석한이 직접 임상실험한 결과란다).

'호주제'도 폐지되었다. 아이들은 아빠의 '성'이 맘에 들지 않으면 언제든지 바꿀 수 있다. 세상이 아무리 바뀌어도 자신이 여전히 가족을 대표하는 줄 알았다. 그런데 그 호주제가 사라진 것이다. 더 이상 자신이 자동적으로 가족을 대표하지 않는다는 이야기다. 부단히 노력하고 애쓰지 않으면 그 '대표 자리'는 단번에 날아간다.

이젠 동양 남자 특유의 짧은 다리까지 문제가 된다. 키가 180센티미터가 안 되면 '루저loser'라는 거다. 미치고 환장할 일이다. 생전 듣도 보도 못한 '루저'라는 단어에 철없는 사내들이 발끈하며 고소를 하고 피해보상까지 요구한다. 이 황당한 사태의 이유는 너무나 단순하다. 울고 싶은데 뺨 때린 거다. 그보다 더 심한 이야기는 이전에도 많았다. 그러나 청춘의 황금 시간을 포기해야 하는 군복무에 대한 어떤 사회적·심리적 보상도 없고, 내 아이들이 내 성을 따르지 않아도 되고, 여자를 바라보는 눈빛만 야릇해도 고소를 당하는 상황에서, 180센티미터가 안 되면 남자도 아니라고 무시한 것이다. 그것도 아주 예쁜 여성이, 그 키 크고 아름다운 외국 여인들 앞에서 아주 내놓고 한국 남자들의 자존심을 짓밟아버린 것이다.

외국에 좀 살아본 한국 남자들은 다 안다. 동양 여자와 사랑하는 서양 남자들은 그렇게 많은데, 서양 여자와 사랑하는 동양 남자는 왜 그렇게 희귀한가를. 서양 영화에 묘사되는 동양 남자란 일사분란하게 키 작고 못되고 비겁하다. 게다가 그 착한 동양 여인들을 하녀처럼 막 다룬다. 이런 서양인들의 편견에 기죽지 않을 동양 남자는 별로 없다. 그렇지 않아도 서양 여자 앞에서는 한없이 움츠러드는 한국 남자들에게 한 철없는 여인이 공중파에서 키 작은 남자는 남자도 아니라는 인종적 열등감까지 건드린 것이다. 단순한 말실수가 아니라는 이야기다. '루저' 해프닝에는 남북 분단의 민족 모순, 시대 변화에 따른 성 역할 모순, 더 나아가 인종 모순까지 함께 섞여 녹아 있는 것이다.

문제는 손해배상이나 청구하고 그 처자의 신상을 뒤져서 익명으로 욕설이나 내뱉는 유치한 반응 이외에는 별다른 저항의 수단이 없다는 사실이다. 자업자득이다. 자신을 둘러싼 이 땅의 온갖 역사, 문화적 변동에 아무 성찰 없이 투덜댄 결과다. 어, 어, 하다 보니 결국 몰릴 대로 몰려버린 것이다. 이제 남은 것은 여인들의 눈길에 맞춰 배에 식스팩 근육 만드는 수술을 하고, 여인들이 사랑하는 표정과 몸짓으로 교태를 부리며 살아남는 일뿐이다.

어쩔 수 없다. 이제까지 남자들의 눈길에 맞춰 가슴에 소금물 주머니를 삽입하고, 엄지발가락이 휘어지도록 높은 하이힐을 신어 엉덩이를 치켜세워야 했던 여인들이 지금까지 참고 있었던 이야기를 아주 조금씩 내놓고 하기 시작했을 뿐이다. 이제 겨우 시작일 뿐이라는 이야기다. 이 엄청난 문화 변동의 소용돌이 앞에서 철없는 사내들은 그저 '루저'라는 단어에 씩씩댈 뿐이다. 이젠 더 이상 달걀 프라이 안 해준다고, 게 껍데기에 밥 비벼 먹지 못한다고……. 이런 루저들 같으니라고…….

이러다가
정말 한 방에
훅 간다!

나이 마흔이 될 때, 나는 중얼거렸다. 인간이 도대체 어떻게 마흔이 될 수 있는 거야! 그랬던 내가 이제 쉰 살이다. 정신없이 지나간 지난 10년처럼 앞으로 10년, 20년이 또 지날 것이다. 내가 앞으로 이룰 수 있는 일의 한계도 명확해보인다. 내가 성취한 일이라곤 허접스럽기 짝이 없다. 맥이 풀린다. 이런 식으로 한번 찾아든 우울한 생각은 하루에도 몇 번씩 습관처럼 반복된다. 최근 남들의 부러움을 한 몸에 받던 대기업 부사장, 노벨상 후보로도 꼽혔다는 교수, 탁월한 능력의 의사가 자살한 기사를 연달아 읽은 후로는 더욱 그렇다.

도대체 무엇이 잘못된 것인가? 때론 비굴하게, 때론 무모하게 부대끼며 정말 치열하게 살아온 내 삶에 도대체 무엇이 빠져 있기에 이토록 허전한 것인가? 독일의 심리학자 비요른 쥐프케는 중년의 남자들에게 불현듯 찾아와 도무지 벗어날 수 없게 엉켜드는 이 무기력감의 실체를 '알렉시티미Alexithymie'라고 정의한다. 한국어로는 '감정 인지불능'으로 번역된다.

도대체 자신이 무엇을 느끼고 있는지 모른다는 이야기다. 자신의 내면에 무슨 일이 일어나는지 모르는데, 세상이 어떻게 돌아가는지 어떻게 알겠는가. 정신없이 앞만 보고 달려가다가 어느 날 갑자기 세상이 온통 변해버린 것을 깨닫는다. 눈앞이 캄캄하다. 더 이상 내가 설 자리가 없다는 느낌에 한번 거꾸러지면 다시 일어나기란 여간 힘든 게 아니다. 한 방에 훅 간다는 이야기다.

비요른 쥐프케는 남자들이 한번 빠지면 도무지 헤어 나올 수 없는 심리적 미로를 4단계로 설명한다. 우선 자신의 내면을 외면하기 시작한다. 이 '감정 부정' 혹은 '감정 회피'의 결과는 두 번째 단계로 넘어간다. '남성적 외향화'다. 과도하게 '사내스러움'을 지향한다는 이야기다. 술만 먹으면 욕하면서 터프함을 과장하는 이들을 자주 본다. 맛이 가기 시작할 때 나타나는 증상이라는 거다. 이 상태가 극에 달하면 '영웅주의'와 '지배 욕구'라는 독단적 이데올로기의 세 번째 단계로 이어진다. 웬만큼 돈도 벌고 사회적 지위를 얻으면 다들 정치하려고 달려드는 것도 바로 이 때문이다. 그러나 그 영웅주의의 실체는 '무기력감'이다. 자신의 무기력을 숨기려는 감정 방어의 결과란 이야기다.

여기까지 온 남자들에게 남겨진 마지막 네 번째 단계는 '남성 우울증'이다. 이 우울증은 아내에 대한 정서적 의존으로 이어진다. 그러나 아내는 결코 자신의 안식처가 아님을 알게 된다. 자신을 귀찮아하고 힘들어하는 아내의 속마음이 느껴지면 배신감과 분노를 느끼게 된다. 이런 식의 아내에 대한 애증의 모순적 감정 또한 마지막 단계에서 나타나는 특징이다.

《남자심리지도》의 저자인 비요른 쉬프케는 꼭꼭 숨겨진, 남자들의 비밀스런 감정의 영역을 집요하게 파헤친다. 누구에게도 이야기할 수 없는 남자들의 두려움, 불안, 분노, 슬픔, 무력감, 수치심의 실체를 다양한 임상 사례들을 들어가며 면도날처럼 쑤셔댄다. 아프다. 많이 아프다. 그러나 그 아픔은 또 다른 삶의 가능성을 열어준다고 저자는 강조한다.

정말 많이 공감하며 읽었다. 개인적으로 가슴이 철렁하는 이야기도 있었다. '아내 혹은 여성으로부터 독립'하라는 저자의 결론이다. 나이 들어가며 자꾸 아내에게 정서적으로 의존적이 되는 것은 자신의 내면과 마주치는 게 두려운 이들에게 공통적으로 나타나는 현상이라고 강조한다.

'늙으면 마누라밖에 없다'고 하는 사내들은 아내로부터 실망, 허전함, 더 나아가 배신감을 느낄 확률이 높다는 것이다. 정서적으로 홀로 서란 이야기다. 어차피 혼자라는 뜻이다. 내 아내를 비롯한 한국의 여인들은 독일의 그 **뻣뻣한** 여인들과는 다르다며 중얼거렸지만, 뭔가 뒤끝이 계속 켕기는 느낌은 왜일까?

한국 남자들이 말귀를 못 알아듣는 이유

살다 보면 그런 인간 꼭 있다. 도무지 남의 말귀를 못 알아듣는다. 한 이야기 하고 또 해도 매번 같은 자리다. 가슴이 답답하다 못해 터질 것 같다. 특히 나 같은 교수들이 더 그렇다. 평생 남을 가르치기만 할 뿐 남의 이야기를 들을 기회가 별로 없기 때문이다.

모든 직업에는 어쩔 수 없는 직업병이 있다. 강력반 형사를 경찰서 바깥에서 만나면 인상이 험악해보이는 경우가 많다. 매일같이 강력범들을 상대하다 보니 그렇다. 표정이 밝은 의사들은 별로 없다. 매일같이 찌푸린 얼굴의 환자들만 대하다 보니 그렇다.

의사소통 장애는 교수의 직업병이다. 나름 알량한 교수인 나에 대한 내 가족의 불만도 마찬가지다. 매번 자기 이야기만 한다는 거다. 그래서 서울에서 부산까지 양 100마리를 끌고 가는 것보다 교수 3명 설득해서 데리고 가는 게 훨씬 어렵다는 이야기도 있다. 그러나 교수뿐만이 아니다. 대부분의 한국 남자들이 그렇다. 나이가 들수록 고집만 세지고 남의 말귀는 못 알아듣는다. 이 심각한 의사소통 장애의 원인은 단순하다. 의미 공유가 안 되기 때문이다.

우리가 누군가를 사랑한다고 이야기할 때, 내가 이해하는 '사랑의 의미'와 상대방이 생각하는 '사랑의 의미'가 같다고 누가 보장해주는 가? 그럼에도 우리는 서로 사랑한다고 생각한다. 사랑에 관한 암묵적 의미를 공유하기 때문이다. 나이가 들수록 부부관계가 삐걱대는 이유는 서로 이해하는 사랑의 의미가 달라지기 때문이다.

에로티시즘 혹은 섹슈얼리티가 사랑의 의미에서 빠져나가는 중년 부부에게 의사소통 장애는 아주 현실적이고 구체적이다. 결혼 25년 차인 내게 사랑은 '아침식사'다. 집에서 아침식사를 못 얻어먹으면 더는 사랑 받는 존재가 아니다. 그러나 내 아내에게 사랑은 '배려'다. 자신과 아이들에 대한 구체적인 관심과 배려가 사랑의 기준이다. '아침식사'와 '배려'의 의미론적 구조는 전혀 다르다. 그래서 매번 힘들다.

의미는 도대체 어떻게 공유되는 것일까? 동일한 정서적 경험을 통해서다. 우리가 태어나면서부터 곧바로 언어의 의미를 이해할 수 있는 것은 아니다. 인지적·논리적 의미의 공유를 가능케 하는 것은 동일한 정서적 경험이다. 엄마의 품 안에서 아기는 엄마와 똑같은 정서적 경험을 한다. 아기가 놀라면 엄마도 같이 놀라고, 아기가 기뻐하면 엄마도 함께 기뻐한다. 나와 전혀 다른 사람이 나와 똑같은 정서적 경험을 한다는 이 정서적 상호작용으로부터 의미 공유가 가능해지는 것이다.

이제 막 사랑하기 시작한 연인들이 놀이공원에서 무서운 놀이기구를 타고 공포영화를 보는 이유도 마찬가지다. 인위적으로라도 과장

된 정서 공유의 경험을 통해 '사랑'의 의미를 함께 구성하려는 것이다. 젊은 날의 뜨거운 사랑일수록 이런 정서 공유의 경험이 드라마틱하다. 그래서 젊어서 서로 죽고 못 사는 연애를 한 부부의 이혼율이 높은 것이다. 결혼이 일상이 되면 서로 공유할 수 있는 정서적 경험이 밋밋해지기 때문이다. 그래서 사랑은 변한다!

정서 공유의 경험이 가능하려면 자신의 내면에서 일어나는 느낌을 알아야 한다. 말귀 못 알아듣는 한국 남자들의 가장 큰 문제는 자신의 내면에서 무슨 일이 일어나는가에 대해 너무 무지하다는 사실이다. 내가 도대체 뭘 느끼는지 알아야 타인과 정서 공유할 수 있을 것 아닌가? 자신의 내면에 무지한 이들에게 나타나는 결정적인 문제는 판단력 상실이다. 인지능력은 멀쩡하지만 보통사람들과는 전혀 다른, 아주 황당한 결정을 하게 된다. 돌아보면 주위에 이런 사람들이 너무 많다.

집에서 아침밥 못 얻어먹고, 토마토케첩만 가득한 달걀토스트를 들고 길거리에 서 있는 그 싸한 기분부터 느낄 수 있어야 한다는 이야기다. 손님에 대한 아무 '배려' 없이 펄펄 끓는 물을 부어 만든 싸구려 원두커피에 혓바닥을 델 때의 그 분노가 처절해질 때쯤, 아내와의 의사소통이 가능해진다는 이야기다.

내 내면의 느낌에 대한 형용사가 다양해져야 남의 말귀를 잘 알아듣게 된다. 자신의 느낌을 표현하는 단어라곤 기껏해야 쌍시옷이 들어가는 욕 몇 개가 전부인 그 상태로는 어림 반 푼어치도 없다는 거다.

제발 '나 자신'과 싸우지 마라!

매번 한 해가 가고 새로운 또 한 해가 시작되는 이유는 왜일까? 결심하기 위해서다. 새해는 결심하라고 있는 거다. 결심하지 않으면 절대 새해가 아니다. 그런데 새해에 결심한 일들은 죄다 작심삼일이다. 도대체 왜 그럴까?

결심의 내용이 잘못된 적은 한 번도 없다. 담배를 끊는다, 영어공부를 시작한다, 술을 끊겠다, 조깅을 하겠다 등등. 모두 밝은 미래를 위한 결심이었다. 그런데 왜 새해의 그 웅대한 결심을 한 번도 제대로 실천한 적이 없을까? 다들 내 의지가 박약하고 인내심이 없기 때문이란다. 한숨을 내쉬며 또다시 좌절한다. 아니다, 절대 내 잘못이 아니다.

새해의 결심이 좌절되는 이유는 내 의지의 문제가 아니다. 그 웅골찬 계획을 이뤄내기 위한 방법론에 뭔가 치명적 오류가 있는 까닭이다. 나 자신과 싸우려고 달려들기 때문이다. 언젠가부터 '나 자신과의 투쟁'이 하나의 문화 트렌드가 되었다. 마라톤을 처음 완주한 아마추어 마라토너들의 인터뷰 내용은 한결같다. 나 자신과 싸워 이겨 기쁘다고 한다. 산 정상에 오른 이들의 이야기도 대충 비슷하다. 나와 싸워 이겼다는 것이다. 성공한 사람들의 자서전도 한결같다. 게으르고 나태한 나 자신을 극복했기 때문에 성공할 수 있었다고 한다. 새해 목표를 세우면서도 마찬가지다. 자꾸 나 자신과 싸우려고 든다. 바로 여기에 문제가 있는 것이다.

불안해서 그렇다. 몸이 아파 건강검진을 받았는데 아무 이상 없이 멀쩡한 결과가 나오면 더 불안해지는 것과 마찬가지다. 불안하면 자꾸 짜증내며 주위 사람을 괴롭히는 것도 같은 원리다. 자신의 불안한 내면의 원인이 분명치 않으니 외부에서 그 원인을 찾아 정당화하려는 것이다. 그러나 바깥의 적은 그리 만만치 않다. 그래서 스스로를 적으로 만드는 것이다.

불안할수록 사람들은 그 불안의 원인을 자기 내부에서 찾는다. 그래야 문제의 내용은 물론 해결책도 간단해지기 때문이다. 착하거나 혹은 비겁한 이들의 특징이다. 그러나 미래는 원래 불안한 거다. 어디로 갈지 모르기 때문이다. 그래서 인류는 무한 지속되는 미래에 대한 불안을 견디지 못해 1년 365일을 만든 것이다.

무한한 미래를 1년 단위로 끊어놓으면, 미래가 매년 새로 시작되는 것처럼 느껴진다. 365일이 지나면 또다시 시작할 수 있는 미래는 그다지 무섭지 않다. 영원으로 사라지는 게 아니라 매번 반복되는 것이기 때문이다. 새해는 인류가 시간의 공포와 불안에서 풀려나기 위해 지난 수만 년간 고안해낸 마법이다. 그래서 새해를 축하하고 즐거워하는 것이다.

새해에는 즐거운 결심을 해야 한다. 새해 첫날부터 백두대간 종주를 계획하거나 차가운 바닷물에 다이빙 하지 말자는 거다. 제발 나를 괴롭히며 싸워 이기려고 달려들지 말자. 이미 충분히 많이 싸웠다. 나 자신은 절대 싸워 이겨야 할 적이 아니다. 조곤조곤 이야기하며 설득해야 할 아주 착하고 여린 친구다.

'새해에는 내가 좋아하는 일만 한다!'

내 인생에 다시는 오지 않을 '쉰 살'이 되는 한 해를 준비하는 내 결심이다. 문구점에서 미리 골라온 새해 다이어리 첫 장에 이렇게 정성스럽게 적었다. '내가 읽고 싶은 책만 읽고 내가 하고 싶은 일만 한다. 남이 시켜 억지로 해야 하는 일은 절대 하지 않는다! 만나고 싶지 않은 사람들은 절대 만나지 않는다!'

세상에 어찌 내가 하고 싶은 일만 하고 살 수 있을까. 불가능한 일이다. 그러나 이 엄청난 결심을 할 수 있다는 사실만으로도 너무 행복해진다. 그동안의 내 소심함과 비겁함이 한 방에 날아가는 느낌이다. 너무 통쾌하다. 세상을 다 가진 느낌이다. 그래, 새로운 한 해는 바로 이런 기분으로 시작하는 거다!

공부 못하는
자녀를 둔
부모들에게!

다 부모 탓이다. 상식적으로 생각해보자. 부모가 공부 잘했으면 어찌 자식이 공부를 못할까. 내 친구들을 봐도 그렇다. 범재, 귀현이, 현만이, 병옥이, 영준이네 아이들도 다 공부 못한다. 선규네 큰아들이 서울대에 간 것은 다 애들 엄마 덕분이다. 사내아이 둘을 키우면서 박사 학위 받고 연구소까지 운영하는 선규 마누라는 아주 무서운 여자다. 그러나 아버지를 꼭 닮아 머리만 무지하게 큰 선규네 둘째는 공부 못한다. 우리 큰아들은 매번 전교 일등이었다. …… '오래달리기'가!

내 큰놈은 공부 빼놓고 다 잘한다. '공부만 잘하는 놈'보다 '공부 빼놓고 다 잘하는 놈'이 훨씬 훌륭하다. 그러나 이 나라에서는 전혀 그렇지 않다. 나는 내 큰아들이 공부를 못한다는 사실을 받아들이는 데 3년이 걸렸다. 녀석은 지독하게 나를 괴롭혔다. 학교 유리창을 깨고, 패싸움을 하고, 또래 아이들을 패고 다녔다. 맞은 아이의 부모가 자기 아들 멍든 사진을 들고 고소한다고 찾아와, 무릎 꿇고 빌기도 했다.

가해자의 부모가 되어봤는가? 생판 모르는 사람 앞에서, 자신이 지을 수 있는 가장 불쌍한 표정으로 빌어본 적이 있는가? 안 해봤으면 말을 마라! 열 받을 대로 받은 내가, 당장 집에서 나가라고 소리치자 녀석은 진짜 집을 나가버렸다. 가출한 아이와 자존심 싸움하며 버티는 부모의 처절함을 아는가? 내가 지칠 대로 지쳐 아들에 대한 기대를 포기하자, 비로소 녀석은 차분해졌다. 그랬던 그 녀석이 이번 대학 수시 모집에 합격했다. 정말 기적 같은 일이다.

자랑하고 싶어 죽겠다. 만나는 사람마다 자랑한다. 내 아들이 그렇게 하고 싶어 하던 '음악'을 공부할 수 있게 된 게 너무 기쁘다. 모두 축하한다며 어느 대학이냐고 물어본다. 그런데 대학 이름을 대면 다들 반응이 영 신통치 않다. 그리 대단한 대학도 아닌데 호들갑이라는 표정이다.

옛날에는 무조건 공부를 잘해야 했다. 좋은 대학을 나온 게 인생의 행복에 지대한 영향을 미쳤기 때문이다. 그때는 인생이 진짜 짧았다. 지금 학부모 세대가 대학에 다니던 1970~1980년대의 한국인 평균수명은 60세를 겨우 넘긴 수준이었다. 그러나 우리 아이들은 100세를 넘겨 산다. 아주 오래 산다는 이야기다. 평균수명 60세 때의 20세와, 평균수명 100세 때의 20세의 존재론은 전혀 다르다.

우리의 자녀들은 전혀 다른 세상을 살아간다는 이야기다. 굵고 짧게 사는 세상이 아니다. 길게, 행복하게 살아야 하는 세상이다. 인생의 기회도 여러 번 온다. 좋은 대학 가는 것보다, 자기가 좋아하는 일을 하는 게 훨씬 더 행복한 세상이다. 오래오래 살아야 하는 세상에서 젊어서 일찍 잘되는 것처럼 위험한 일은 없다.

한번 생각해보라. 우리의 대학 시절에 지금과 같은 세상을 꿈이나 꿀 수 있었던가? 상상도 못했던 세상 아니던가? 평균수명 60세의 사고방식으로 오래오래 살 아이들의 삶을 구속하지 말라는 이야기다. 아니, 자식 걱정 이전에 부모 자신의 삶부터 고민해야 한다. 우리도 80~90세는 너끈히 사는 세상이 되었다. 50대 중반이면 다들 은퇴한다. 나머지 30~40년을 행복하게 살 자신은 있는가? 자신의 행복한 노후에 대해서는 아무런 대책 없으면서 자녀가 좋은 대학을 가면 행복해질 거라는, 그 근거 희박한 신념은 도대체 어디서 나오는가?

요즘 나는 내 아들에게 단 한 가지 조언만 한다. 결혼은 될 수 있으면 늦게 해라. 가능한 한 많은 여자를 만나 정말 폼 나는 사랑을 해보라. 세월은 가도 사랑은 남는다! 그리고 결혼은 마흔다섯 살에 스물다섯 살 처녀와 해라. 그래야 남는 인생이다.

내가 아들과 식탁에서 이런 이야기를 나눌 때마다 아내는 나를 아주 잡아먹을 듯 째려본다(딸 가진 부모들도 나를 욕한다. 아, 제발 좀 그러지 마라. 그대들의 딸들도 마흔다섯 살까지 수많은 연애를 하다가 스물다섯 살짜리 총각하고 결혼하라고 해라! 그대들의 딸들은 그래도 되는 시대가 곧 온다. 결혼을 앞둔 여자들에 비해 남자들이 압도적으로 많은 시대가 이미 시작되었기 때문이다).

아, 그리고 마지막으로 정말 솔직한 한마디 더 보태자. 나도 내 아들이 공부 잘해서 '좋은 대학' 갔다면 이런 이야기 절대 안 한다!

시간이 언제부터 미친 걸까?

시간이 미쳤다. 갈수록 정신없이 빨리 간다. 왜 나이가 들수록 시간은 자꾸 빨리 가는 걸까? 심리학자들의 대답은 아주 단순명료하다. 기억할 게 전혀 없기 때문이다. 기억 속에 저장되어 있는 내용이 많으면 그 시기가 길게 느껴지고, 전혀 기억할 게 없으면 그 시기가 짧게 느껴진다. '회상효과reminiscent effect'다.

인생에서 어느 시절의 기억이 가장 뚜렷하냐고 물으면 대부분 학창시절을 언급한다. 노인들도 학창시절의 기억은 아주 생생하게 이야기한다. 가슴 설레는 기억이 많은 그 시절의 시간은 아주 천천히 흘렀다. 모두가 새로운 경험이었기 때문이다. 그러나 인생의 어느 시기부터 시간은 아주 미친 듯 날아가기 시작한다. 당연하다. 정신없이 바쁘기만 했지 기억할 만한 일들은 전혀 없기 때문이다. 죄다 반복적으로 어쩔 수 없이 처리해야 하는 일들뿐이었다. 이런 식이라면 올 한 해도 불 보듯 뻔하다. 일 년 뒤, 난 또다시 머리카락을 쥐어뜯으며 '미친 시간'에 한숨 쉴 것이다.

한 집단의 역사는 집단적 기억이다. 기억을 통한 의미 부여의 과정을 통해 한 집단의 아이덴티티는 유지된다. 그래서 끊임없이 역사를 가르치고 배워야 하는 것이다. 개인도 마찬가지다. 기억을 통해 지속적으로 의미 부여를 해야 한다. 그래야 살 만해진다.

기억할 게 없다는 이야기는 내 삶에 전혀 의미 부여가 안 된다는 뜻이다. 죽을 고비를 넘긴 사람들은 한결같이 이야기 한다. 죽기 직전 그 짧은 몇 초의 시간이 마치 몇 시간처럼 느껴지며, 인생의 중요한 기억들이 파노라마처럼 지나간다는 것이다. 어떻게든 자신의 짧은 인생에 의미를 부여하려는 본능적 행위다.

시간이 빨리 지나간다고 느낄수록 긴장해야 한다. 의미 부여가 안 되니 쉽게 좌절하고, 자주 우울해지고, 사소한 일에 서운해진다. 이런 식이라면 '성격 고약한 노인네'가 되는 것은 아주 순식간이다. 삶의 속도와 기억의 관계에 관한 심리학자들의 주장이 옳다면 이 '미친 시간'을 천천히 흐르게 하는 방법은 간단하다.

기억할 일들을 자꾸 만들면 된다. 평소에 빤하게 하던 반복되는 일들과는 다른 것들을 시도하라는 이야기다. 인생과 우주 전반에 관한 막연하고 추상적인 계획은 아무 도움 안 된다. 아주 구체적이고 감각적인 경험들을 시도해야 한다.

오늘도 술잔 앞에 두고 부하 직원들에게 한 이야기 하고 또 하지 말자는 거다. 이제 다 외울 지경인 윗사람 이야기 참고 또 들어줘야 하는 일이 얼마나 고통스러운지 잘 알면서 도대체 왜들 그러는가. 이 추위를 뚫고 집까지 한번 걸어 가보는 거다. 올레길을 걷는다며 돈 들여

제주도까지 갈 일이 뭐가 있겠는가. 오늘 직접 해보는 거다. 너무 무모하다 싶고, 추위가 두려워 비겁해지면 한강 다리라도 한번 걸어서 건너보자. 도대체 평생 살면서 한강 다리를 걸어서 건너본 기억이 있긴 한가.

시립미술관이나 덕수궁미술관에 들르는 것도 좋을 듯하다. 요즘 좋은 전시회 정말 많이 한다. 해설 방송 헤드폰 끼고 처음부터 끝까지 아주 자세하게 그림을 감상하는 거다. 눈과 귀로 느껴지는 새로운 문화적 경험은 침대에 누워 늦게까지 TV 채널이나 돌리는 것과는 질적으로 다르다. 여자 속옷 광고 홈쇼핑에 채널 멈추고 집중하다가 제품에 흠칫 놀라는 촌스런 행동은 이제 그만 하자는 거다. 우리 주위에 그런 야한 속옷이 어울리는 여자는 이제 없다. 아, 과거에도 없었다. 미안하다. 아무튼······.

심리학의 창시자인 빌헬름 분트는 인간이 경험하는 '현재'의 길이를 측정했다. 약 5초 정도라고 한다. 우리는 불과 5초만을 느끼며 살아간다는 이야기다. 과거나 미래를 사는 게 아니라 오직 현재를 살기 때문이다. 그러나 이 5초의 객관적 단위는 주관적 경험에 의해 얼마든지 팽창될 수 있다. 제발 현재를 구체적으로 느끼며 살자는 이야기다. 그래야 시간이 미치지 않는다.

성공하려면
왜 꼭 참고
인내해야만 할까

왜 성공한 사람들은 하는 이야기가 다 똑같을까? 마치 서울대 수석 합격자가 '잠은 충분히 잤으며, 과외는 받은 적이 없고, 학교 공부를 충실히 했다'고 대답하는 것처럼, 한국 사회의 성공 내러티브는 일정한 패턴을 가지고 있다.

일단 성공한 이들은 젊은 시절 엄청나게 고생한다. 고생하지 않으면 성공이 아니다. 그들의 부모는 대부분 찢어지게 가난하다. 젊은 시절, 의욕만 가지고 무모하게 달려들다가 처절하게 무너지고, 실패가 반복된다. 믿었던 사람에게 철저하게 배신을 당한다. 몇 번의 부도도 필수다. 좌절한 주인공은 한강 주변을 기웃거리기도 한다.

다시 굳게 마음을 다져먹고 정말 열심히 일한다. 남보다 늦게 자고 먼저 일어난다. 참고 인내하다 보니 어느 순간부터 일이 잘 풀려나간다. 한번 풀리기 시작하더니 이젠 걷잡을 수 없다. 성공한 주인공은 맨 마지막에 항상 힘줘 이야기한다. 포기하지 않고 참고 인내하며 노력했다고.

고통을 딛고 일어선 그들의 성공을 비하할 생각은 전혀 없다. 다만 왜 아직도 한국 사회가 이 구태의연한 '성공 내러티브'를 당연하게 받아들이는가에 대한 의문이 든다. 어째서 성공한 사람들은 한결같이 새벽 일찍 일어나는 '아침형 인간'이어야 하고, '얼리버드'이어야만 할까? 새벽에 일찍 일어난 새가 벌레를 잡아먹는다는 것은 그렇다치자. 그럼 새벽에 일찍 일어난 벌레는 도대체 뭐란 말인가? 일찍 일어나 기껏 잡아먹히기밖에 더하는가?

왜 성공한 사람은 재미라고는 전혀 없는 성직자의 삶을 살아야 하는가? 왜 재미있고 즐거워서 성공했다고 이야기하는 경우는 전혀 없을까? 왜 꼭 실패와 역경을 딛고 성공했다고 이야기하는 것일까? '여유' '재미' '나눔'과 같은 풍요로운 이야기는 왜 한국식 성공 내러티브에는 전혀 포함되지 않는 걸까?

왜 한국형 성공 내러티브에서는 우연히 얻어진 성공이 하나도 없을까? 포기하지 않고 열심히 노력해야만 성공할 수 있다면, 성공하지 못한 사람들은 인생을 포기했거나 나태한 사람들인가? 아니다. 대부분의 성공이 '아주 적당한 기회'가 '아주 우연히' 주어지기 때문이다. 나는 그렇게 생각한다.

정말 황당한 것은 어린 아이돌 스타들도 이 구태의연한 산업사회식 성공 내러티브를 마구 늘어놓는다는 사실이다. 이제 막 사춘기가 지난 10대 후반의 아이돌들이 주말마다 예능프로그램에 나와 연습생 시절의 '불어터진 라면'을 이야기한다. 이야기 말미에는 꼭 고통스런 시절을 기억하며 눈물이 복받쳐 어쩔 줄 몰라 한다. 아, 이건 정말 아니다. 그들의 짧은 인생에서 '눈물 젖은 라면'을 이야기하는 것은 정말 오버다. 그들이야말로 '진짜 재미있어서 했다!' '정말 즐거워서 하다 보니 이렇게 잘됐다!'고 이야기해야 하는 것 아닐까?

이젠 '근면' '성실' '고통' '인내' 같은 지난 시대의 내러티브와는 구별되는 새로운 차원의 성공 내러티브가 필요하다. '재미' '행복' '즐거움'의 내러티브가 진짜 성공한 삶의 조건이다.

'아저씨' 개념의
해석학적 순환

세상에 일어나는 일들을 다 이해하기는 어렵다. 그래서 우리는 공부한다. 이해할 수 있는 개념을 배우기 위해서다. 수학의 개념을 익히면 수학적 현상을 이해할 수 있다. 심리학적 개념을 익히면 사람들의 말과 행동 뒤에 숨겨진 또 다른 면을 읽어낼 수 있다.

개념은 객관적인 것이 아니다. 문화적 약속이다. 혼돈스러운 현상을 이해하기 위해 사람들은 개념을 만들어낸다는 이야기다. 일단 개념이 한번 성립하면, 그 개념은 역으로 또 다른 실재를 만들어낸다. 개념과 실재 사이에 성립하는 이와 같은 상호 규정을 '해석학적 순환 hermeneutischer Zirkel'이라고 한다.

개념이 세상을 바꾼다. 그러나 영어 단어의 첫 알파벳만을 모아 만든 어설픈 미국식 경영 용어들은 예외다. 예를 들어 MOU, M&A와 같은 단어는 개념이 아니다. 축약어일 따름이다. 난 'MBA'가 '경영학석사Master of Business Administration'의 축약어에 불과한 것을 처음 알았을 때의 그 황당함을 잊지 못한다. 기업 경영 관련 모임에 참석하면 이런 종류의 엉터리 단어들이 난무한다. 다들 아는 것 같아 함부로 질문하기도 어렵다. 그러나 알고 보면 평범한 단어들의 첫 알파벳을 모았을 따름이다. 허탈하기 그지없다.

마이크로소프트사의 운영체제인 '윈도우즈windows'는 그런 의미에서 참으로 탁월한 개념이다. 아날로그 세상에서 우리는 창문을 통해 세상을 본다. 가상공간에서 우리는 컴퓨터의 모니터로 세상을 본다. 그 모니터의 이름을 '창문들', 즉 '윈도우즈'로 만들어버린 것이다. 기술적으로 훨씬 탁월한 애플 매킨토시의 운영체제가 마이크로소프트사의 어설프기 짝이 없는 '윈도우즈'를 따라잡지 못하는 이유는 바로 이 개념의 격차 때문이다(사실 윈도우즈의 그래픽 유저 인터페이스graphical user interface는 애플의 것을 흉내 낸 것에 불과하다).

마이크로소프트가 창문 개념을 고집하며 '윈도우즈7'까지 오는 동안, 애플 매킨토시의 운영체제 이름은 여전히 뜬금없는 동물 이름을 번갈아가며 붙이고 있다. 최근의 운영체제 이름은 낯설기 그지없는 '스노 레오파드' '라이온'이란다. 애플 마니아를 자처하는 나지만 이 뜬금없는 고양이 이름은 정말 아니라고 생각한다.

PC시대에는 마이크로소프트사가 '윈도우즈'라는 개념으로 세상을 지배했다. 최근 스마트폰 시대가 열리면서 애플사가 승승장구한다. '터치touch'라는 개념 때문이다. 자판을 두드리는 것이 아니라 애인을 어루만지듯 손가락으로 살짝 밀고, 당기고, 돌리는 그 아날로그적 '로테크low-tech' 개념으로 최첨단 '하이테크high-tech'를 움직일 수 있게 된 것이다. 피부로 느껴지는 구체적인 감각 경험을 디지털 매체에 개념적으로 구현한 것이다. 기술이 아무리 발전해도 그 기술의 사회 문화적 맥락을 설명해주는 개념체계가 존재하지 않으면 말짱 도루묵이다.

개념을 읽어내면 세상의 변화가 보인다. 특히 문화를 비교할 때 개념분석은 아주 효과적인 해석학적 도구다. 예를 들어 다른 문화에서 발견되지 않는 개념이 우리에게 있다. '정情'이다. 서구의 '사랑'과는 구별되는 아주 독특한 개념이다.

서양인들은 사랑하지 않으면 이혼한다. 그래서 아침마다 남편들은 집을 나서며 아내에게 '아이 러브 유'를 외친다. 전화할 때마다 사랑한다고 한다. 거의 강박적이다. 사랑이 끝나면 관계도 끝나기 때문이다. 그러나 한국인들은, 적어도 중년 이상의 부부들은 서로 사랑하지 않아도 함께 살았다. '그놈의 정' 때문이다.

요즘 이혼율이 늘어나는 이유는 '그놈의 정'이 개념적으로 더는 유효하지 않기 때문이다. '정'과 한국적 현실의 해석학적 순환이 이제 막을 내렸다는 뜻이다. 푸코 식으로 이야기하자면 '정'이라는 권력담론이 해체되기 시작했다는 것이다. 이 변화의 결과는 고스란히 중년 남자들의 몫이 된다.

더 이상 '정'이란 개념의 '권력 프리미엄'을 누릴 수 없는 불안한 한국 중년 남자들을 설명하는 개념이 새롭게 구성된다. '아저씨'다. 물론 이전에도 '아저씨'라는 호칭은 존재했다. 그러나 문화적으로 특별한 의미를 갖는 개념은 아니었다. 반면 '아줌마'는 호칭인 동시에 개념이었다. 품위 없고 황당한 행동을 마다않는 중년 여성들을 이해하기 위해 '아줌마'라는 호칭이 문화적 개념으로 전환되어 사용된 것이다. 그래서 중년의 여인을 '아줌마'라 부르면 은근히 기분 나빠했다. 반면 '아저씨'는 가치중립적 호칭이었다. '아저씨'라 불러도 아무렇지 않았다. 남자의 구체적 현실과는 아무 상관없었기 때문이다. 그러나 이제 상황은 달라졌다. 사뭇 달라졌다.

'아저씨'는 이제 무례하고 거칠고 짜증나는 개념이다. '아줌마'와 '아저씨'의 문화적 의미는 일부 겹친다. 그러나 '아줌마'는 어느 정도 연민이 가능한 애교스러운 개념인 반면, '아저씨'는 '어디 건들기만 해봐라' 하는 공격적인 개념이다. '아저씨'라는 이름으로 사진이나 동영상을 검색해보라. 지하철에서 담배 피우는 사람, 쩍벌남, 침 함부로 뱉는 사람, 욕이 빠지면 말이 이어지지 않는 사람 등 온갖 불쾌한 중년 남성들의 모습이 '아저씨'다. '아저씨'는 권력 상실의 불안에서 시작하는 무례, 분노, 적개심, 공격성의 총화다.

물론 착한 아저씨들도 있다. 자식들에게 느닷없이 '사랑한다'며 황당한 문자를 보내는 이들이다. 아이들이 문자를 '씹으면' 너무 쓸쓸하다. 아내는 날이 갈수록 공사가 다망하다. 남편이 집에 있으면 어떻게든 일을 만들어 밖에 나간다. 안방에 혼자 쭈그리고 앉아 텔레비전 채널만 돌린다. 이미 여러 번 본 연속극을 다시 본다. 연속극은 죄다 슬프다. 혼자 훌쩍거리다 슬그머니 침대에 올라 잠을 청한다. 아이들과 아내는 아직도 집에 돌아오지 않는다.

망사스타킹
—보이지만
안 보이는 것으로 하기

나처럼 야한 생각을 비슷하게 많이 하는 가까운 후배 김정주는 봄이 되면 가슴 설레어 어쩔 줄 몰라 한다. 이 찬란한 봄조차 엄숙주의에 젖어 근엄한 표정을 지으며 산다면 도대체 인생이 뭐냐는 거다. 이 아름다운 봄에도 그 어떤 에로틱한 상상이 가능하지 않다면 도대체 뭐가 살아있냐는 거다. 옳다.

도대체 언제부터 인간은 이런 몹쓸(?) 생각으로 인해 봄이 이토록 괴로워진 것일까? 원시시대, 사냥꾼들은 잡은 사슴의 숫자를 화살 끝에 새겨 넣었다. 기억하기 위해서다. 어느 순간부터 사냥꾼들은 이 숫자 표시를 머릿속에 하기 시작한다. 드디어 생각하기 시작한 것이다. '기호학적 매개semiotic mediation'다. 상징에 의해 매개되는 기억·추론 같은 인지능력이 내면화되어 작동하기 시작한 것이다. 그러나 인간의 인지능력은 저절로 작동하지 않는다. 기름이 있어야 움직이는 자동차처럼 사유의 동기가 있어야 한다. 발정기다!

동물의 존재 이유는 종족 번식이다. 발정기를 위해 존재한다는 이야기다. 인간도 동물이다. 그러나 인간이 여타 동물과 구별되는 결정적인 차이는 '매일 발정기'라는 사실이다. 발정기의 무한 리필이다. 내 이야기가 아니다. 인간은 '애나 어른이나 평생토록 오직 그 생각(!)뿐'이라는 프로이트의 정신분석학 이론이다.

직접적인 접촉 없이도 성행위의 짜릿함을 상상할 수 있게 되자, 인간의 발정기는 다양한 문화적 외피를 입게 된다. 상징적 매개물이 갈수록 다양해진다는 이야기다. 하늘거리는 주름치마로부터 가죽장화와 채찍, 혹은 촛농에 이르기까지 그 변화의 양상은 매우 즐겁다. 문화 예술의 대부분은 '발정기의 기호학적 매개'의 산물이다. 그리고 에로티시즘의 기호학은 여인의 다리에서 완성된다.

망사스타킹이다. 나는 그렇게 생각한다. 여자들은 왜 망사스타킹을 신는가? 왜 가슴골이 깊게 파인 옷을 입는가? 왜 그토록 짧은 치마를 입는가? "남자들 보라고……" 아무 생각 없이 대답했다가 주위의 여인들로부터 집단 테러(?)를 당한 적이 있다. 여인들의 비난이 옳다. 절대 남자들 보라고 망사스타킹을 신는 것이 아니다. 그렇다고 그 여인들의 주장처럼 '자기만족'을 위해 입는 것도 절대 아니다. '자기만족'론은 '남자들 보라고'론보다 더 어설프다. 설득력도 전혀 없다.

'보이지만 안 보이는 걸로 하기'다. 빤히 보이지만 절대 내놓고 들여다봐서는 안 된다. '발정기의 기호학적 매개'의 미학적 완성은 바로 망사스타킹과 같은 '훔쳐보기'와 '드러내기'의 변증법적 긴장에 있는 것이다. 그 유명한 샤론 스톤의 '다리 바꿔 꼬기'야말로 이런 미학의 20세기적 결정판이다. 눈앞에 빤히 드러내지만 안 보이는 걸로 하자는 것이다.

트위터 같은 소셜네트워크서비스SNS는 관음증과 노출증의 21세기적 방식이다. 어느 순간부터 사람들은 스마트폰과 같은 디지털 기기를 통해 자신만의 은밀한 느낌, 생각, 행위를 적나라하게 알리기 시작한다. 그리고 또 서로 훔쳐본다. 서로의 내밀한 세계를 디지털 기기의 액정 화면을 통해 쓰다듬고 어루만지는 '디지털적 애무'가 대낮에 사방에서 실시간으로 일어나고 있는 것이다.

봄에는 좀 야한 생각을 해도 된다. 매일같이 컴퓨터 화면을 통해 '훔쳐보기'와 '드러내기'에 몰두하면서, 더 인간적이고 자연스러운 봄날의 에로티시즘에 입술꽁지 내리며 엄숙하고 근엄한 척하지 말자는 거다.

개나리가 노랗게 올라오고 목련이 하얀 속살을 드러내는데도 가슴 설레지 않는다면 도대체 언제 살아있음을 느낄 것인가? 봄에는 곁눈질로 망사스타킹 좀 훔쳐봐도 된다. 그러라고 봄이 오고, 산에 들에 진달래도 피는 거다.

그러니까
친구가 없는 거다

왜 인간만 말을 하는가? 침팬지의 지능도 상당하다. 도구를 이용할 줄도 알고 새끼들에게 그 기술을 전수할 줄도 안다. 그러나 말은 못한다. 생존에 필요한 신호를 주고받을 뿐이다. 노암 촘스키와 같은 언어학자는 인간이 날 때부터 '언어 습득 기제language acquisition device'를 가지고 태어난다고 주장한다. 그러나 인간의 언어능력이 생득적이라는 그의 이론은 참으로 안이한 주장이다. 세상에 날 때부터 가지고 태어난다는 이야기를 누가 못하는가?

아무리 생득적으로 가지고 태어나도 무인도에서 자라거나 동물 사이에서 자라면 말을 못한다. 인간의 언어 습득이 생득적인 능력이냐, 아니냐는 참으로 우매한 논쟁이다. 아무리 태어날 때부터 가지고 태어나도 그 능력이 개발되지 않으면 능력 없이 태어난 것과 마찬가지다.

인간만의 독특한 상호작용이 언어 습득을 가능케 한다는 이야기다. 진정한 학자라면 언어 습득을 가능케 하는 인간만의 상호작용을 설명해야 한다. 난 어째서 촘스키 같은 학자가 아직도 세계적인 언어학자로 추앙받는지 이해가 안 된다. 거품이다.

갓 태어난 인간의 아기가 언어를 습득하는 데 있어 가장 중요한 어머니와의 상호작용은 '순서 주고받기turn-taking'다. 인간의 의사소통에는 남의 순서와 내 순서가 있고, 내 순서에는 반드시 반응해야 한다는 인간 상호작용의 가장 기본적인 규칙이 있다. 대부분의 포유류는 태어나면 스스로 움직인다. 인간의 아기만 미숙아로 태어난다. 꼼짝 못한다. 이 아무 생각 없는 아기에게 세상의 모든 어머니는 죄다 이렇게 말을 건다.

"아이구, 누가 그랬어? 누가?"

누가 그러긴, 자기가 그래 놓고! 그래도 끊임없이 말을 건다. 갓 태어난 아기는 아무 반응이 없다. 그러나 좀 지나면 아주 신기한 현상이 일어난다. 어머니가 "누가 그랬어?" 하면 아기는 웃는다. 내 순서가 왔다는 것을 아는 거다. 내 순서가 오면 반응해야 한다는 인간 의사소통의 가장 근본적인 원칙을 배운 것이다. 이 '순서 주고받기'를 배워야 언어를 습득할 수 있다(이건 내가 밝혀낸 거다).

성인이 되어서도 마찬가지다. 남에게 '순서'를 제때 줄 줄 알아야 한다. 상대방이 폼 날 때 순서를 줘야 한다는 이야기다. 어떤 인간을 만나고 나면 온종일 기분 나쁘다. 자기만 이야기하기 때문이다. 반대로 어떤 이를 만나면 참 상쾌하다. 내가 폼 날 때 순서를 주기 때문이다. 유머감각이 좋아야 하는 이유도 마찬가지다. 유머는 남에게 '웃을 순서'를 주는 가장 훌륭한 순서 주고받기의 수단이기 때문이다.

방송에 출연할 경우, 사회자가 누구냐에 따라 난 전혀 다른 사람이 된다. 얼마 전 한 토론 프로그램에 출연한 적이 있다. 그 사회자는 내가 헤맬 듯하면 날 시켰다. 어려운 이야기만 나오면 꼭 내게 '순서'를 주는 것이었다. 난 매번 "네?"만 연발할 뿐이었다. 방영되는 화면을 보며 난 열 받아 죽는 줄 알았다. 화면에 비치는 나는 완전 바보였다. 요즘 난 가는 곳마다 그 인간을 욕하고 다닌다. 아주 죽도록 밉다.

리더는 훌륭한 사회자가 되는 것을 뜻한다. 상대방을 폼 나게 만들어줘야 한다는 이야기다. 그러나 사회적 지위가 높을수록 남에게 순서를 안 준다. 폼 날수록 자기만 이야기한다. 가끔 머쓱해서 썰렁한 농담을 던져보지만, 아무도 안 웃는다. 이는 설득력 없는 정치인들이 가지고 있는 공통된 문제이기도 하다. 어설픈 진보도 마찬가지다. 이 경우, 상대방의 반응은 대부분 이렇게 된다.

"그래, 당신 말이 다 맞아. 그래서?"

이해는 했지만 안 받아들이겠다는 이야기다. 인간은 절대 이런 방식으로 설득당하지 않는다. 대화가 아니라 강요 혹은 계몽이기 때문이다. 그래서 사회적 지위가 높아질수록, 스스로 옳다고 생각할수록, 도덕적으로 정당하다고 생각할수록 친구가 없는 거다!

남자는
'개' 아니면
'애'다!

남편에 대한 불평을 늘어놓는 아내에게 던진 내 후배 최태원의 '배째라'식의 발언이다. 남자는 잘 달래야 한다는 이야기다. 듣는 순간 '허걱'했다. 그러나 시간이 지날수록 여운이 남는다. 남자는 웬만해선 성숙하기 어려운 존재라는 이야기다. 인정하기 싫지만 옳다.

클래식한 정신분석학자들의 생각은 전혀 다르다. 그들에겐 오히려 여자가 더 성숙하기 어려운 존재다. 성숙의 척도가 되는 초자아, 즉 '슈퍼에고superego'를 내면화하는 정신분석학적 기제가 여자에겐 결핍되어 있기 때문이다. 아버지로 상징되는 슈퍼에고의 사회적 가치와 도덕은 거저 얻어지는 것이 아니다. 어머니를 사이에 두고 아버지와 경쟁하게 되는 아들은 '거세불안castrating anxiety'이라는 근원적 공포에 시달린다.

결국 아들은 아버지를 들이받든가, 아니면 착하게 아버지의 가치를 받아들이는 방식으로 성숙해간다. 여자아이들에게는 바로 이 성숙의 계기가 결핍되어 있다. 거세할 것이 없기 때문이다. 영원히 성숙할 수 없는 여자에 관한 이런 식의 이론은 프로이트의 오이디푸스 콤플렉스 개념을 따라가자면 어쩔 수 없이 다다르는 황당한 결말이다. 프로이트가 살았던 19세기 말 시대정신의 한계다.

요즘은 반대다. 최근의 심리학 이론들을 적용해보면 남자들의 성숙이 훨씬 더 어렵다. 아이들이 발달 과정에서 내면화하는 도덕적 규범들의 초기 형태는 '사회적 참조social referencing'라는 현상으로 설명된다. 낯선 상황 혹은 낯선 대상에 대한 아이들의 규범적 판단은 어머니의 정서적 반응을 참조해 결정된다는 이야기다.

예를 들어 난생처음 흑인을 본 아이는 일단 어머니의 표정을 살핀다. 어머니가 당황해하거나 어색해하면 아이의 반응도 똑같아진다. 불안해하며 울거나 어머니에게 안긴다. 그러나 어머니가 아무렇지도 않게 행동하면 아이의 반응도 지극히 편안해진다.

흑인에 대한 문화적 편견은 이렇게 주변인들의 정서적 반응을 참조하는 과정을 통해 구체적으로 형성되는 것이다. 장애인, 외국인 노동자 등과 같은 사회적 소수집단에 대한 편견 또한 이런 식으로 세대를 건너며 전달된다. 물론 왜곡과 편견의 해소 또한 동일한 방식으로 가능하다.

'사회적 참조'는 사회의 규범과 가치들을 매개해 성숙을 가능케 하는 '문화학습cultural learning'이다. 문제는 이 사회적 참조에 엄청난 남녀 차이가 존재한다는 사실이다. 여자아이들의 사회적 참조는 문화적으로 장려된다. 남자아이들에 비해 정서적 표현이 훨씬 자연스럽게 여겨지기 때문이다. 반면 남자아이들의 정서 표현은 문화적으로 억압된다.

남자아이들이 울면 부모들은 아무렇지도 않게 그런다. "울지 마! 사내놈이 왜 울어!" 좋아서 막 날뛰면 또 그런다. "사내놈이 왜 그렇게 가볍게 까불대니!"

도대체 우는 것과 즐거움을 표현하는 것이 '사내놈'과 무슨 상관이 있는 걸까? 자신의 내면을 표현하는 능력이 애초부터 억압되어 있으니 어찌 남의 정서를 읽는 능력이 발달할 수 있을까? 남자들에게는 사회적 가치, 도덕적 규범을 내면화하는 사회화 절차가 기초부터 꼬여 있다는 이야기다. 사회적 참조가 불가능한 남자들에게 성숙한 의사소통을 기대하는 것은 참으로 무모한 일이다. 철없는 남자들에게 남겨진 방법은 둘 중 하나다. 개처럼 으르렁거리거나 애처럼 징징대거나…….

내 원고를 찬찬히 읽어보던 내 아내는 이렇게 한마디 덧붙인다. "당신은 개이면서 동시에 애야!" 아, '개'이면서 동시에 '애'를 한마디로 줄이면 이렇게 된다. '개…X…끼!'

진짜 무서운 건
늙은 수컷들의
질투다!

남자의 질투가 더 무섭다고들 한다. 그렇다. 질투는 유치하고 비겁한 인간의 특징이 아니다. 인간 문명의 동력이다. 성서에 나오는 '카인과 아벨'의 이야기는 질투와 문명의 상관관계에 관한 심리학적 알레고리다. 최초의 인간 아담의 맏아들인 카인은 동생 아벨을 죽인다. 신이 동생의 제사만 받자, 카인은 질투한 나머지 동생을 뒤에서 때려 죽인 것이다.

흥미롭게도 신은 카인을 벌하지 않는다. 오히려 특별한 상징을 부여해, 다른 사람들이 카인을 죽일 수 없게 만든다. '카인의 징표'다. 카인은 신이 만든 에덴동산을 떠나 새로운 도시를 건설한다. 인간 문명은 질투로 시작되었다는 이야기다. 결국 질투를 뜻하는 '카인의 징표'는 인류가 지속되는 한 영원히 떼어낼 수 없는 인간 심리의 본질인 것이다.

현대 심리학은 '카인의 징표'가 인간이 추구하는 행복과 깊은 관련이 있음을 보여준다. 1만 2000명을 대상으로 돈과 행복의 관계를 연구한 영국의 심리학자 크리스토퍼 보이스는 〈심리과학Psychological Science〉에 실린 최근 논문에서 수입이 많다고 무조건 행복한 것은 아니라고 주장한다. 그리 새로운 이야기는 아니다. 그러나 보이스가 밝혀낸 재미난 사실은 사람들이 타인의 수입과 자신의 수입을 비교하면서 행복해한다는 사실이다. 쉽게 설명하면 이런 이야기다.

숙련된 기술자인 K는 한 달에 200만 원을 번다. 자신이 일하는 공장에서 수입이 가장 좋다. 한편 은행에서 일하는 N은 한 달에 300만 원을 번다. 그러나 그 은행에서 일하는 사람들 중에서는 수입이 중간 이하에 속한다. 누가 더 행복하다고 느낄까?

보이스의 연구결과는 K가 훨씬 행복하다고 느낀다는 것이다. 우리의 행복이란 타인과의 비교를 통해 얻어진다는 이야기다. 객관적인 수입이 아무리 많아도 질투를 느끼는 대상이 있는 한 행복할 수 없다는 말이다. 질투는 자신의 불행한 상황을 벗어나려는 심리적 동력으로 작용하기도 한다.

여기서 중요한 것은 비교 집단이다. 자신이 속한 집단의 수입이 모두 늘어나봐야 별로 행복해하지 않는다. 다른 사람들의 수입은 그대로 있고 내 수입만 늘어나야 행복해한다는 것이다. 아주 못됐지만 사실이다. 그리고 보면 요즘의 내 작은 사회적 성취를 가능케 한 심리적 동기의 대부분도 질투에서 시작되었다.

독일에서 막 귀국해 한 달에 80만 원도 못 벌던 보따리강사 시절, 엄청 잘나가던 황상민 연세대 교수에 대한 내 질투는 말도 못했다. 그러나 황 교수는 목소리도 참 특이하고, 짧은 다리에 바지도 짧게 입고 다녀 나름 위안이 되었다. 머리카락도 내가 훨씬 더 많다. 반면 서울대의 최인철 교수는 키도 크고 생긴 것도 멀쩡하다. 강의도 잘한다. 황 교수와는 달리 도무지 나와 비교해 위안이 될 만한 것이 없다. 요즘 한창 뜨고 있는 김난도 교수는 사람까지 착하고 순수하다. 그가 쓴 책은 나름 베스트셀러인 내 책의 몇 배나 팔렸다. 환장한다.

이런 인간들과는 안 만나는 게 최고다. 내 비교 집단에서 아예 제외해버리는 것도 행복의 한 방법이라는 이야기다. 비교 자체가 아예 불가능한 사람들과 노는 것도 괜찮은 대안이 된다. 그래서 온종일 지하실에서 천장을 올려다보며 음악만 듣는 갑수 형이나 사진기 걸쳐 메고 천하를 유람하는 광준이 형과 자주 어울린다. 삶의 영역이 전혀 다르니 비교할 것도 없어 아주 마음 편하다.

그러나 매력적인 여인들이 있는 곳에는 웬만하면 함께 모이지 않는다. 아무리 나이를 먹어도 아름다운 여인 앞에서는 다 같은 수컷이기 때문이다. 아는가? 세상에 무서운 게 늙은 수컷들의 질투라는 사실을.

시간이
아주 많은 어른이
되고 싶었다

가슴 철렁하지 않는가? 휴가철에 읽을 책을 추천해달라는 원고 청탁을 받을 때마다 내가 꼭 추천하는 책의 제목이다. 그대는 도대체 어떤 어른인가? 아침마다 '남의 돈 따먹기 정말 힘들다'며 머리카락 휘날리며 달려 나가려고 어른이 된 것은 아니지 않은가? 평생 이렇게 먹고살기도 바쁘게 살다 가려는 것은 아니지 않은가?

언젠가 책방의 판매대 구석에 꽂혀 있는 이 책의 제목을 보는 순간, 뒤통수를 호되게 맞은 듯한 느낌이 들었다. 독일어로 된 책의 원제목은 좀 생뚱맞다. '오늘 존슨은 오지 않는다Heute kommt Johnson nicht'는 원제목을 이처럼 기막힌 한글 제목으로 바꿨다. 책 내용은 아주 한가로운 노인의 세상을 보는 따뜻한 시선에 관한 이야기다.

어릴 적엔 누구나 어른이 되고 싶어 한다. 그러나 어떤 어른이 될 것인가에 관해서는 아무 생각이 없다. 그러니 나이가 들어서는 죄다 그 모양으로 정신없이 바쁘게 사는 거다. 자주 짜증내고, 작은 일에 분노하며, 아주 쉽게 좌절하는 전형적인 '한국남자어른', 즉 '아저씨'가 되는 거다.

어른이 된다는 것은 시간으로부터 자유로워지고, 차이에 관대해지고, 마음이 따뜻해지는 것을 뜻한다. 실제로 그렇다. 미국 텍사스 주립대학 심리학과의 제임스 페네베이커 교수 등은 8세부터 85세까지 3280명의 일기 같은 기록과 유명작가 열 명의 작품들을 분석했다. 일반인들이 사용한 3800만 단어와 작가들의 900만 단어를 나이에 따라 분류해보니, 나이가 들수록 긍정적인 정서를 더 많이 표현하고 있었다. 분노, 좌절, 슬픔과 같은 단어들은 젊은이들의 언어였다.

나이가 들수록 '나' '나의' '나에게'와 같은 단어들은 줄어들고 '우리'와 같은 공동체 관련 단어들이 늘어났다. 나이가 들수록 시간과 관련한 단어들도 줄어들었다. 시간에 덜 쫓긴다는 이야기다. 동사의 시제에서도 차이가 났다. 동사의 과거형은 젊은이들이 가장 많이 사용하고, 중년은 현재형을, 노년으로 갈수록 미래형을 더 많이 사용한다는 것이다. 젊은이들이 미래를 더 많이 이야기하고 노인들이 옛날이야기를 더 많이 할 것 같은데, 실제로는 정반대라는 것이다. 페네베이커 교수는 이런 변화를 '지혜'라고 표현한다. 지혜롭게 나이가 든다는 것은 내면의 시간이 아주 많아지는 것을 뜻한다.

태풍에 뿌리째 뽑혀 자빠져 있는 나무는 한결같이 아름드리나무다. 그 엄청난 두께의 나무들이 아주 간단히 쓰러진다. 폼 나 보이지만 의외로 쉽게 무너진다는 이야기다. 요즘 들어 승승장구하던 이들이 정말 맥없이 자기 목숨을 끊는 경우를 자주 본다. 우리는 엄청난 충격을 받는다. '성공한 어른'이었을지는 몰라도 자신의 내면을 위한

'시간이 아주 많은 어른'은 아니었기 때문이다.

　대나무는 아무리 태풍이 불어도 부러지지 않는다. 채 몇 센티미터도 되지 않는 가는 줄기가 높게는 수십 미터까지 올라간다. 마디가 있는 까닭이다. 마디가 없는 삶은 쉽게 부러진다. 아무리 바빠도 삶의 마디를 자주 만들어야 한다는 이야기다. 그래서 주말도 있고 여름휴가도 있는 거다. 시간이 아주 많은 어른이 된다는 것은 이 삶의 마디를 잘 만들어 '가늘고 길게' 아주 잘 사는 것을 뜻한다. 그래서 옛날이야기는 죄다 '행복하게 오래오래 잘 살았답니다'라고 끝나는 것이다.

　한국 사회 모든 문제의 원인은 '굵고 짧게' 살려는 이들이 너무 많기 때문이다. 사회적 변비다. 그래서 곳곳이 꽈-악 막혀 있는 것이다.

그 표정으론
어림 반 푼어치도
없다!

만사가 꼬여 있는 사람은 얼굴 표정만 봐도 안다. 수천 명을 대상으로 강연을 해도 내면이 복잡한 사람은 한눈에 보인다. 그 근처가 아주 시커멓다. 그런 인간을 전문용어로 '암적인 존재'라고 한다. 그 암적인 존재 하나 때문에 전체 조직의 분위기가 회복할 수 없게 무너진다. 그래서 난 아침에 40~50대 '아저씨'와 만나는 일은 가급적 피한다. 온종일 꼬일 확률이 아주 높다.

인간의 감정은 아주 쉽고 간단하게 전염되기 때문이다. 실제 연구 결과가 그렇다. 삶이 즐겁고 행복한 친구가 반경 1.6킬로미터 안에 있을 경우 내가 행복감을 느낄 확률은 25퍼센트 높아진다고 한다. 니컬러스 크리스타키스와 제임스 파울러가 1971년부터 2003년까지 21~70세 성인 5124명을 대상으로 연구한 결과다. 행복하고 즐거운 감정은 표정, 몸짓, 말투로 전염되기 때문이다. 오래 산 부부가 서로 닮아가는 것도 마찬가지다. 실제로 생긴 게 닮아가는 게 아니다. 정서 표현 방식이 닮아가는 것이다.

긍정적 정서보다 부정적 정서가 더 빨리 전염된다는 것을 전제로 했을 때 주위에 삶이 우울하고 꼬인 인간을 두면 내 인생이 불행하고 시커멓게 될 확률은 훨씬 더 높아진다. 그런 의미에서 한국 남자들의 표정은 아주 심각한 위기 상황이다.

최근 휴가 기간에 확인한 현상이다. 휴가지에서 아이들 유모차를 끌고 다니는 젊은 아빠들을 자주 봤다. 마트에서도 각종 생활용품이 가득 찬 카트를 끌고 아내 뒤를 조용히 따라다니는 아빠들도 흔히 볼 수 있었다.

"차~암 기특하다, 한국 사회가 진짜 많이 발전했다."

흐뭇해하는 내게 아내는 바로 정색을 한다. 아니라는 거다. 저런 표정으로 도와줘봐야 집에 가면 욕밖에 안 돌아온다는 거다. 만사 귀찮은 표정으로 온종일 따라다니는 남편을 견디는 게 얼마나 짜증나는 일인지 아느냐며, 나와 관련한 수년 전의 일부터 차례로 꺼낸다. 한번 시작하면 기본 세 시간이다.

남자들의 표정이 그런 건 하나도 안 즐겁기 때문이다. 의무와 책임으로 어쩔 수 없어 하는 태도는 감각기관을 통해 그대로 전달된다. 인간 상호작용에서 가장 중요한 것은 얼굴 표정, 몸짓, 말투다. 심리학자 메라비언은 상대방과 이야기할 때 시각이 55퍼센트, 청각이 38퍼센트의 영향을 미친다고 주장한다.

정작 전달하고 싶은 말의 내용은 고작 7퍼센트라는 것이다. 더 중요한 것은 이 시각과 청각의 비언어적 표현을 읽어내는 시간은 0.1초에 불과하다는 것이다. 그러니까 이미 말을 꺼내기 전에 그 사람의 이야기를 들을 것인지, 거부할 것인지가 결정된다는 이야기다.

TV 토론 프로그램을 보다보면 자주 느낀다. 이야기의 내용은 옳은데, 그 주장을 전혀 받아들이고 싶지 않은 경우다. '옳은 말을 참 싸가지 없이 하는 경우'다. 비언어적 신호들이 기분 나쁘기 때문이다. 내가 하는 이야기는 물이다. 물이 제대로 흐르려면 수도관이 있어야한다. 비언어적 신호들이 바로 이 수도관이다. 《설득의 심리학》《설득의 기술》을 아무리 읽어도 상대방이 설득되지 않는 이유는 이 수도관이 망가졌기 때문이다.

기분 좋은 느낌, 상쾌함을 먼저 전달해야 내 이야기를 듣는다. 이건 억지로 꾸민다고 되는 게 아니다. 순식간에 전달되기 때문이다. 나 스스로가 진정으로 즐겁지 않으면 상대방을 설득할 수 없다는 이야기다. 제발, 자기 자신부터 설득하란 이야기다.

의사소통적
합리성의 기원

지금은 아무도 이야기하지 않는다. 포스트모더니즘. 아, 그리고 아무
리 읽어도 이해되지 않던 프랑스의 그 희한한 철학자들도 있었다. 데
리다, 들뢰즈, 라캉, 가타리 등. 학계의 지적 허영도 여인들의 가방 못
지않다는 느낌이 든다. 그러나 불과 20년 전만 해도 참 대단했다. 아
무도 알아듣지 못하는 정말 난해한 이야기도 포스트모더니즘의 외피
를 입히면 그럴 듯해 보였다.

　실제로 미국 뉴욕대학교의 물리학 교수인 앨런 소칼이 1996년 〈경
계의 침범: 양자 중력의 변형해석학을 위해〉라는 폼 나는 논문을 발
표해 학계의 큰 주목을 받았다. 그러나 불과 2주 뒤에 소칼은 자신의
논문이 온갖 난해한 표현들만을 짜깁기한 아무런 내용도 없는 글이
었음을 밝히며, 전체 포스트모던 논의를 코미디로 만들어버린다. 그
러나 모두가 그렇게 시니컬한 것만은 아니었다. 독일의 사회학자 하
버마스는 근대 합리성의 위기를 특유의 진지함으로 변호한다.

　간단히 정리하면 이렇다. 포스트모던 진영의 합리성 비판은 옳다.

그러나 그 비판은 근대적 합리성에 대한 오해에서 기인한다. 합리성 비판은 도구적 합리성의 측면에 국한되어야 옳다. 근대의 기획에는 지배와 물화라는 제도적 측면에서 기인하는 도구적 합리성만 있는 게 아니다. 생활 세계의 합리화를 뜻하는 의사소통적 합리성의 증대라는 해방적 측면을 부정하면 안 된다. 이성의 합리성을 비판하면서 자신들의 비판적 판단의 근거가 되는 또 다른 합리적 이성의 근거를 부정할 수는 없는 것 아닌가(아, 나도 가끔은 다른 교수들처럼 이렇게 어렵게 써서 폼 나 보이고 싶을 때가 있다).

하버마스가 이야기하는 도구적 합리성과 의사소통적 합리성의 심리학적 근거는 '함께 보기joint-attention'라는 상호작용이다. '마주 보기eye-contact'와 더불어 '함께 보기'는 아동의 의사소통 발달의 핵심 현상이다. 엄마와 아기가 서로 눈을 맞추고 마주 보며 서로의 정서를 공유한다. 동시에 자신과 구별되는 또 다른 존재와 만나고 있음을 처음 인지하게 된다.

발달이 진행되면 어느 순간부터 아동은 자신이 원하는 바를 손가락으로 가리키게 된다. 함께 보자는 거다. 주체적 의도의 생성이기도 하다. 엄마는 아동이 손가락으로 가리키는 대상과 아동의 눈을 번갈아 바라보게 된다. 아동과 엄마의 관심이 공유되는 '함께 보기'의 시작이다. 이때 아동의 가리키는 행동의 의미는 둘 중 하나다. '저것 주세요!' 혹은 '저것 뭐예요?'

'저것 주세요!'의 '함께 보기'에서 엄마는 수단으로 기능한다. 목적은 물건이다. 엄마에게 저 물건을 건네 달라는 이야기다. 반면 '저

것 뭐예요?'의 '함께 보기' 목적은 엄마의 반응이다. 가리키는 물건은 엄마의 반응을 얻어내기 위한 수단이다. 나와 소통하는 상대방의 의도와 생각이 목적이 되는 바로 이 경우가 의사소통적 합리성의 발달심리학적 기원인 것이다. 반면 자신의 의도를 관철하기 위해 상대방을 도구로 사용하는 '저것 주세요!'는 도구적 합리성의 발달적 기초다.

'함께 보기'로부터 시작되는 상호간의 '관심 공유' '의도 공유'야말로 의사소통적 합리성의 심리학적 기초다. 아동 발달에만 해당되는 이야기가 아니다. 도대체 누구와 공유할 관심과 의도가 없으니 그토록 외로운 거다. 아무리 트위터를 들여다봐도 다들 '리트위트RT'뿐이다. 페이스북에 죽어라 사진을 올려도 다들 좋다는 '엄지손가락'뿐이다. 그래서 이토록 힘든 거다. 이 집단 자폐의 고통으로부터 자유로우려면 타인과 공유할 수 있는 주체적 관심과 가치를 먼저 찾아내야 한다.

마음의
정기검진이
시급하다

죽는 줄 알았다. 이런 줄 알았다면 절대 안 했다. 참 예쁜 간호사가 친절하게 안내할 때부터 알아챘어야 했다. 그 젊고 예쁜 간호사가 검사 과정에 대해 설명하다가 날 알아보고 반가워할 때부터 긴장했어야 했다. 느닷없이 내 책을 들이밀고 팬이라며 사인을 부탁할 때부터 의심했어야 했다.

사십 대 후반부터는 정기적으로 하는 게 좋다는 이야기에 아무 생각 없이 동의했다. '눠도 눠도 시원치 않은……'으로 시작하는, 왠지 껄끄러운 그 광고 때문일 수도 있겠다. 초음파 검사라고 해서 더 안심했던 것 같다. 그냥 젤리 비슷한 것 바르고 동그란 막대기로 피부를 문대기만 하는 초음파 검사라면 아무 부담 없을 것 같았다. 난 그렇게 아무 생각 없이 전립선 검사에 동의했다.

그 친절한 간호사는 뒤가 트인 바지를 주면서 갈아입으라고 했다. 대장 검사를 할 때 입는 바지였다. 맨 정신에 신청도 안 한 무슨 대장 검사냐고 했다. 아니란다. 전립선 검사는 원래 그렇게 하는 거란다.

뒤가 트인 바지를 꿰입고 허리춤을 잡고 나오자, 몸을 구부린 채로 옆으로 누워 다리를 들어 올린 아주 흉한 자세로 있으라고 한다. 잠시 후 퉁명스럽게 생긴 젊은 의사가 들어왔다. 아무 말 없이 아주 무표정하게 그 초음파 막대기를 뒤로부터 막 찔러 넣었다.

아, 그 예쁘고 친절하고 내 팬이라며 사인까지 받아간 간호사만 없었더라도 이렇게 고통스럽지는 않았다. 그녀는 시종일관 그 상냥한 표정으로 내 눈앞에 그대로 서 있었다. 자꾸 몸에 힘이 들어간다. 퉁명스런 젊은 의사는 괄약근에 그렇게 힘을 주면 안 된다며 이젠 아주 짜증까지 낸다(젠장, 예쁜 여자 앞에서 네가 한번 당해봐라!). 막대기를 빼는 것도 아주 못되게 뺐다. 내 전립선은 아주 양호하다는 설명을 성의 없이 내뱉곤 이내 나가버렸다.

병원을 나서며 생각했다. 소변 줄기가 막히는 것도 그렇게 두려워 그 난감한 전립선 검사조차 마다 않는데, 온통 상처투성이인 마음에는 왜 정기검진이 없을까? 건강검진뿐만이 아니다. 자동차도 때 되면 정기검사를 받는다. 길바닥에 느닷없이 차가 서버리는 황당한 상황이 두려워 아주 철저하게 닦고 조이고 기름 친다. 그러나 내 마음이 도대체 어떤 상태인지 검사해볼 생각은 전혀 하지 않는다. 그토록 힘들고 외롭고 고통스러운 시간들을 지금까지 버텨온 내 마음이 아무 이상 없을 거라는 그 황당한 믿음은 도대체 어떻게 가능한 것일까?

내 마음이 제대로 작동하는가를 판단하는 방법은 의외로 간단하다. 마음의 건강은, 하루에 도대체 몇 번이나 기분 좋게 웃는가로 판단한다. 우리는 즐겁고 행복하려고 산다. 행복과 재미의 신체적 증상은 웃음이다. 그런데 종일토록 제대로 웃었던 기억이 전혀 없다면 그건 뭔가가 분명 잘못된 거 아닌가? 기껏해야 비웃음, 쓴웃음 아니던가? 마음이 제대로 작동하지 않는데, 어찌 몸이 제대로 작동하겠는가? 마음의 질병은 반드시 몸의 질병으로 이어진다는 게 '심신의학 psychosomatics'의 핵심이다.

견디기 힘들게 마음이 아프면 심리 상담을 받아보는 것도 좋은 방법이다. 모든 문제를 혼자 해결하겠다고 버티거나, 또는 그저 참고 견디면 된다고 생각하는 것만큼 한심한 경우는 없다. 스스로 전립선 검사를 하겠다고 몸을 뒤틀어 막대기를 뒤로 쑤셔 넣으려는 것보다 무식한 짓이다.

그래서 든 생각이다. 마음의 건강검진도 의료 복지 차원으로 의무화 하는 거다. 이젠 그럴 때가 됐다. 결국은 마음의 문제라고 다들 이야기하면서, 사방에 이토록 마음이 아프다고 아우성인데……

불안에 대처하는
우리의 자세

인간은 불안하다. 유한한 존재는 죄다 불안하다. 그 불안의 실체는 시간이다. 도무지 어디서 와서 어디로 가는지 모르기 때문이다. 죽음에 대한 불안도 마찬가지다. 모든 사람은 죽는 것을 두려워한다. 그러나 잘 들여다보면 죽는 것을 두려워하는 게 아니다. 언제 죽을지 모르기 때문에 두려운 것이다. 죽음에 대한 불안 또한 그 본질상 시간에 대한 불안이다.

시간에 대한 두려움을 느끼기 전, 인류는 자연을 두려워했다. 도무지 통제가 안 되기 때문이다. 자연에 대한 두려움을 인간은 스스로의 의식을 바꾸는 방식으로 극복했다. 3차원의 공간을 2차원으로 바꿔버리는 기술을 만들어낸 것이다. 원근법이다. 도무지 통제 불가능한 대자연의 공간을 2차원의 평면 위에 그려낼 수 있게 되자, 자연은 곧바로 인간의 손아귀에 들어왔다.

소실점으로 회귀하는 객관적 척도를 발명한 것이다. 아울러 소실점을 기준으로 누구나 납득할 수 있게 비율로 그려내는 자연의 미메 시스는 인간 합리성의 토대가 된다. 이는 근대 과학의 기초가 되고, 인간은 드디어 자연을 마음대로 통제하고 관리할 수 있다고 믿게 되었다.

공간과는 달리 시간에 대한 공포와 불안을 극복하는 것은 그리 쉬운 일이 아니었다. 그러나 인간에겐 차원을 줄이는 지혜가 있었다. 4차원의 시간도 3차원 공간으로 줄이면 된다. 그래서 만들어진 게 시계다. 해시계, 물시계로부터 손목시계에 이르기까지 시계의 본질적 기능은 반복이다.

도무지 어디로 흐르는지 모르는 시간이 시계라는 3차원의 물건에 들어가자, 시간은 이제 반복되는 게 되었다. 그것도 매일 반복되는 거다. 오늘 잘못되면 내일 다시 시작하면 된다. 그것도 잘 안 되면 내년에 또다시 시작하면 된다.

나도 내년부터는 진짜 잘할 거다. 책도 많이 읽고, 가까운 사람들에게 화도 덜 내고, 무척 친절하고 착해질 거다. 혹시 내년에 안 되더라도 그리 크게 실망하지 않을 거다. 내후년에 다시 시작하면 된다. 나만 그러는 게 아니다. 죄다 그런다. 이런 식의 도덕적 해이를 벗어나기 위해 인류는 또다시 새로운 개념을 만들어낸다. '발달development'이다.

그저 반복하는 방식으로는 안 된다는 거다. 뭔가 좀 근본적인 변화가 있어야 한다는 거다. 성장과 발달의 개념은 역사의식과 더불어 나타난 근대적 발명이다. 콩트의 인류 사회의 3단계 발전론으로부터 헤겔의 역사철학, 마르크스의 사회철학이 나타난다. 인류사에 나타난 각종 혁명은 발전과 발달에 대한 열망과 강박이 동시에 폭발한 형태다. 이뿐만이 아니다. 사회처럼 각 개인도 발달하고 성장해야 한다. 그래서 발달심리학이 탄생한다. 인간의 발달은 영·유아기, 아동기, 청소년기를 거쳐 성인기에서 완성되는 것으로 암묵적 합의가 이뤄진다.

발달심리학의 결정적 결함은 성인이 되어도 발달이 완성되지 않는다는 사실에 있다. 발달심리학이 만들어질 초기에만 해도 이런 문제는 없었다. 성인이 됨과 동시에 대부분 죽었기 때문이다. 오죽하면 나이 마흔을 불혹이라 했을까? 오늘날 '마흔 불혹'의 뜻은 바뀌었다. '아무도 유혹하지 않는 나이'라는 뜻이다.

우리 대부분은 이제 100살까지 살 수 있다. 계속 발달해야 한다는 이야기다. 발달심리학의 새로운 경향인 '전생애발달life-span-development' 이론의 핵심 내용이다. 어디로 발달할 것인가는 스스로 결정해야 한다. 그러나 계속 발달하지 않으면 삶이 너무 두렵고 고단해진다. 그래서 요즘 우리가, 아니 내가 그렇게 불안한 거다.

남자라서
행복해요!

'청소년' 하면 무슨 단어가 연상되는가? 아, 좀 다른 방식으로 물어보자. '청소년' 다음에 어떤 단어가 붙는가? 바로 나온다. '문제!'다, '청소년 문제'. 한때 청소년은 '내일의 희망'이었던 적이 있었다. 그러나 청소년이 내일의 희망이 되는 것은 논리적으로 불가능하다. 내일이 되면 더는 청소년이 아니기 때문이다. '지금, 여기'를 살아야 하는 청소년에게 존재 자체가 불가능한 '내일'만을 이야기하니 어찌 문제가 안 생기겠는가?

'청소년' 앞에는 또 무슨 단어가 오는지 생각해보자. '비행 청소년!' 또 다른 연결이 가능한가? 없다. 그래서 청소년은 항상 골치 아픈 존재인 것이다. 청소년들이 저지르는 문제나 비행 때문에 '청소년 문제' '비행 청소년'이라는 개념이 생겨나는 게 아니다. 청소년 문제, 비행 청소년이라는 개념이 실제 청소년들의 문제를 만들어내는 것이다. 그래서 밤거리를 걷다가 청소년들이 떼로 몰려 있으면 겁부터 나는 것이다.

언젠가 밤늦게 집에 돌아오다가 동네 골목 어귀에 청소년 몇몇이 몰려 있는 것을 보고 은근히 겁먹은 적이 있다. 그 무리를 지나쳐오려니, 어떤 녀석이 내 쪽으로 다가오며 거친 목소리로 부른다. "아빠!" 젠장, 고등학교 다니는 내 아들이었다.

모든 개념은 문화적 경험이나 정서적 반응과 연관되어 있다. 이를 프랑스의 사회심리학자 모스코비치는 '사회적 표상social representation'이라고 정의한다. 개념을 듣거나 말할 때 연상되는 사회적 관계들을 이야기하는 것이다. 이 사회적 표상은 시간이 흐르면 구체적으로 경험하는 사회적 실재가 된다.

우리의 '가족'이 그토록 갈등인 이유는 가족의 사회적 표상이 너무 긍정적이기 때문이다. 일상에서 반복적으로 강요하는 가족의 표상은 죄다 푸른 초원 위에 웃는 얼굴로 서서 파란 하늘을 향해 같은 방향으로 손가락을 가리키고 있는 모습이다.

그러나 함께 화장실을 쓰고 같은 이불을 덮는 가족이 어찌 매일 행복하고 즐겁기만 할 수 있을까? 남의 가족은 다 행복한데 내 가족만 문제투성이로 느껴진다. 프로이트는 이를 '가족 로망스family romance'라고 정의한다. 지금 내 가족은 진짜가 아니고, 어딘가에 진짜 내 가족이 있을 거라는 상상을 한다는 것이다.

부부관계도 마찬가지다. 인터뷰나 토크 프로그램에 나오는 사회적 유명 인사들은 항상 "지금까지 희생해준 아내에게 미안하고 감사하다" 말한다. '아내는 반드시 희생해야 한다'는 사회적 표상이다. 그러니 내게 별로 희생적이지 않은 현실의 내 아내가 그토록 불만스러운 것이다. 그래도 이렇게 정적 상관이든, 부적 상관이든 연관관계가 가능한 것은 그리 큰 문제가 아니다. 그 상관관계가 언제든 바뀔 수 있기 때문이다.

진짜 문제는 개념적 연관관계가 아예 불가능한 경우다. 예를 들면 '남자'와 '행복'이다. 사회적 표상 이론으로 보자면 남자는 결코 행복해질 수 없다. 그런 개념적 연관 자체가 불가능하기 때문이다. '여자의 행복'은 일상에서 자주 경험한다. 그래서 '여자라서 행복해요!'라는 황당한 광고가 나오기도 한다. 실제로 행복하든 불행하든 '여자'와 '행복'은 실재하는 사회적 표상이다. 그런데 남자와 행복은 도무지 연결되지 않는다. 남자는 기껏해야 '야망' 또는 '성공'으로 연결될 뿐이다.

'성공'은 이미 물 건너갔고 '야망'은 접은 지 이미 오래됐는데, '행복'할 자격조차 없는 이 땅의 남자들은 도대체 무슨 생각으로 살아야 하는지, 요즘 '여러가지문제연구소장'인 내 생각이 매우 복잡하다. 이제라도 '남자라서 행복해요!'라고 마구 우겨야 할까 보다.

사람 마음을
사로잡는
10가지 비밀

서구 식당의 웨이터는 대부분 월급을 받지 않는다. 팁으로 받는 돈이 곧 월급이다. 능력 있는 웨이터와 능력 없는 웨이터의 차이는 아주 분명하다. 받는 팁에는 어떤 거품도 없다. 웨이터가 너무 친절해도 손님들은 부담스러워한다. 팁을 너무 노골적으로 바라는 듯한 천박한 느낌을 주기 때문이다. 친절하지만, 적당한 기품을 유지해야 한다.

능력 있는 웨이터야말로 가장 뛰어난 심리학자라고 말할 수 있다. 사람의 마음을 움직이는 구체적인 방법을 알기 때문이다. 미국의 소비자 행동을 연구하는 마이클 린 교수는 뛰어난 웨이터의 특징을 조사해 다음과 같이 십계명으로 정리했다. 여러 가지로 응용할 것이 많은 심리학 원리다.

1. 옷을 다르게 입어라. 단순히 옷에 액세서리만 달리해도 팁이 평균 17퍼센트 올랐다: 나만의 트레이드마크가 있어야 한다는 이야기

다. 단순히 식당 종업원이 아니라 독립된 인격체임을 손님에게 주지시킬 수 있어야 한다. 타인과 구별되는 작은 특징만으로도 사람들은 나를 존중하게 되어 있다.

2. 자기 이름을 소개하라. 웨이터가 자기 이름을 소개하며 주문을 받았을 때 한 테이블당 팁이 평균 2달러 올랐다: 아무리 비즈니스 관계로 만난다 해도 '사람과 사람의 만남'이 있어야 한다. 회사라는 무감각한 시스템을 만나는 게 아니라, 사람을 만난다는 느낌이 들어야 한다.

3. 무조건 많이 팔아라. 손님은 자신이 먹은 음식의 총량을 계산해 팁을 책정하는 까닭이다. 주문을 받으면서 계속 뭔가를 제안해야 한다. '오늘은 무슨 요리가 좋다' '이런 음식에는 이런 음료가 좋다' 등. 그 결과 팁이 25퍼센트 올랐다: 상호작용의 양이 중요하다. 무조건 많이 만나야 한다. 관계의 총량이 많아야 마음이 움직인다. 상대방에게 투자한 시간만큼 마음을 움직일 수 있다. 이런 이야기를 하면 '양보다 질이 중요하다'는 이들이 꼭 있다. 그렇지 않다. 마르크스 변증법에서도 나온다. '양질 전환의 법칙', 양이 축적되고 쌓여야 질적 전환이 이뤄진다는 이야기다. 그래서 용불용설이 옳다. 질이 중요하다는 이들의 대부분은 조루다.

4. 식탁 옆에서는 무릎을 꿇어라: 눈길을 맞추라는 이야기다. 돈을 내는 손님이 웨이터를 올려보며 이야기할 수는 없는 일이다. 당연한 이야기다. 상대방이 나와 동등한 인격체로 여겨져야 반응한다. 사회적 지위의 차이를 깔고 시작하는 대화가 행복한 경우는 없다. 그런데도 한국 남자들은 꼭 명함을 건네며 서로의 사회적 지위를 결정한 다

음에야 이야기를 시작한다. 한국에서 명함을 나누는 행동의 대부분은 동물의 수컷들이 서로의 뿔이나 이빨의 크기를 겨루는 행위와 다를 바 없다.

5. 손님을 만져라. 손님의 어깨나 팔을 살짝 건드리는 행동만으로도 팁은 16퍼센트나 더 올랐다. 웨이터가 자신의 몸을 만지는 것을 의식하지 못해도 손님은 더 많은 팁을 내놓았다: 만져야 마음이 움직이기 때문이다. 인간 의사소통의 기원은 '터치'다. 오늘날 만지는 것이 사라졌다. 그래서 의사소통이 안 되는 것이다.

6. 손님의 주문 내용을 따라 말해라. 손님의 주문을 따라 이야기하는 것만으로도 팁은 두 배로 올랐다: 내가 하는 이야기를 상대방이 성의 있게 받아들인다는 느낌이 들기 때문이다. 어떻게든 상대방의 이야기를 주의 깊게 듣는다는 인상을 주어야 한다. 그래서 비언어적 표현이 중요한 것이다. 고개를 끄덕거리는 것, 시선의 방향, 맞장구쳐주는 것 등. 때에 따라서는 이런 신호들이 말하는 내용보다 더 많은 정보를 전달하기도 한다.

7. 신용카드사의 로고가 적힌 계산서를 사용하라: 이유에 대해 린 교수는 잘 모르겠다고 한다. 좌우간 신용카드사의 로고가 찍힌 계산서를 사용했을 때 팁이 22퍼센트 더 올랐다고 한다. 나도 잘 모르겠다. 로고가 찍힌 계산서가 더 예뻐 보여서?

8. 입을 가능한 한 크게 벌려 웃는 표정으로 이야기하라. 웃으면서 서비스했을 때 팁의 변화는 가장 드라마틱하게 나타났다. 무표정으로 서비스할 때와 비교할 때 팁은 140퍼센트나 올랐다: 당연하다. 인

간은 타인의 표정을 흉내 내도록 생체 프로그램이 존재한다. 갓 태어난 아기도 엄마 표정을 흉내 낸다. 웃는 얼굴을 보면 웃는 얼굴을 하게 되어 있다. 웃으면서 팁을 내는데 어찌 인색할 수 있을까?

9. 좋은 날씨를 예보하라. "내일은 날씨가 참 좋다고 하네요. 데이트하시기 좋을 것 같아요." 같은 단순한 이야기만으로도 사람들이 내놓는 팁은 19퍼센트나 증가했다. 단, 실제로 그 다음날 날씨가 좋다는 예보가 있을 때만 가능한 이야기다: 사람들은 무조건 긍정적인 이야기를 원한다. TV 시사토론 프로그램의 단골 출연자들의 표정이 밝은 경우는 없다. 만나도 그리 유쾌하지 않다. 비판이 그들의 직업이기 때문이다. 만약 그들이 웨이터를 한다면 식당은 바로 망할 것이다.

10. 손님에게 초콜릿을 선물하라. 손님에게 계산서를 내밀 때, 초콜릿을 함께 내미는 것만으로도 팁은 21퍼센트나 올랐다: 당연하다. 사람들은 아주 작은 것을 받아도, 일종의 빚진 것 같은 느낌을 가진다. 받은 것은 반드시 어떤 방식으로든 돌려줘야 한다. 이 맥락에서 손님이 돌려줄 수 있는 것은 한 가지뿐이다. 팁. 그래서 사람의 마음을 움직이려면 자꾸 뭔가를 선물해야 한다. 꼭 비쌀 필요는 없다.

마지막으로 린 교수가 설명하지 않은 가장 중요한 게 있다. 위의 십계명을 다 지키는 데도 팁이 오르지 않는 경우가 있다. 그렇다면 웨이터를 그만두어야 한다. 체질이 아니기 때문이다. 자기가 하는 일에 어떤 재미도 느끼지 못한다면 아무리 노력해도 안 된다. 세상에서 가장 중요한 원칙은 내가 하는 일을 즐겨야 한다는 사실이다. 재미있어야 오래 일할 수 있다. 내가 재미있어야 상대방도 즐거워진다. 결국 자신의 삶이 재미있는 사람들만 다른 이들의 마음을 사로잡을 수 있다는 이야기다.

"내 그럴 줄 알았지!"에 대한 변명

어느 날 아침, 나는 컵을 잘못 건드려 식탁에 주스를 쏟았다. 아내는 눈을 치켜뜨며 소리친다.

"내 그럴 줄 알았어!"

열 받은 나는 바로 대답한다.

"그럴 줄 알았으면 제발 미리 좀 이야기해줘!"

어릴 때는 엄마가 꼭 그랬다.

"너 그렇게 까불다가 그렇게 될 줄 알았어!"

도대체 자식이 잘되길 바라는 엄마라면 미리 이야기해줬어야지, 꼭 다 엎어진 다음에 그러신다. 엄마나 아내나, 세상의 모든 여자들은 일이 어떻게 될지 이미 다 알면서도 꼭 사건이 터진 다음에야 이야기한다. 도대체 왜들 그럴까?

엄마나 아내의 '그럴 줄 알았다'는 말처럼 약 오르는 이야기는 없다. 컵이 엎어진 다음에 누군들 그런 이야기 못하겠는가. 같은 이유로 난 자칭 주식 전문가들의 분석을 신뢰하지 않는다. 주식 전문가들의 분석은 대부분 '사후 예견 편향hindsight bias'에 지나지 않기 때문이다. 일이 다 일어난 다음에 "내 그럴 줄 알았어!" 하는 뒷북치기란 이야기다.

아직도 우리를 힘들게 하는 미국발 세계경제위기의 원인에 관한 설명도 한결같이 '그럴 줄 알았어!'뿐이다. 그 훌륭한 설명들을 경제 위기 이전에는 왜 전혀 들을 수 없었던가. 창조 경영의 대표적 예로 각광받는 두바이가 휘청대니 "내 그럴 줄 알았어!" 하고, 렉서스의 마케팅에 혀를 내두르다가 요즘 도요타가 헐떡대니 또 "내 그럴 줄 알았어!" 한다. 황당한 설명은 이뿐만이 아니다.

시장 현실에 대한 설명이 벽에 부딪히면 경제 전문가들은 한결같이 인간 심리의 문제로 환원시킨다. 예를 들면, '투자 심리'와 같은 설명 방식이다. 주가 하락에 관한 경제학적 설명이 설득력이 떨어질 때면 주식 전문가들은 이렇게 결론 내린다.

"투자 심리가 위축되었기 때문이다."

그게 전부다. 도대체 왜 투자 심리가 위축되었는가에 대한 이유와 원인에 관한 설명은 전혀 없다. 도대체 투자 심리처럼 애매하고 황당한 설명이 주식이 하락할 때마다 어찌 그리도 당당하게 언급될 수 있는지, 난 도무지 아해가 안 된다(참고로 난 30년째 심리학을 공부하고 있다).

일이 다 터진 다음에야 그럴 듯한 설명을 갖다 붙이는 뒷북치기야 어디 주식 전문가만의 문제겠는가. 헤겔은 해가 진 다음에야 겨우 날기 시작하는 '미네르바의 부엉이'에 철학자의 역할을 비유했다. 합리적 설명이란 일이 다 지나간 다음에야 가능하다는 이야기다. 헤겔류의 한가한 철학에 열 받은 마르크스는 포이에르바흐에 관한 테제 11번에서 이렇게 받아친다.

"철학자들은 세계를 다양하게 해석했지만, 중요한 것은 세상을 바꾸는 일이다."

그러나 어설프게 세상을 바꾸는 것은 뒷북치는 일보다 훨씬 더 위험한 일이다.

경제 현상에 관한 설명이 이토록 힘든 이유는 인간의 행동에 관한 합리적 예측이 어려운 까닭이다. 최근 '행동경제학'으로 각광받는 노벨 경제학상 수상자 다니엘 카네만은 아예 경제학적 설명의 토대가 되는 합리적 인간 자체를 부정한다. 인간 자체가 합리적이지 않은데 어찌 인간의 경제적 행위에 대한 설명이 합리적일 수 있겠는가. 뒷북치기에 가책을 느낀 많은 경제 전문가들은 카네만의 주장을 기초로 인간의 비합리적 선택과 판단에 관한 심리학적 연구결과를 쉬지 않고 쏟아낸다.

행동경제학의 핵심은, 인간의 행동을 결정하는 것은 계산할 수 있는 재화의 '효용적 가치'가 아니라 지극히 비합리적이고 상황적인 '심리적 가치'라는 주장이다. 카네만은 인간의 합리성을 부정하는 게 아니라 '합리성이라는 비현실적 개념을 부정할 뿐'이라고 변명하지만, 경제학의 탈을 쓴 20세기 말 포스트모더니즘 논쟁의 귀환이라는 의심을 지울 수 없다.

편견과 비합리적 추론을 일삼는 인간에 대한 회의는 인간의 자율적 행위를 부정하기에 이른다. 실수를 연발하는 인간들이 기분 상하지 않게 옆구리를 슬쩍 찔러 올바른 방향으로 이끌어야 한다는 정책 대안까지 주장한다. 몇 년 전 베스트셀러 리스트에 올라 우리나라 대통령까지 휴가지에서 읽은 책 《넛지》의 핵심 내용이다. 허나 착각하지 말자. 옆구리는 "네가 먼저 살자"고 할 때나 콕콕 찌르는 거다.

비합리적 인간을 올바른 판단으로 슬쩍 이끌어주는 정책 입안자의 합리성은 어떻게 가능한 것인가? 소변기에 파리를 그려 넣어 소변 줄기의 정확성을 높이는 창의적 '넛지'는 도대체 누가 생각해낸 것인가. 비합리적 인간을 주장하면서, 다른 한편으로 합리적 정책 입안자는 가능하다는 황당한 논리는 어떻게 가능한 것인가.

어설프고 교만하기 짝이 없다. 인간이 편견에 사로잡혀 부적절한 행동을 반복하지만, 그렇다고 합리적 인간 행위에 대한 철학적 전제를 버려서는 안 된다는 비판이 행동경제학의 반대편에서 제기된다. 독일 막스플랑크연구소장, 게르트 기거렌처의 주장이다.

기거렌처는 행동경제학의 해체주의에 대항해 '직관intuition'이라는 무의식적 과정을 주장한다. 수백만 년 동안 환경과의 좌충우돌로 얻어진 인류의 집단 지성의 힘이 우리의 무의식에 축적되어 번득이는 직관과 통찰도 그래도 살 만한 세상을 만들어간다는 이론이다(지난 몇 년간 엄청나게 팔린 《블링크》라는 책은 기거렌처 이론의 미국식 축약본이다).

아무리 '삶이 그대를 속일지라도' 행동경제학과 같은 어설픈 회의주의에 빠져서는 안 된다는 이야기다. 아무리 얄미워도 엄마나 아내의 그 뻔한 '내 그럴 줄 알았어!'를 귀담아들어야 한다는 뜻이기도 하다. 아침 식탁에서 매번 같은 방식으로 티격태격하는 엄마와 아빠를 보고자란 내 아들들은 먼 훗날 나와 같은 실수를 범하지 않을 거라는 희망 때문이다. 그래서 나는 오늘도 경제 전문가의 그 뻔한 '그럴 줄 알았다'는 해설을 읽으려고 신문을 들춘다.

모든 뜨거운 사랑은 죄다 탄식으로 끝난다

며칠 전부터 동행한 이봉기 사장은 슈만의 가곡 〈헌정Widmung〉을 흥얼거린다.

'Du meine Seele, du mein Herz(너는 나의 영혼, 너는 나의 심장)……'

그가 부르는 가사는 매번 딱 거기까지다. 그 다음부터는 경음악(?)이다. '라~라~라~!'

슈만이 클라라의 아버지 프리드리히 비크와의 법정 투쟁에서 승리한 후 클라라와 결혼하기 전날 밤, 그 벅찬 감동을 노래한 것이라는 설명을 벌써 몇 번째 반복한다. 그러나 그가 지금 슈만의 삶을 이야기하는 게 아님을 나는 안다.

2년 전 위암 수술을 받은 뒤로는 매일 아침 눈 뜰 때마다 살아 있는 게 그렇게 감사할 수 없다는 바로 자신의 노래였다. 위암을 이겨낸 삶에 대한 감사와 슈만의 기쁨은 그렇게 섞여 있는 것이다. 그는 여행 내내 야채만 먹고 다니며 슈만의 노래를 불렀다. 매번 경음악으로.

내게 겨울은 슈베르트다. 봄이 되어야 슈만을 듣는다. 특히 연가곡 〈시인의 사랑〉의 처음 곡인 〈아름다운 오월에〉는 내 애창곡이다. 'Im wunderschoenen Monat Mai……' 나 역시 이 다음부터는 경음악이다. 독일의 겨울은 혹독하게 슬프고 우울하다. 습기가 가득한 한기는 뼛속 깊숙이 파고든다. 다른 계절도 그리 행복하지 않다. 한여름에도 우박이 내리고 한나절에 눈과 비, 해와 바람을 다 겪기도 한다. 그러나 오월은 다르다.

일 년 열두 달 중 유일하게 따뜻함이 계속되는 오월이다. 들뜬 여인들은 풀밭으로 나와 웃옷을 벗어젖힌다. 유학 시절, 공원 가운데로 자전거를 타고 가며 그 풍만한 장관에 눈을 떼지 못하다 자동차에 치인 적도 있다. 오월의 따뜻한 햇살은 여인들의 풍만한 가슴을 통해 온다. 그러니 어찌 오월에 사랑에 빠지지 않을 수 있겠는가?

눈 내리는 아우토반을 5시간 달려 우리가 라이프치히로 올라온 것은 단지 슈만의 집을 보기 위해서였다. 라이프치히는 바흐의 도시다. 그러나 바흐는 멘델스존이 없었다면 서양음악의 아버지로 기억될 수 없다.

슈만 역시 멘델스존이 신경 써주지 않았다면 라이프치히에서 제대로 된 음악 활동을 할 수 없었다. 슈만보다 한 살 위인 멘델스존은 자폐적 성향의 슈만이 음악계에 자리내리도록 도움을 주었다. 오늘날 라이프치히는 바흐, 멘델스존, 슈만의 도시로 기억된다. 아쉽게도 슈만의 곡을 연주하는 음악회는 우리의 일정과 맞지 않았다.

우리는 인젤슈트라세 18번지에 있는 슈만하우스를 찾았다. 슈만이 클라라와 결혼식을 올리고 함께 살기 시작한 바로 그 집이다. 슈만은 후에 이렇게 적었다.

"인젤슈트라세, 난 거기가 너무 좋다. 그곳에서 난 아무것도 필요 없다."

얼마나 행복했을까.

입장료를 내고 들어서려니 내 사진기를 보고는 사진을 찍으려면 1유로를 더 내야 한단다. 우리는 기대를 갖고 건물 안으로 들어섰다. 이런, 그 집에는 슈만을 기억할 만한 어떤 물건도 없었다. 여러 곳에서 복사해온 슈만과 클라라의 사진만 벽에 빙 둘러 붙어 있을 뿐이었다. 방 한가운데는 낡은 그랜드 피아노 한 대만 덩그러니 놓여 있었다. 그 피아노 역시 슈만과는 아무 상관없었다. 단지 비슷한 시대에 만들어졌을 뿐이다. 이 사진 한 장 찍는 데 1유로를 낸 것이다.

꼭 이런 식이다. 1949년에서 1990년까지 41년간 지속되었던 동독 사회주의는 통일된 지 20여 년이 지난 지금도 이런 식으로 사람을 좌절케 한다. 사회주의에서 교육받은 이들이 자본주의의 껍데기만 배운 까닭이다. 뭐든 명목을 붙여 돈만 받으면 된다는 생각이다. 상품의 가격과 가치가 도무지 일치하지 않는다.

도대체 슈만이 생전에 쓰던 물건이나 그에 관한 기록들은 어딜 가야 볼 수 있느냐고 물었다. 츠비카우Zwickau에 가야 한단다. 그곳에 가면 슈만의 생가가 있다는 것이다. 이튿날 눈길을 헤집고 바로 츠비카우로 달려갔다. 아, 난 입구부터 또 좌절했다. 사진을 찍으려면 입장료의 몇 배가 되는 16유로를 내야 한단다. 내부의 전시 내용은 라이프치히의 슈만하우스에 비하면 훨씬 충실했다. 그러나 단지 이 단출한 전시품들의 사진을 찍기 위해 그렇게 많은 돈을 지불해야 한다는 건 도무지 납득이 되지 않았다. 돈을 지불할 때는 그에 상응하는 가치를 내놓아야 한다는 시장의 기본 원칙은 여기서도 무시되었다. 과거 40년의 사회주의 사고방식은 똑같은 40년의 세월이 지나야만 바뀔 듯하다.

그날 저녁, 라이프치히 호텔로 돌아와 챙겨온 슈만에 관한 자료를 꼼꼼하게 읽었다. 슈만의 삶의 생생한 기록들을 읽으며 난 홍상수의 영화에 나오는 비겁한 사내들이 자꾸 떠올랐다. 홍상수가 만든 모든 영화의 남자 주인공들은 일사분란하다. 오직 '어떻게 한번 해볼까'만 궁리한다. 그리고 여자가 몸 또는 마음을 주는 순간 돌아선다. 갖가지 이유를 대며.

슈만도 그랬다. 일단 도무지 다른 사람과의 관계가 지속되질 않았다. 클라라와의 결혼도 클라라의 아버지 비크가 지독하게 반대했기 때문에 그토록 강렬할 수 있었다. 처음부터 순조로웠다면 절대 클라라와 결혼하지 않았을 것이다. 결혼을 위한 법정 투쟁이 지속되는 사이에도 슈만은 끊임없이 다른 여자들을 만났다. 남자들과도 사랑했다. 클라라와 사랑의 편지를 주고받으면서도 다른 한편으로는 괴테의 손자 발터 폰 괴테와도 사귀었다.

아주 비겁한 짓도 했다. 돈 많은 공작 가문의 딸 에르네슈타인과 사귀어 경제적인 혜택을 받으려다, 그 여인이 그 집안에 입양된 딸이라는 사실을 알자 바로 걷어차버린다. 틈틈이 오래된 여인과의 성관계를 지속하다 매독에 걸리기도 한다. 평생 열등감과 정신적 피로감에 술을 손에서 놓지 못했다. 이런 황당한 남자와 그 똑똑한 클라라가 결혼한 것이다. 클라라가 너무 어렸기 때문이다.

10대 초반부터 알고 지낸 아저씨와의 결혼 생활에서 클라라가 행복했던 적은 거의 없다. 라이프치히에 신혼살림을 꾸렸던 1840년, 오직 그해만 행복했다. 슈만도 행복했다. 슈만의 위대한 피아노 작품들은 대부분 그 기간에 쓰였다. 특히 〈시인의 사랑〉을 비롯한 가곡들은 1840년에 집중적으로 만들어진 것이다. 그게 전부였다. 이후의 결혼 생활은 행복과는 전혀 상관 없었다. 슈만을 너무 잘 알고 있던 아버지 비크가 저주하며 예언했던 그대로다.

클라라는 슈만과의 결혼 생활을 너무 힘들어 했다. 슈만은 클라라가 피아노 연습을 하면 작곡에 집중할 수 없다며 짜증을 냈다. 결혼 전, 천재 피아니스트로 명성을 날렸던 클라라는 슈만과의 사이에서 일곱 명의 아이를 낳으며 아이들 교육에 몰두해야 했다. 간간히 피아노 연주 여행을 떠나기도 했다. 그러나 매번 동행한 슈만과 싸웠다. 슈만은 아름답고 뛰어난 아내를 너무 힘들어 했다. 그러다 결국 그는 미쳐버려 강물에 뛰어 든다. 매독 후유증에 시달리던 그는 정신병원에서 쓸쓸하게 죽는다.

오늘날 우리가 기억하는 슈만과 클라라와의 위대한 사랑은 모두 클라라의 자작극(?)이란 이야기다. 클라라는 슈만이 죽은 뒤 40년을 더 살았다. 너무나 현명하고 아름다웠던 여인 클라라는 자신의 철없던 선택과 그 이후의 삶을 어떻게든 정당화해야 했다. 그렇게 하지 않고는 견딜 수가 없었다. 슈만의 작품을 알리고 지속적으로 연주하며 그를 위대한 작곡가로 기억하게 하는 일에 몰두했다. 그래야만 클라라 자신의 삶에 의미가 부여되기 때문이었다. 젊은 청년 브람스의 그 뜨거운 사랑도 거절해야만 했다. 그래야만 자신의 지고지순한 사랑이 정당화되는 까닭이다.

클라라의 짧은 사랑과 평생의 고통에 내 생각이 다다르자 난 갑자기 호텔 밖으로 나가고 싶어졌다. 답답했다. 슈만의 가곡이 나오는 MP3플레이어를 귀에 꽂고 라이프치히의 밤거리로 나섰다. 클라라도 밤마다 이 거리를 울며 걸었을 것이다. 〈시인의 사랑〉 중 일곱 번째 노래, 〈난 탄식하지 않으리Ich grolle nicht〉가 그렇게 절절할 수 없었다. 그 노래는 사랑의 노래가 아니었다. 평생에 걸친 클라라의 탄식을 예언하는 노래였다. 아, 지구상의 뜨거운 사랑은 죄다 탄식으로 끝난다.

치료 내러티브와
성공 내러티브

언젠가 2PM의 재범 군 사건(재범 군이 연습생 시절에 한국에 관해 부정적으로 이야기한 내용이 뒤늦게 알려져 미국으로 돌아간 사건)에 관해 어떤 교양 프로그램에서 이야기한 적이 있다. 재범이가 꼭 돌아와야 한다는 옆자리 연예인의 주장에 "안 돌아와도 된다"고 말했다. "구태여 연예인 꼭 해야 되나? 연예인 말고도 세상에 할 일은 많다"고도 했다. 순간 내 이름은 포털사이트의 순간 검색 1위로 등극했다. 프로그램의 시청자 게시판에 불과 몇 분 만에 수천 개의 악플이 올라왔다.

내가 고정으로 연재하던 칼럼에서 스티브 잡스를 '난봉꾼'에 비유했다가 거의 같은 수준의 비난에 시달렸다. 정말 열화와 같은 반응이었다. 도대체 국내 어느 정치 지도자, 혹은 종교 집단을 공격한들 이런 극심한 비난을 받게 될까?

스티브 잡스는 우리의 구체적 삶과 정말 아무 상관없다. 더구나 어떻게든 자사 제품을 많이 팔고 싶어 하는 미국의 한 기업가일 뿐이다.

한때 그와 경쟁자였던 마이크로소프트의 빌 게이츠는 자선사업에 열중한다. 그러나 스티브 잡스의 애플이 자사의 이익을 환원한다는 이야기는 들어본 적 없다. 그렇다고 스티브 잡스가 한국인에게 특별한 애정을 가지고 있는 것도 아니다. 그저 세계에 널린 수많은 소비자의 일부일 뿐이다.

그럼에도 불구하고 그렇게 많은 한국인들이 스스로 '잡스 교도敎徒'를 자처하며 교주를 모욕했다고 이토록 거세게 항의해온다. 20년이 넘도록 애플 로고가 찍힌 컴퓨터를 사용하는 나조차 도무지 이해가 안 된다. 도대체 왜일까?

'잡스교'의 본질은 '감정 자본주의'에 있다. 프랑스의 사회학자 에바 일루즈는 '현대 자본주의에서 거래되는 것은 단순한 상품이 아니라, 상품에 숨겨진 감정'이라고 자신의 저서 《감정 자본주의》를 통해 주장한다. 약 100년 전 생겨난 심리학이라는 학문으로 주목받게 된 인간 내면의 정서적 과정이 경제 활동과 결합되어 20세기 후반부터 자본주의는 전혀 다른 방식으로 발전하기 시작했다는 것이다.

상품의 기능적 특징이 아니라 상품의 디자인과 이미지 등의 정서적 특징이 더 주목받기 시작한 것도 그 결과다. 뿐만 아니다. 기업 경영에 있어서도 정서적 차원은 가장 중요한 요인으로 간주된다. 노사 관계나 기업의 생산성과 관련해 동기 부여, 감정, 소통과 같은 심리학적 언어들이 화두가 된다. 경영자의 리더십도 정서적 요인이 중시된다.

잡스는 바로 이런 변화에 가장 빠르게 적응한 인물이다. 일단 그의 스토리텔링은 감정 자본주의의 핵심인 치료 내러티브의 정수를 보여준다. 감정 자본주의의 시대에 내면의 상처와 고통, 좌절이 희망으로 극복되는 이야기, 즉 '치료 내러티브'에 사람들은 열광한다. 2005년 스탠퍼드대학교 졸업식에서 행한 그의 연설은 바로 이 치료 내러티브의 전형을 보여준다. 차고車庫에서 시작한 컴퓨터 사업의 성공, 사업 실패, 췌장암 그리고 화려한 복귀. 그럼에도 불구하고 잡스는 외친다. 늘 배고프라고, 늘 우직하라고. 와우! 정말 감동적이지 않은가? '치료 내러티브'와 대비되는 것은 '성공 내러티브'다.

본격적 감정 자본주의가 나타나기 이전, 사람들은 '가난뱅이가 열심히 노력해서 부자가 되었다'와 같은 성공 내러티브에 열광했다. 빌게이츠의 스토리텔링은 이런 성공 내러티브의 전형이다. 열심히 노력해서 성공하고, 성공을 자선사업으로 전환해 사회적 의미를 얻어가는 방식이다.

논리적으로 자세히 따져보면 빌 게이츠가 스티브 잡스보다 훨씬 더 사랑받고 존경받아야 마땅하다. 스티브 잡스의 스탠퍼드 졸업식 연설과 빌 게이츠의 2007년 하버드 졸업식 연설을 비교해보라. 잡스의 연설은 고통, 열등감, 공격성으로 일관된 개인의 삶에 대한 이야기다. 반면 게이츠의 연설은 기업의 사회적 책임, 빈곤 퇴치, 환경 문제에 집중되어 있다. 도덕적으로 빌 게이츠의 연설이 훨씬 우아하고 폼 난다. 그러나 감정 자본주의에서는 다르다.

빌 게이츠의 스토리텔링은 오래된 록펠러 방식에서 그리 크게 벗어나 있지 않다. 내면의 고통에 관한 이야기가 빠져 있다. 아무리 재산이 많아도, 아무리 사회적 지위가 높아도 내면에는 우리와 똑같은 문제로 좌절하고, 고민하고, 때에 따라서는 그 성공으로 인해 보통사람들보다 더 큰 고통을 당한다는 내러티브에 사람들은 감동한다.

한국 기업에 빠져 있는 것은 바로 이 감정 자본주의적 특징들이다. 독거노인을 찾아가고, 연탄을 나르고, 노숙자들에게 밥을 퍼주는 구태의연한 '사회 공헌' 방식으로 감정 자본주의에서 살아남기란 그리 쉽지 않다. 기업의 '느낌'이 있어야 한다는 이야기다. 기업 경영에 정서적 스토리텔링이 존재하지 않으니 '느낌'이 있는 물건을 생산하지 못하는 것이다.

하나 더, 애플의 승승장구에 배 아파하는 이들에게 그래도 약간의 위로가 되는 이야기를 하고 싶다. 사람들은 치료 내러티브에 쉽게 감동하는 만큼, 쉽게 질린다. 오래 못 간다는 이야기다. '잡스교'도 마찬가지다. 아이돌 스타의 눈물 젖은 빵에 열광했던 팬들이 불과 몇 년 후면 흔적도 없이 사라지는 것처럼, 잡스교도 어느 날 갑자기 사라진다. 그게 바로 사람의 느낌에 기초한 감정 자본주의의 본질이다.

2부

남자의
물건

남자의 물건을 꺼내면
인생이 살 만해진다
– 김갑수의 커피 그라인더, 윤광준의 모자, 김정운의 만년필

시인은 딱히 하는 일도 없고 먹고살기 궁핍해도 어딜 가도 대충 폼 난다. 스스로 자신을 시인이라고 소개하는 경우는 별로 없다. 주위 사람들이 알아서 시인이라고 이야기해준다. 그저 그 옆에서 우중충한 표정만 하고 있으면 된다. 그래야 시인은 폼 난다. 특히 시인을 대하는 여인들의 반응은 아주 특별하다.

　나를 '교수'라고 소개하면 여인들의 반응은 "아, 예"로 바로 끝난다. 아무 여운도 없다. 그러나 옆에 있는 갑수 형을 '시인'이라고 소개하면 "어머, 그러세요?" 하며 아주 반갑게 아는 체한다. '시인'이라는 단어에는 여인들로 하여금 감동의 표정을 짓게 하는 묘한 마법이 있다. 여운도 참 길다. 다들 뭔가 '사랑과 고독'에 관해 이야기해야 할 것 같은 분위기다. 시인 김갑수는 아무 말 없이 담배연기를 하늘로 뿜어대며 여전히 우중충한 인상만 쓰고 있다.

　'한번 해병은 영원한 해병이다.'

　젠장, 한번 시인도 영원한 시인이다. 서울 마포 언저리 지하 작업실에서 자신의 존재 자체가 고독이라고 주장하는 갑수 형도 시인이다. 그는 매일같이 목을 뒤로 젖혀 천장을 올려다보며 음악만 듣는다. 시인이라지만 20여 년 전에 시집 한 권 낸 게 전부다. 그런데 여태까지 시인이다. 그 시집 제목도 《세월의 거지》다. 정말 제목 한번 거지 같다.

시인은 듣는 음악도 괴롭기 그지없다. 말러나 쇼스타코비치까지는 그래도 견딜 만하다. 코다이, 야나체크 등을 들려주며 이야기하기 시작하면 아주 고문 받는 느낌이다. 웬만한 음악 전공자들도 그가 음악 이야기를 꺼내면 이내 꼬리를 내린다. 그의 지하 작업실 사방 벽면에 가득한 LP판은 수만 장이다. 그런데도 인터넷에서는 '시인 김갑수'로 검색해야 그를 찾을 수 있다. 우리나라에는 김갑수가 참 많기 때문이다(그런데 아무리 생각해도 '갑수'란 이름은 부모가 작명에 전혀 고민하지 않고 지은 이름이 분명하다).

사진작가도 시인이나 해병과 마찬가지다. 한번 사진작가면 죽을 때까지 사진작가다. 사진작가는 궁핍 모드의 시인보다는 좀더 폼 난다. 전문가용 고급 카메라의 후광이 한몫하기 때문이다. 광준이 형도 사진작가다. 그런데 돈 받고 사진 찍는 일은 그리 자주 하지 않는 듯하다. 딱 먹고살 만큼만 번다. 그러나 사진작가 윤광준은 전혀 궁색해 보이지 않는다.

일단 스타일이 죽인다. 머리는 면도로 깔끔하게 밀고 다닌다. 어설프게 빈 머리 가리느니 차라리 깨끗하게 밀고 다니겠다는 거다. 머리카락이 없는 대신 수염은 폼 나게 길렀다. 머리에는 특이한 모자, 얼굴에는 동그란 안경, 어깨에는 사진기 한 대 걸치고 언제든 떠날 준비를 하고 있다. 전화하면 항상 지방 아니면 외국이다. 사진 찍으러 갔다고 하는데, 실제로는 놀러 다니는 게 분명하다.

나이 들수록 '시인' '사진작가' 같은 직함이 부러워진다. 이들의 직함은 평생 가기 때문이다. 대부분의 직업은 대충 55~60세 사이에 그만두게 된다. 일반인들이 체감하는 심리적 정년퇴직 평균 연령은 48.2세라고 한다. 정년 이후에는 자신의 존재를 확인할 방법이 거의 없다. 그래서 한국 남자들은 명함이 사라지는 것을 가장 두려워한다. 세상에 맥 빠지는 때가, 자신을 부를 때 앞에 '전'을 붙이는 경우다. 높은 지위일수록 '전'이 붙으면 말년이 아주 쓸쓸하다. 전 사장, 전 의원, 전 장관, 전 대통령 등등.

심리학에서 '아이덴티티', 즉 그 어떤 것과 자신을 '동일시'하는 것은 존재 유지의 필수 조건이다. 그러나 사회적 지위로 자신의 존재를 확인하는 것처럼 불안한 일은 없다. 사회적 지위는 반드시 사라지기 때문이다. 그토록 위세 당당하던 이들도 은퇴하는 그 순간부터 바로 헤맨다. 은퇴 후 불과 몇 달 사이에 표정이나 태도가 어쩌면 저렇게 초라해질까 싶은 경우를 자주 본다.

요즘 나는 '교수'보다 '여러가지문제연구소장'이란 직함을 더 자주 내민다. 교수는 길어야 65세까지 할 수 있지만, 여러가지문제연구소장은 죽을 때까지 할 수 있기 때문이다. 그리고 아무거나 내키는 대로 이야기해도 된다. '여러 가지 문제'에 속하지 않는 문제가 세상에 어디 있겠는가! 어떤 상황에서든 자기 존재가 확실하게 확인될 수 있다면, 삶은 아주 살만해진다. 어떤 것이든 평생 써먹을 수 있는 직함을 가져야 한다는 이야기다.

평생 써먹을 수 있는 직함에는 어울리는 삶의 방식이 있게 마련이다. 아울러 자신만의 고유한 삶의 방식을 매개해주는 물건을 가지게 된다. 시간이 지나면 물건에 관한 이야기가 자신만의 이야기가 된다. 자신의 사회적 지위로 매개되는 이야기보다 훨씬 값진 이야기가 된다. 자기만 할 수 있는 이야기이기 때문이다.

시인 김갑수에게는 음악을 들을 때 꼭 마셔야 하는 커피를 맛있게 해주는 커피 그라인더가 있다. 사진작가 윤광준에게는 찬바람 쐬면 아주 고통스러워지는 민머리를 감싸주는 모자가 있다. 내게는 '여러 가지 문제'를 명료하게(?) 정리할 수 있게 해주는 만년필이 있다. 우리 셋은 자주 만나 음악 이야기, 오디오 이야기 그리고 대부분의 시간은 주위의 젊은 여인들 이야기로 수다를 떤다. 우리를 '선생님' '교수님' '작가님'으로 부르는 그 젊은 여인들은 우리가 자신들에 대해 그런 이야기를 하는 줄 모른다. 모르는 게 낫다. 우리가 하는 그 철없는 이야기를 그녀들이 알게 되면, 우리가 더 상처받는다.

공통의 관심사가 참 많아 할 이야기가 끝이 없지만, 서로의 성격은 사뭇 다르다. 음지의 삶을 추구하며 지하에 콕 박혀 사는 시인이 한쪽 끝에 있다면, 그 정반대편에는 평생 바람처럼 떠돌아다니는 콧수염의 사나이 윤광준이 있다. 나는 대충 그 사이에서 어정쩡하게 두 사람을 흉내 내며 살고 있다. 다행히도 수입은 내가 제일 좋다! 그래서 밥은 항상 내가 산다.

시인 김갑수의 커피 그라인더

시인 김갑수는 음악을 들으며 거의 온종일 커피를 마신다. 한 10여 년간 에스프레소 기기에 미친 듯 달려들더니, 몇 년 전부터는 퍼컬레이터 커피에 열중한다. 뭐든 한번 빠지면 그렇게 미친 듯 몰입한다. 결핍이다. 이제 친구들은 손주를 보기도 했을 텐데, 여전히 애정결핍이다. 그 결핍은 물건에 대한 집착으로 이어진다.

시인은 생두를 직접 볶아 원두를 만든다. 전문용어로는 '로스팅한다'고 한다. 한번에 몇 킬로그램씩 사다가 매일 볶는다. 나한테는 밥한번 사는 법 없지만, 커피 원두 인심은 아주 후하다. 다 볶으면 가까운 사람들에게 한 봉지씩 나눠준다. 그리고 또 볶는다. 그의 지하 작업실은 그래서 늘 커피향이 가득하다. 그는 자신은 매일같이 커피 볶고 LP판 닦으려고 태어났다고 아주 진지하게 이야기한다.

시인 김갑수에게는 음악을 들을 때 꼭 마셔야 하는 커피를 맛있게 해주는 커피 그라인더가 있다. 그는 음악을 들으며 거의 온종일 커피를 마신다.

커피 볶는 일이 어느 정도 궤도에 오르니, 이제 커피 가는 방법에 따라 커피 맛이 달라지는 것을 탐구한다. 커피를 전동 그라인더에 가는 것과 손으로 직접 손잡이를 돌려 가는 것의 차이는 CD와 LP의 차이와 같다는 거다. 원두를 볶는 것부터 직접 하게 되면, 커피를 갈고 내리는 것까지 직접 손으로 느껴보고 싶은 욕심이 생기게 된다. 그러다 보니 커팅 방식의 싸구려 그라인더로부터, 맷돌 같은 게 돌아가며 으깨는 방식burr방식의 그라인더까지 다양하게 모으게 되었다. 그동안 김 갑수가 모아 놓은 커피그라인더는 죄다 낡은 것들이다. 1880년대에서 1930년대까지 미국, 스페인, 체코, 영국, 독일, 그리스, 일본 등 그의 시집처럼 거지 같이 낡은 기계들의 국적이 그렇게 화려할 수가 없다. 그의 자세한 설명을 끝까지 감탄하며 잘 들어줘야 돌아갈 때 커피 한 봉지라도 얻어갈 수 있다.

"커피 그라인더를 모은다 하면 대부분 푸조 것을 찾아. 자동차회사 '뿌조.' 가격도 아주 끔찍하게 비싸. 근데 이건 푸조가 아니야. 엘마야. 푸조의 원본이 엘마야. 스페인 왕실에서 사용했다고 하는데, 1900년 전후로 추정하지.

근데 내가 아주 큰 실수를 했다. 이 안에 맷돌을 세척한다고 커피오일 전문 세척액에 담갔다가 꺼냈더니 색깔이 다 빠져나갔어. 아주 미칠 지경이었어. 아, 이건 체코에서 온 물건인데, 원래 후추를 갈던 거지. 그런데 어느 시점부터 커피를 갈기 시작했는데, 아주 가늘게 갈려. 주로 집시와 같은 유랑민들이 쓰던 거라 한손에 잘 잡혀. 겉에 아주 요란한 문양을 새겨 폼 나게 만들기 시작하면서 값이 엄청 올랐어. 이걸 들고 유랑민들이 얼마나 오만 곳을 돌아다녔겠어. 카페, 가정, 고물상으로 돌아다니다가 내 손에 들어온 거지. 최소한 100년 이상의 내력이 있는 물건이지. …… 이건 영국의 어떤 장인이 만든 거고. …… 이건 독일의 자센하우스라는 아주 유명한 회사에서 만든 거고…….”

자랑이 한도 끝도 없다. 도대체 이런 물건들을 자꾸 '왜 사냐to buy'고 물었다. 물론 바보 같은 질문이다. '왜 사냐to live'는 질문과 마찬가지다. 그런데 내 질문은 다른 뜻이 있다. 이런 컬렉션은 그래도 경제적 여유가 있는 이들이 하는 거다. 김갑수의 돈벌이는 내가 잘 안다. 그리 시원치 않다. 아무리 부지런히 원고 쓰고, 공영방송 출연해서 하루 종일 이야기해도 버는 돈이 한 가족 먹고 살기에도 턱없이 부족하다. 형편이 그런데 왜 죽어라 LP를 모으고 그 고물 커피 그라인더를 미친 듯이 사느냐는 거다.

그의 대답은 정해져 있다. 남들처럼 집 사고 차 사고 술 마시는 거 안 한다는 거다. 그는 사람들을 바깥에서 만나 밥 한번 먹는 것도 부담스러워한다. 나처럼 자발적으로 기꺼이 밥값 내는 사람만 만난다. 오직 음악 듣고 커피 마시는 일만 한다. 한밤중에 요로결석으로 방바닥을 뒹굴다가 병원에 입원한 적도 있다. 몸에서 수분을 빼앗아가는 커피만 마셔서 그렇다. 글을 쓰고, 방송에 출연해 무슨 이야기든 하는 것도 오로지 음악 듣고 커피를 마시기 위해서다. 무슨 인생이 그러냐고 또 슬쩍 건드렸다.

물건이나 도구가 자신의 쾌락에 기여하는 게 아니라 김갑수 자신이 물건을 위해 희생하고 헌신하는 삶을 산다고 대답한다. 이 무슨 귀신 씨나락 까먹는 'B&G뺑&구라'인가? 나 역시 누구에게 쉽게 밀리지 않는 B&G의 수준을 유지하고 있다. 전 국민을 상대로 하는 공중파에서 이미 검증되었다. 그러나 내가 아는 한, 김갑수의 B&G가 국내 최고다(최근에 조우석이라는, 〈중앙일보〉 기자 출신의 또 다른 고수를 만나기도 했다). 무슨 주제든 거침이 없고 그 수준도 만만치 않다. 사이비 교주를 했으면 적어도 일본의 옴진리교 수준은 했을 거다. 그러나 말년에는 수많은 여신도를 농락하다가 감옥에 갔을 확률이 높다. 나도 그의 꾐에 넘어가 빈티지 오디오에 엄청난 돈을 쏟아부었다. 여기서 김갑수 때문에 시작한 내 오디오 이야기는 꼭 하고 넘어가야 한다.

시작은 이랬다. 한 10년 전 아내 모르는 돈이 몇백만 원 생겼다. 나도 고급 오디오를 사고 싶다고 추천을 부탁했다. 김갑수는 오디오를 하려면 그 돈으로는 어림 반 푼어치도 없다고 했다(이들은 '오디오를 듣는다!' 혹은 '오디오로 음악을 듣는다!'고 하지 않고, '오디오를 한다!'고 한다. '섹스를 한다!'와 의미론적 구조가 같다). 그래도 하고 싶다고 했더니 잘 조합했다며 추천해줬다. 오디오를 듣다 보니 뭔가 이상했다. 캐물으니, 그가 솔직하게 털어놓았다. 앰프만 쓸 만하고 스피커는 싸구려라는 거다. 어차피 오디오를 하려면 제대로 해야 하는데, 그 예산으로는 힘들어서 그렇게 했다고 했다.

그래서 몇 달을 애써 돈을 모아 스피커를 바꿨다. 그랬더니 이젠 앰프의 수준이 딸렸다. 지난 몇 년간 그러기를 수십 번 반복했다. 지

그는 오직 음악 듣고 커피 마시는 일만 한다. 한밤중에 요로결석으로 방바닥을 뒹굴다가 병원에 입원한 적도 있다. 몸에서 수분을 빼앗아가는 커피만 마셔서 그렇다.

금까지 퍼부은 돈의 규모를 아내가 알면 날 그 자리에서 죽여버릴 거다. 아무튼 이렇게 김갑수의 꾐에 빠져 '섹스 대신 오디오를 한다!'는 이들이 주변에 적지 않다. 아마도 대부분의 사이비 종교도 이런 식의 구조일 것이다. 다시 물건과 도구를 위해 헌신한다는 김갑수의 기가 막힌 삶으로 돌아가자.

일반적으로 사람들은 도구가 자기를 위해 존재한다고 생각한다. 그러나 김갑수의 물건 철학은 다르다. 도구에 헌신하고 도구를 위해 희생하다 보면, 자기 자신의 일상은 아주 사소하고 하찮은 게 되어버린다는 것이다. 그러면 행복해지느냐고 내가 물었다. 또다시 황당한 B&G를 시작한다.

"사람은 행복해지기 위해 산다는 것처럼 거짓말은 없는 것 같아. 자신이 행복한가, 불행한가에 대해 생각하는 순간부터 불행해지기 시작하는 거야. 시간, 공간을 인식하는 순간부터 인간은 불행해질 수밖에 없어. 시간, 공간은 제한되어 있기 때문이지.

물건에 헌신하다 보면 내가 사라지지. 행복과 불행에 대해 생각하지 않게 되는 거야. 빠지고 몰입하는 거라고. '자아'라는 주체로 서는 게 아니라 대상에 함몰되는 거지. 돈이나 밥이 아닌 다른 것에 함몰되는 것은 참 근사한 거야."

칙센트미하이의 플로우flow 이론이다. 나와 대상이 하나가 되는 상황, 그래서 시간이 도무지 어떻게 흐르는지 느낄 수도 없는 상황을 시인 김갑수는 이야기하는 것이다. 그러나 한번 플로우 경험을 했다고 해서 그 느낌이 계속되는 것은 아니다. 그 감격을 기억하고 다시 몰입하려 해도 안 되는 경우가 대부분이다. 바로 지겨워진다. 착한 여자와 오래 연애하기 힘든 경우도 마찬가지다. 대상과 나의 상호작용은 끊임없이 변화하기 때문이다.

사람이 왜 그렇게 금방 싫증을 내는가에 관해 칙센트미하이는 '능력'과 '과제'의 상호작용으로 설명한다. 과제가 내 능력보다 어려우면 사람들은 불안해하고 걱정에 빠진다. 반대로 과제가 내 능력보다 못하면 지루함과 권태를 느끼고 무관심에 빠진다. 그러니까 내 능력과 과제는 지속적으로 서로 발전해야 끊임없이 몰입할 수 있는 즐거움이 있는 것이다. 이 발전의 동력은 약간씩 어긋나는 능력과 과제의 관계다. 내 능력보다 과제가 약간 더 높은 것은 바람직한 것이다. 견딜 만한 불안이다. 이 경우 각성 상태가 유지되며 내 능력을 향상시키기 위해 더욱 몰두하게 된다. 인터넷 게임이 단계를 높여가며 게임 이외에는 한눈을 못 팔게 하는 것과 마찬가지다. 그래서 공부하는 게 제일 재미있는 일이다. 자기 능력이 향상되며 과제의 어려움을 극복하는 즐거움이 있기 때문이다. (남의 돈 따먹으려고 하는 공부는 예외다.)

자신의 능력이 과제보다 약간 높아서 여유로움, 한가함을 즐기는 것도 몰입만큼이나 중요하다. 그러나 이 한가함이 지속되면 권태에 빠지게 된다. 김갑수는 이 권태를 제일 무서워한다. 다른 사람은 심심한 것으로 끝나지만, 김갑수는 바로 고독하고 외로워지기 때문이다. 그래서 다시 밤새도록 인터넷을 뒤지며 또 다른 커피 그라인더를 찾는 거다. 시인이 외로우면 시를 써야지, 시는 안 쓰고 왜 자꾸 구닥다리 물건만 모으는 거냐고 물었다.

　"시를 쓰는 것은 그리 어렵지 않아. 평생 훈련했으니, 그동안 끼적거린 것들 모아서 시집 한 권 내는 건 그리 큰 문제가 아니지. 구태여 이야기를 하자면, 아무리 통속하고 먹고 살기 급급해도 모든 사람에겐 순결해지는 대목이 하나 있거든. 그게 나한테는 시였는데…… 시인은 '詩人'이라고, 사람 '人'자를 쓰잖아. 시인은 무엇을 만드는 '作家'가 아니야. 사람 자체, 존재 자체가 시인이야. 그래서 계속 기다리는 거야. 언젠가는 쓸 수 있겠지."

　시인 김갑수는 요즘 시는 그저 집착과 강박의 삶 자체로 쓰고 있다고 했다. 혼자의 삶을 견뎌가며 지하실에서 커피 그라인더, 오디오, 양초, 램프와 같은 물건과 이야기를 하며 산다고 했다. 그게 바로 자신의 시라는 거다. 아, 오해할 것 같아서 한마디 더 붙이자. 그에게는 아주 멀쩡한 가족이 있다. 아내는 의사고, 아들은 전교 일등, 전교 회장을 한다고 만날 때마다 자랑한다. 그런데 삶의 대부분의 시간을 그렇게 각종 물건을 '닦고, 조이고, 기름 치며' 지하실에서 보낸다. 시를 쓰기 위해서. 한번 시인은 영원한 시인이니까.

사진작가 윤광준의 모자

사진작가 윤광준은 지하실의 시인 김갑수와는 전혀 다른 삶을 산다. 그런데 윤광준의 작업실도 시인의 작업실처럼 지하에 있다. 그가 지하에 사는 것은 순전히 오디오 때문이다. 남의 눈치 안 보고 마음껏 음악을 들을 수 있는 밀실이 필요했다. 끊임없이 밖으로 돌아다니는 그는 태생이 음지형 인간인 김갑수와는 존재론이 다르다. 일산 주택가 지하에 있는 그의 작업실 이름은 '비원'이다. 창덕궁 뒤에 비밀스러운 정원 '秘苑'이 아니라, 지하 일층을 뜻하는 'B1'이다. 김갑수가 시인의 상상력을 발휘해 지어준 이름이다. 그러나 그의 지하 작업실은 아주 잘 정리되어 있다. 사진을 찍기 위해 테이블 위에 올려놓은 모자를 빼놓고는 꼭 필요한 물건만 자기 자리에 '각'을 잘 잡고 놓여있다.

개인적으로 나는 윤광준을 그의 책을 통해 먼저 알았다. 2002년에 나온 《윤광준의 생활명품산책》이라는 책이다(2008년에는 윤광준식의 맛깔 나는 글 솜씨로 더 많은 물건들을 소개하는 《윤광준의 생활명품》이 나오기도 했다). 시인 김갑수의 작업실에서 이 책을 들쳐보다 흥미로워 집에 가져와 식탁 위에 올려놓고 잊고 있었다. 그러던 어느 날이었다.

"아빠, 아빠 같은 또라이가 여기 또 있어!"

내 큰아들이 갑자기 불렀다. 윤광준의 책이었다. 윤광준이 선발한 일상의 '생활명품'에 들어 있는, 그 황당한 물건들이 우리 집에도 대부분 있다는 사실이 내 아들에게는 무척 신기했던 것이다. 동그란 안경부터, 만년필, 면도기, 카메라에 이르기까지, 그의 물건과 나의 물건은 상당 부분 일치했다. '와코루' 여자 속옷을 좋아하는 것도 똑같았다. 그의 책 속에는 와코루 팬티가 하늘에 날리고 있는 사진과 함께, 자신의 젊은 아내 비키니 사진도 폼 나게 실려 있었다. 미인대회 출신의 엄청난 미녀였다. 부러웠다.

그의 지하 작업실에 들어서자마자, 요즘도 아내가 그렇게 아름다운지 물어봤다. 그렇다고 했다. 그러나 아내와 그렇게 잘 지낸 지는 얼마 되지 않는다고 했다. 결혼은 어쩌다 보니 젊어서 일찍 했다. 그러나 윤광준은 틈만 나면 돌아다녔다. '아웃도어outdoor'는 그 단어의 뜻이 한국 사회에 알려지기 전부터 그의 단어였다. 바깥에서, 돌아다니며 하는 것은 모두 다했다. 그의 몸은 긴장 풀린 50대 중반 중년 사내의 몸이 아니다. 아주 단단하다. 그러나 틈만 나면 집 밖으로 나도는 남편을 좋아할 아내는 별로 없다.

'집 비우는 남자'와 '집 지키는 여자'는 결혼 초기부터 죽자하고 싸웠다. 결국 별거하며 몇 년을 지내기도 했다. 서로 '결혼 바깥'의 남자와 여자를 각각 만나기도 했다. 그랬더니 별거 없더라는 거다. 익숙한 '내 놈' '내 년'의 사랑(윤광준식 표현이다)이 여전히 남았다고 느껴질 때, 서로 돌아와 다시 합쳤다.

이후 부부의 정을 키워가기 시작했다. 현재의 시간이 소중하다는 자각으로 참 즐겁게 지낸다. 주말에 전화하면 꼭 아내와 어딘가를 다녀온다고 한다. 이젠 집 바깥으로 함께 돌아다니는 게 변화다. 부부가 오래 살다 보면 서로가 견딜 수 있는 한계의 마지노선에 합의하게

사진작가 윤광준에게는 찬바람 쐬면 아주 고통스러워지는 민머리를 감싸주는 모자가 있다.

된다. 윤광준처럼 별거까지 하다 다시 합쳐 살게 된 부부의 '니고시
에이션negotiation'은 남다르다.

최근에는 아내와 함께 지방 축제에 다녀오다 서울 외곽고속도로에
서 눈길에 차가 뒹구는 사고를 당하기도 했다. 하나가 먼저 죽을 때까
지 함께 살아야 하는 운명인 것이다(그 사고를 당한 바로 후에, 망가
진 자신의 차를 사진으로 찍어 자신의 블로그에 올려놓았다. 그는 천
생 사진작가다).

원조 '아웃도어' 인간 윤광준은 머리가 없다. 민머리가 추워서 모
자를 쓰기 시작했다. 그의 머리는 아주 일찍부터 빠지기 시작했다.
30대 중반부터 빠졌다. 한창 직장 생활할 때인데 머리가 빠지니, 모
자로 가리고 다녔다. 그러다가 회사를 그만두면서 아예 확 밀어버렸

다. 김갑수와 윤광준은 그때, 막 크고 있던 회사인 '웅진'에 다녔다. 회사의 새로운 프로젝트를 기회로 김갑수가 그를 스카우트했다. 각각 부서장을 하기도 했다. '섹스하기' 대신 '오디오하기'를 시작한 것도 그때, 김갑수와 함께였다. 일 끝나기 무섭게 세운상가의 오디오 상가를 헤집고 다니던 웅진에서의 6년이 너무 행복했다고 윤광준은 꿈꾸는 듯한 표정으로 이야기한다. 그런데 회사 사장할 때까지 버티겠다던 김갑수가 어느 날 갑자기 사라졌다. 그 후 꼭 일 년 뒤, 윤광준도 머리 빡빡 밀고 회사를 때려치운다(우리는 누구나 회사를 '그만둔다'고 하지 않고 '때려치운다'고 한다. 그러면서 대부분 회사에서 제발 나가달라고 할 때까지 다닌다).

회사가 나를 먹여 살리는 것은 아니라고 생각했다. 내가 나를 먹여 살려야 하는 게 당연하다는 생각을 그때서야 문득 하게 된 거다. 나오면서 글을 쓰는 '작가'가 되고 싶었다. 그냥 작가가 아니라 사진도 찍고, 글도 쓰는 작가가 되고 싶다는 욕심이 났다. 지금이야 '포토에세이'식의 글쓰기가 흔하지만, 당시만 하더라도 글 쓰는 작가와 사진작가는 방송국의 카메라 감독과 오디오 감독이 확실하게 구별되듯이 서로 경계가 명확했다. 그런데 그 경계를 허물고 싶었던 거다. 그때까지 한 번도 제대로 글을 써본 적이 없었는데, 어떻게 글 쓰는 작가가 될 생각을 했냐고 물었다. 그걸로 먹고살 수 있다는 생각은 도대체 어떻게 할 수 있었느냐고 물었다.

"인간이 가지고 있는 근본적인 공포라는 게 사실은 부풀려진 게 많아. 실체에 대한 공포가 아니야. 상상과 회의가 만든 막연한 불안이 문제지. 독하게 죽을 생각하고 한강다리에 올라선 사람이 돌아서는 이유가 뭔지 알아? '저기 떨어지면 얼마나 아플까' '물이 얼마나 차가울까'를 미리 떠올리는 거야. 죽음보다 가공의 불안이 더 쉽게 다가오는 게 인간이지. '작가가 되고 싶은데 글을 못 쓰면 어떻게 하지?'란 불안을 지우려 노력했어. …… 작가가 되기 위해 우선 조금씩이라도 끼적이기 시작했지.

실력이 안 되니 무한대의 시간을 퍼부을 수밖에. 매일 글을 써 반복으로 단련시킨 글쓰기가 문장과 내용이 되더군. 마흔 살 이후의 시간은 의자에 궁둥이를 붙이고 살았고 너덜너덜해진 컴퓨터 자판을 다섯 개나 갈아치웠어. 남들이 관심 갖지 않는 분야가 내가 할 일이더라고. …… 세상이 무엇을 필요로 할까를 생각하지 않았어.

내가 아는 게 세상에 필요할 거라는 똥고집이 먹혀들어갔다고나 할까. 눈 밝은 독자와 평단이 주목해줘 쓰임을 만들어간 셈이야. 고정된 원칙이란 원래 없었던 거지. 상품이 좋으면 팔리는 게 시장원리라는 걸 뒤늦게 깨달았어. 아무 짓도 하지 않고 불확실한 미래를 미리 걱정하는 게 더 큰 공포야."

작가와 사진가로 윤광준은 이것저것 다했다. 프리랜서의 삶이 자리를 잡아갈 무렵, 훌륭한 결정을 한 자기 자신이 너무 기특했다. 자신에게 상징적인 선물을 해야겠다는 생각이 들었다. 수염이다. 윤광준에게 콧수염은 자유인의 상징이다. 그의 콧수염을 보며, 아무리 먹고 살기 어려워도 절대 양보할 수 없는 '자유인'임을 확인하곤 한다.

탈모에 시달리는 이들은 어떻게든 남아 있는 머리를 살려보려고 애쓴다. 나는 매일같이 '프로페시아'라는 약을 먹는다. 부작용으로 '성욕 감퇴' '발기 부전'이 있다고 한다. 내게는 '성욕 감퇴'만 약간 나타난다. 참 다행이다. 넘치는 성욕을 어쩌지 못할 때의 괴로움에 비하면 성욕 감퇴는 견딜 만한 거다.

약만으로는 견디다 못한 내 친구 김선규는 아예 뒷머리를 뽑아 앞에 심는 대수술을 받았다. 하루 종일 병원에 앉아 이태리 장인 같은 탈모 전문 의사가 머리카락을 '한 땀 한 땀' 앞쪽에 찔러 넣는 고통을 참았다. 약을 먹거나 뒷머리를 옮겨 심는 수술을 받기에는 남아 있는 머리카락이 몇 올 안 되는 현만이는 아주 심란한 표정으로 우리 이야기를 듣는다.

머리카락이 빠지는 것은 남자에게 엄청난 공포다. 머리카락 잘린 삼손이 괜히 힘 빠지는 게 아니다. 아직까지 머리카락이 무성한 친구들을 보면 아예 삼손처럼 보인다. 그런데 윤광준은 머리를 박박 밀어버렸다. 도대체 그 결정적인 순간이 어땠는지 듣고 싶었다. 빡빡머리 현대무용가 안은미 때문이란다.

"어느 날 안은미를 만났는데 그러는 거야. '오빠, 그 몇 올 되지 않는 머리카락으로 빈 곳 가리려고 애쓰면 대머리고, 제 손으로 남은 머리마저 확 밀어버리면 빡빡이가 되는 거야.' 난 뒤통수를 맞은 느낌이었어.

대머리가 될 건지, 빡빡이가 될 건지는 스스로 결정하는 거더라고. 그래서 그날로 밀어버린 거야. 그런데 밀고 나서 알았지. 아무나 빡빡이가 되는 건 아니더라고. 머리통이 잘 어울려야 해. 난 다행히 잘 어울리더라고. 내 운명이었던 거지."

　여자 빡빡이 안은미와의 만남이 결정적이었던 거다. 내 삶의 주인이 되는 빡빡이가 되고 나니 회사가 먹여 살려주는 인생을 더 이상 살 필요가 없었던 거다. 대신 모자를 쓰기 시작했다. 그에게 모자는 더 이상 탈모의 부끄러움을 가리는 도구가 아니었다. 패션이 된 것이다. 그 후로 수백 개의 모자를 샀다. 거울에 비친 자신을 아주 뿌듯하게, 그리고 자주 볼 수 있는 '적극적 자아'로의 회귀다.

　그는 주로 동대문 의류 상가에서 개성적인 캡 모자를 사서 쓴다. 아웃도어에는 캡 모자가 최고란다. 최신 스타일의 모자가 넘치는 동대문에서 마음에 드는 모자를 고르는 재미가 취미로 변했다. 나도 모자를 쓰고 싶다고 하니, 한 가지 충고한다. 모자를 쓸 때, 절대 남에게

그는 모자를 쓸 때 절대 남에게 "나 어때?" 물어보지 말라고 한다. 내가 맘에 들면 되는 거란다.
남에게 물어보는 이는 모자를 쓸 자격이 없단다.

"나 어때?" 물어보지 말라는 거다. 내가 맘에 들면 되는 거란다. 남에게 물어보는 이는 모자를 쓸 자격이 없단다. 아, 난 빡빡이가 될 용기도 없고, 어쩌다 모자를 쓰게 되면 꼭 가족들에게 어떠냐고 물어본다. 윤광준처럼 자기 삶의 주인이 되려면 아직도 멀었다는 이야기다.

빡빡이가 되고 나니 윤광준은 거침이 없어졌다. 조심스럽게 시작한 '사진 찍고, 글도 쓰는 작가'로서의 삶도 성공적이었다. 회사를 그만둔 이후, 10여 년 동안 아홉 권의 책을 썼다. 거의 매년 쓴 거다. 첫 책부터 성공적이었다. 오디오에 관한 책 《소리의 황홀》이었다. 오디오에 관한 책을 쓴다는 것도 그 당시엔 상상할 수 없는 일이었다. 그때나 지금이나 오디오는 '하는 것'이지 책으로 쓰는 게 아니었다. 그러나 윤광준은 듣는 오디오를 사진으로 찍어 글로 푼 책을 쓴 것이다. 머리를 깎인 삼손과는 반대로 스스로 머리를 밀어버린 빡빡이라 가능했다.

윤광준은 자신을 사진작가라고 부르는 걸 불편해했다. 사진으로 돈 번 적이 별로 없기 때문이란다. 먹고사는 것은 주로 인세와 강연으로 해결하니 '글 쓰는 작가'에 가깝다는 거다. 돌아다닐 돈이 쌓이면 모자 쓰고, 카메라 들쳐 매고 다시 길을 나선다. 그가 돌아다니면서 하는 일은 그의 블로그에 아주 성실하게 업데이트된다.

그의 블로그는 자신의 베스트셀러 책 제목 그대로 '윤광준의 잘 찍은 사진 한 장'이다. 네이버에서 유명한 파워블로거다. 들여다볼 때마다 그의 따뜻한 시선이 글과 함께 참 잘 어울린다는 생각이 든다. 그의 글은 읽는 것만으로도 위로가 된다. 하고 싶은 일은 꼭 해야 하고,

갖고 싶은 것은 주머니에 돈이 있는 한 반드시 사야 하는 그의 삶의 방식은 통쾌하다. 이소룡의 영화를 보고 난 후 나도 모르게 고양이 발걸음이 되고 어깨에 힘이 들어가며, 인상 쓰며 주위를 둘러보는 것과 같은 느낌이다. 나는 '재미없는 삶은 무효'라는 그의 슬로건을 매일같이 중얼거린다.

윤광준은 중년 남자에게 흔히 볼 수 없는 아주 중요한 덕목이 있다. 남의 이야기를 아주 잘 들어준다. 한국 남자들은 나이가 들수록 자기 이야기만 하려 한다. 그러나 윤광준은 반대다. 자신의 이야기는 남이 물어볼 때만 한다. 그렇다고 단답형 대화를 하는 사람이 절대 아니다.

윤광준 자신의 이야기가 시작되면 너무 흥미롭고 재미있다. 그러나 남이 이야기할 때는, 하나도 재미없는 늙은 아저씨들의 중언부언도 꼼짝 않고 집중해서 들어준다. 아무리 술을 마셔도 흐트러짐이 없다. 참 큰 바위 같은 사람이다.

윤광준이 꼭 갖고 싶은 모자가 있다. 이태리 볼사리노 모자란다. 영화에도 나오는 아주 폼 나는 모자다. 모자도 모자지만, 케이스가 더 폼 난다고 한다. 그런데 무지하게 비싸단다. 그래서 나는 이 책이 잘되면, 그에게 볼사리노 모자를 선물할 생각이다. 인터뷰 끝에 그의 아주 비싼 프랑스제 '안네 엣 발렌땅' 안경테를 뺏어왔기 때문이다.

김정운의 만년필

내겐 아들만 둘이 있다. 첫째 녀석은 사춘기의 질풍노도에도 불구하고 아주 상냥하고 친절하다. 기본적으로 타인에 대한 측은지심이 있는 녀석이다. 아빠나 엄마한테도 도무지 "아니요" 하는 법이 없다. 사람들도 녀석을 아주 예뻐한다.

둘째는 좀 많이 다르다. 속에 깊은 정이 있지만 좀처럼 표현하지 않는다. 특히 내게 더 그런다. 도무지 "예" 하는 법이 없다. 내가 자기를 그토록 예뻐하는 것을 알면서도, 내게 자기 마음을 표현하지 않는다. 아내에게 불평을 하니, 아내가 그런다.

"당신은 그럼 당신 아버지한테 그렇게 살갑게 하나?"

생각해보니 그렇다. 나이 오십이 되도록 나 역시 아버지에게 "예"라고 분명하게 대답한 적이 없다. 사실 난 아버지를 참 좋아한다. 나이가 들수록 더 그렇다. 그런데 아버지에게 도무지 내 마음을 표현하질 못한다. 자랄 때부터 그랬다.

일단 난 아버지의 그늘이 너무 싫었다. 아버지의 그늘만 벗어날 수 있다면 뭐든 했다. 그래서 일부러 더 많이 부딪혔다. 지금의 내 삶은 아버지에 대한 반항의 결과라고 할 수 있다. 그러나 나이가 들수록 내 안에 숨겨져 있던 아버지의 모습을 발견하곤, 흠칫 놀랄 때가 많다.

내가 만년필을 좋아하는 것도 따지고 보면 아버지의 영향이다. 어릴 적, 아버지 손에 항상 들려 있던 은색 파카 만년필이 난 그렇게 부러울 수가 없었다. 당시로는 아무나 가질 수 없는 아주 귀한 물건이었다. 그때 난 그랬다. 나중에 아버지가 돌아가실 때, 다른 것은 다 필요 없고 아버지 은색 파카 만년필과 아버지 서재의 오리지널 브리태니커 백과사전 전집만 유산으로 달라고도 했다. 그렇게도 아버지의 만년필이 부러웠던 거다.

거의 30여 년이 지난 작년 가을, 아버지의 옛날 만년필과 똑같은 모양의 은색 파카 뉴소네트를 가까운 친구로부터 선물 받았다. 너무 갖고 싶었지만 내 돈으로 사면 안 될 것 같았다. 그건 아버지의 그늘을 인정하는 것 같았기 때문이다. 그런데 그 만년필이 실제 내 것이 되니 너무 좋았다. 손바닥으로 느껴지는 그 은색 표면의 느낌이 여전히 근사하다.

내가 만년필을 좋아하는 것도 따지고 보면 아버지의 영향이다. 난 어릴 적 아버지 손에 항상 들려 있던 은색 파카 만년필이 그렇게 부러울 수가 없었다.

연필이 아닌 만년필이나 볼펜을 공식적으로 쓸 수 있는 중학생이 되자마자 난 만년필을 다양하게 실험했다. 학교 앞 노점의 중고 만년필을 사서 '해체'와 '합체'를 반복했다. 한번은 내가 직접 만년필을 만들겠다고 펜글씨용 펜촉과 기저귀용 노란 고무줄을 연결시켜 대나무 주사기에 넣는 복잡한 공정을 통해 나름 꽤 특별한 발명을 하기도 했다. 그러나 내가 만든 만년필의 결정적 결함은 잉크가 자꾸 새는 데 있었다. 결국 학창 시절 내내 내 손과 교복에는 잉크 자국이 사라질 날이 없었다.

자라면서 나는 유난히 소유욕이 강했다. 짜장면을 먹다 보면 내 그릇에는 한 번만 베어 문 단무지가 여러 개 쌓여 있었다. 소시지 반찬이 나오는 날에도, 내 밥그릇에는 한 번만 베어 문 소시지가 여러 개 쌓이곤 했다. 이런 내게 만년필은 묘한 충족감을 주었다. 내 것이라는 분

만년필은 내게 단순한 필기구가
아니다. 내 아이덴티티 구성을
가능케 한 물건이다.

명한 소유 의식을 만족시켜준 것이다.

볼펜은 주인을 몰라보는 '개 같은' 느낌이다. 누가 써도 차이가 없다. 그러나 만년필은 '길들인다!'고 한다. 만년필 촉의 방향이 사람에 따라 달라지기 때문이다. 그래서 남이 쓰던 만년필은 다른 사람이 쓰기 힘들다. 이미 촉의 방향이 결정났기 때문이다. 소풍 가면 혼자 도시락을 먹을 정도로 변변한 친구 하나 없었던 나는 중고등학교 내내 혼자 만년필과 씨름했다. 만년필은 내 유일한 기쁨이었다.

그 후 만년필 따위(?)에는 관심 가져서는 안 될 것 같았던 내 젊은 날들이 있었다. 그리고 유학을 떠났다. 내가 박사학위를 받자 아버지는 금색 몽블랑 만년필로 축하해주셨다. 그때까지만 해도 여전히 파카 만년필이 최고인 줄 알았다. 독일에서 공부했지만, 독일제 몽블랑 만년필의 귀함을 모를 때였다. 손에 잡힌 금색 몽블랑을 통해 어릴 때의 만년필에 대한 그 기억이 되살아났다.

사실 요즘은 일상에서 만년필을 쓸 일이 그리 많지 않다. 글 쓰는 일이 내가 하는 일의 대부분이지만, 거의 대부분 컴퓨터의 자판을 두드린다. 그러나 내가 항상 주장하는 이야기가 있다. "비데 나왔다고 화장실 휴지가 사라지는 게 아니다"는 거다. 오히려 화장실 휴지는 더 고급이 되어야 한다. 비데를 쓰고 휴지를 싸구려 쓰면 그곳에 뭔가가 자꾸 낀다. 몹시 불쾌해진다.

디지털 시대에 적응하지 못할 것 같았던 대표적 아날로그 상품인 만년필은 화장실 휴지처럼 고급화 전략을 취한다. 특히 몽블랑이 그렇다. 볼펜 한 자루도 몇십만 원이다. 스페셜 에디션은 100만 원을 훌쩍 넘는다. 그래도 사람들은 산다. 뭔가 그럴 듯한 이야기가 있을 듯해서다. 만년필을 만지작거리다 보면 그 깊숙한 이야기가 내 안에서 빠져나올 것 같은 환상 때문이다.

난 너무 화려한 몽블랑보다는 파버카스텔을 더 선호한다. 파버카스텔 만년필은 '독일제'의 둔탁한 느낌을 제대로 전해준다. '미제' '일제'는 익숙한데, 어째 '독일제'는 입에 딱 붙는 단어가 아니다. 그렇다고 '독제'라고 할 수는 없는 일이다. 아무튼 파버카스텔은 독일의 전형적인 중소기업이다.

그러나 특이한 것은 이 회사가 1761년에 시작되어 250년이 되도록 오직 필기구만 생산하고 있다는 사실이다. 우리가 사용하는 육각형 연필을 처음 생산한 회사다. 둥근 연필이 자꾸 굴러떨어져 열 받은 비스마르크에게 선물한 게 그 시작이다.

같은 독일 회사인 몽블랑과는 달리 파버카스텔은 글로벌 트렌드와 상관없는 디자인을 고집한다. 예를 들어 파버카스텔의 만년필 뚜껑은 무척 무겁다. 다른 만년필처럼 뚜껑을 뒤쪽에 끼고 쓰기 어렵다. 물어보니 돌아오는 대답은 아주 간단하다. 뚜껑이 가벼우면 파버카스텔 만년필이 아니란다. 뚜껑을 뒤에 껴서 쓰는 만년필은 폼이 안 나기 때문이란다. 불편해야 고급이라는 거다. 지독하게 독일적으로 꽉 막힌 대답이다.

아, 난 이런 독일 사람들 사이에서 13년이나 견디며 살았다. 그래서 독일 사람들에 대해서는 그다지 좋은 감정은 아니다. 허나 독일제 물건에 대해서는 무비판적인 믿음을 갖게 된다. 그렇게 사 모은 파버 카스텔 만년필이 이제 열 자루가 넘는다.

요즘도 약간의 여윳돈이 생기면 바로 만년필 가게를 기웃거린다. 전에는 주로 교보문고의 학용품 코너였지만, 요즘은 만년필 전문 숍도 생겨 이것저것 써보며 구경하는 재미가 쏠쏠하다. 가끔 남대문 시장 수입상을 헤매기도 한다. 옛날 모델을 싸게 구입할 수 있기 때문이다.

몇 년 전 일본 와세다대학교에 가 있을 때 구입한 대나무 만년필도 내가 각별하게 아끼는 만년필이다. 일단 손끝에 와 닿는 대나무 마디의 그 느낌이 기가 막히다. '삶의 마디를 만들라'는 교훈도 더불어 얻

앞으로 돈 들어갈 일 많다. 이제 겨우 60개 정도 모았다. 그것도 다 싸구려다.

는다. 중학교 때 시도했던 대나무 주사기 창작 만년필과 같은 재료여서 내겐 더욱 특별하다.

요즘, 커피 한잔 앞에 놓고 종이 질이 아주 좋은 수첩에 만년필로 끼적거릴 때처럼 행복한 순간은 없다. 만년필마다 궁합이 맞는 종이가 따로 있다. 아, 잉크도 매우 중요하다. 카트리지를 사용하면 편하기는 하지만 폼이 안 난다. 잉크 주입용 컨버터를 잉크병 안에 깊이 넣고 몇 번을 돌렸다 뺀 후 잉크를 꽉 채우고, 펜촉을 꺼내 휴지로 닦는 그 모든 과정을 여유롭게 즐길 수 있어야 진짜 만년필을 사용하는 거다.

내가 요즘 겨우 그 느낌을 아는 단계에 들어섰다. 앞으로 돈 들어갈 일 많다. 이제 겨우 60개 정도 모았다. 그것도 다 싸구려다. 각 브랜드의 스페셜 에디션을 잔뜩 깔아놓고 대수롭지 않은 듯 이야기하는 이를 보면 너무 부럽다. 나도 그런 교만을 떨어보고 싶다.

만년필은 내게 단순한 필기구가 아니다. 내 아이덴티티 구성을 가능케 한 물건이다. 내 아들들이 나에 대한 갈등과 친밀의 모순을 견뎌내며 하나의 성숙한 인격이 되어가듯, 내 아이덴티티 역시 내 아버지와 끊임없는 갈등과 애착의 이중 구조를 통해 형성된 것이다. 나는 오늘도 이 모순의 양극을 만년필이라는 대상에 투사하고 만년필을 만지작거리며, 영원히 해결될 수 없는 이 문명적 갈등을 내면화하고 있다. 누구에게나 그런 물건이 있다.

이어령의
책상

"세상에 외롭지 않은 사람이 어디 있겠어?"

그를 만나 이야기가 길어질 때면, 외롭다는 이야기를 꼭 한 번씩은 했던 것 같다.

"사람은 누구나 외로운 거여."

예의 그 충청도 어투였다. 논리적이고 사변적인 이야기를 할 때, 그는 정확한 표준어를 사용한다. 그러나 정서적 표현이 들어가기 시작하면 그의 어투는 아주 진한 충청도 사투리로 변한다. 외롭다고 할 때 특히 그랬다.

"생명이 있는 것은 유한한 거여. 유한한 것은 모두 슬픈 거여."

"언제 외로우세요?"

해놓고 보니 참 어설픈 질문이다. 인생이 원래 외로운 거라는데, 언제 외롭냐고 묻는다. 그래도 그는 바로 대답한다.

"디스커뮤니케이션discommunication."

'미스커뮤니케이션miscommunication'이 아니고 '디스커뮤니케이션'이다. 미스커뮤니케이션은 소통의 의지는 있으나 내용이 잘못 전달되는 경우다. 그러나 디스커뮤니케이션은 다르다. 소통의 의지 자체가 아예 없거나 화자의 의도가 애초부터 왜곡되는 현상이다.

'아, 나는 도무지 남하고 어울릴 수 없는 사람이구나!' 하는 생각이 자주 든다고 했다. 너무 외롭다. 그럴 때마다 그는 바로 서재로 올라가 책상에 앉는다. 함께 '창조학교'를 준비하면서 그가 외로워하는 모습을 자주 봤다. 아침부터 저녁까지 매 식사시간마다 사람들을 만나 창조학교의 의미를 쉬지 않고 설명했다. 돈 받는 일도 아니고, 누가 알아주는 일도 아니다. 그저 더 늙기 전에 한국 사회에 창조의 밑거름은 꼭 뿌리고 싶기 때문이다. 그러나 그 엄청난 아이디어를 혼자서 현실화하는 게 그리 쉬운 일은 아니었다.

한번은 그가 내게 이런 메일을 보냈다.

"김 교수, 내가 혼자 하는 것은 정말 잘하는데…… 지금까지 한 번도 실패한 적이 없는데…… 다른 사람들하고 같이 일하는 것은 매번 이렇게 힘이 드네. 다시는 사람들하고 함께 하는 일은 하지 않겠다고 속으로 맹세를 했는데……."

그가 메일을 보낸 시간은 새벽 3시였다. 이렇게 그는 끊임없이 새로운 일을 시도하고, 흥분하고, 즐거워하고, 동시에 자주 상처 받고 우울해한다.

이어령은 외롭다. 그에게 책상은 위안이다

이어령은 자주 자신의 어린 시절 이야기를 꺼낸다. 어린 시절, 그에게는 친구가 없었다. 섬처럼 혼자만의 세계에 갇혀 지냈다. 어린 시절 이야기를 할 때면 매번 그는 미꾸라지, 참새 이야기를 한다. 동네 아이들이 함께 몰려다니며 참새 알 꺼내고 미꾸라지 잡던 모습이 엄청 부러웠던 모양이다. 그는 멀리 언덕에 앉아 재잘대는 또래의 아이들을 바라봤다. 못 견디겠다 싶으면 혼자 굴렁쇠를 굴리며 들판을 내달렸다. 아무하고도 어울리지 못하던 그 소년은 88올림픽 개막식 때, 정적 가운데 홀로 나와 굴렁쇠를 굴리며 운동장을 가로질러 달린다. 그 굴렁쇠 소년은 바로 수십 년 전 이어령의 모습이었다. 80에 가까운 그는 여전히 혼자 논다. 책상은 외로운 그의 놀이터다.

그가 그렇게 아끼는 책상 사진을 찍기 위해 아침 8시에 그의 서재를 방문했다. 그의 시간을 빼내기란 여전히 그렇게 어렵다. 그의 서

이어령의 책상은 3미터가 넘는다. 가장 큰 책상을 갖는 것은 이어령의 근원적 욕망이다.

그가 작업대라고 부르는 상 위의 네 대의 컴퓨터 모니터. 폼이 아니다. 각각 나름의 중요한 기능이 있다.

재에는 책상이 앞뒤로 있었다. 그는 앞의 것을 책상, 뒤의 것을 '작업대'라고 불렀다. 앞뒤로 총 여섯 대의 컴퓨터가 있었다. 전시용이 아니다. 지금도 여전히 사용하고 있는 것들이다. 작업대에 나란히 정렬해 있는 네 대의 모니터는 나름대로의 특별한 기능을 수행한다.

맨 왼쪽의 컴퓨터는 일본어용이다. 일본의 인터넷 사이트를 검색하거나, 일본어로 된 글을 쓸 때 사용한다. 아무리 외국어 자판 사용이 시스템적으로 좋아졌다 해도, 여전히 글자가 깨져 나오는 경우가 많기 때문이다.

두 번째 컴퓨터는 국내 최초의 모니터와 본체가 통합된 올인원 컴퓨터다. 삼보컴퓨터의 이용태 고문이 선물한 것이다. 이 컴퓨터의 운영체제는 '윈도우미window me'다. 꽤 오래된 이 시스템을 아직도 사용하는 이유는 이 운영체제에서만 돌아가는 옛날 자료들이 많기 때문이다.

이어령이 요즘 가장 많이 사용하는 컴퓨터는 세 번째 것이다. '윈도우XP'를 사용한다. 새로운 운영체제로 업그레이드를 하지 않는 이유는 그동안 축적해놓은 모든 데이터가 망가지기 때문이다. 가장 오른쪽에 있는 컴퓨터가 최신 운영체제로 돌아간다. 그러나 자주 쓰지는 않는다.

이 네 대의 컴퓨터는 '스마트싱크'라는 프로그램으로 서로 연결되어 있다. 한 컴퓨터의 데이터베이스에 변화가 생기면 모든 컴퓨터가 따라 변한다. 어느 컴퓨터를 사용하든 동일한 내용으로 작업할 수 있도록 되어 있는 것이다. 수시로 업그레이드되는 운영체제상의 변화로 생기는 문제를 피하기 위해 그는 이런 작업 시스템을 구축하고 있다.

보통사람들에게 운영체제의 업그레이드는 그리 큰 문제가 되지 않는다. 축적하고 있는 자신만의 데이터가 별로 없는 까닭이다. 데이터가 많이 축적되어 있더라도 업그레이드가 그리 어렵지 않은 일반적인 프로그램을 주로 사용한다. 그러나 이어령에게 운영체제의 변화는 엄청난 스트레스다. 남들이 전혀 쓰지 않는 특별한 프로그램을 많이 쓰고 있는 까닭이다. 이 독특한 프로그램은 각 운영체제에 맞춰 사용할 수 있게 되어 있고, 업그레이드도 그리 쉽지 않다.

내가 방문한 날, 그는 아주 희한한 프로그램을 자랑했다. 종이 위

종이에 쓴 내용, 말하면 녹음되는 내용이 컴퓨터로 바로 전송되는 시스템. 이어령은 '디지로그' 를 실제 생활하고 있었다.

에 글을 쓰면 그 내용이 컴퓨터에 바로 입력되는 프로그램이다. 하나 도 아니고 두 종류의 서로 전혀 다른 프로그램이다. 하나는 종이의 받 침대가 볼펜의 압력을 인식해 컴퓨터로 그 내용을 전송하는 방식이 고, 다른 하나는 사용하는 필기구 자체가 작은 컴퓨터로 종이 위의 변 화를 기록한다. 녹음도 된다. 녹음 내용, 종이 위에 기록한 내용을 필 기구가 저장해 컴퓨터로 전송하는 방식이다.

완벽한 '디지로그'다. 컴퓨터 자판을 사용해 입력하는 게 아니다. 내가 종이 위에 쓰는 아날로그 내용이 컴퓨터로 디지털화되어 입력 되는 것이다. 누구나 경험한다. 종이 위에 쓸 때와 자판을 통해 컴퓨 터에 입력할 때의 내용이 서로 달라지는 것을. 종이 위에 사각대는 연필 소리와 그 마찰의 느낌에 따라 그 쓰는 내용이 전혀 달라지기도 한다. 이어령의 디지로그는 바로 그 차이에서 새로운 문명의 가능성을 찾는다. 사변적 어휘가 아니다. 자신이 실제로 이런 최첨단의 기기들을 사용하며 개념화한 것이다.

작업대에 놓인 네 대의 컴퓨터 이외에도 두 대의 컴퓨터가 더 있다. 앞쪽으로 향한 책상에는 세로로 세워진 모니터가 있고, 아주 작고 얇은 넷북이 놓여 있다. 뿐만 아니다. 아래 서랍을 여니 또 다른 노트북이 나온다. CD나 DVD를 굽고 프린트하는 기계도 서랍에서 나온다. 아, 여든 가까운 어른의 정보화 수준이 이렇다. 기껏해야 이동식 저장장치로 데이터나 옮기는 게 전부인 나는 도대체 어쩌란 말인가!

천하의 이어령도 책상에 발을 올려놓고 딴 생각만 한다

"난 장군이야, 책상 위에서 병사들의 사열을 받지."

사주를 보는 사람이 이어령을 보고 '수천, 수만 명을 거느리는 장수'라고 했다. 그는 실제로 자신이 장군이라고 한다. 그의 부하는 언어다. 수천, 수만의 언어들이 "줄 서!" 하면 줄을 서고 "돌격 앞으로!" 하면 일사분란하게 돌격한다. 이 부하들은 전사하지도 않는다. 가끔 오타나 오식이 생기기는 하지만.

그의 부하, 책들이 가끔 배신하는 경우가 있다. 좋은 책이라고 책장 가운데 꽂아두었는데, 지나고 읽어보니 아무 것도 아닌 책일 때가 있다. 반대의 경우도 있다. 별것 아닌 줄 알았는데, 시간이 지난 후 우연히 읽어보니 너무 귀한 책이다. 장군감을 사병으로 만들어 돌격 앞으로 시킨 격이다. 그러나 책처럼 충실한 부하도 없다.

언어를 다스리는 장군, 이어령에게 책상은 사열대다. 그래서 그는 자신의 책상을 한국에서 가장 큰 것으로 만들었다. 3미터. 매일같이 그는 그 큰 책상 위에서 책들의 사열을 받는다. 그는 자신을 알렉산더와 자꾸 비교했다. 알렉산더가 아무리 세계를 정복한 위대한 왕이라지만 책상만큼은 자신의 것이 더 크다고. 이 자랑을 하는 그의 표정은 자신의 책상을 처음 갖게 된 어린 아이 표정이다. 한국 최고의 지성이 지금 자기 책상 크다고 어린 아이처럼 자랑하고 있는 거다. 너무 귀엽지(!) 않은가? (표현이 참 죄송스럽다. 허나 이 맥락에서는 이 단어만큼 정확한 표현이 없다.) 그는 자신의 책상이 크다는 자랑을 계속한다.

책상을 주문하며 한국에서 가장 큰 책상을 만들고 싶었다. 지식 영역을 상징하는 책상만큼은 한국 최고, 세계 최고여야 한다는 욕심이다. 큰 책상에 대한 그의 욕심은 모든 남자들이 가지고 있는 공간 점유의 욕구와 크게 다르지 않다. 그는 여자의 욕구와 남자의 욕구의 차이를 시간과 공간으로 대비해 설명한다. 남녀의 욕구 차이는 소유하는 물건의 차이에 그대로 반영된다. 여자의 물건은 시간의 소유와 관계된 반면, 남자의 물건은 공간의 소유와 관계되어 있다.

그는 남녀 차이를 '상자'와 '책상'으로 비교해 설명한다. 여자의 물건은 대부분 '상자'다. 상자는 여자의 자궁 같은 것이다. 생명을 잉태해 시간을 소유하는 것처럼, 여자는 상자 안에 시간이 흘러도 변하지 않는 보석을 담는다. 생명을 잉태할 수 없는 남자는 시간을 소유하는 대신 공간을 정복하려 한다. 그래서 옛날 남자들은 달리는 말에 그

164

토록 집착했다.

오늘날도 마찬가지다. 금전적 여유가 조금만 생기면 남자들은 자동차 전시장을 기웃댄다. 보다 빠르고 폼 나는 차를 타고 달리는 만큼 그 공간이 자기 것이 된다는 환상 때문이다. 그 더운 여름 날, 위아래 꽉 끼는 가죽옷을 입고, 뒤에는 살이 여기저기로 삐져나오는 풍만한 여인을 태우고 '할리데이비슨 오토바이'를 몰고 싶은 욕망도 마찬가지다.

공간이 생기면 남자들은 성을 쌓는다. 독일의 라인 강변을 지나다 보면 지나치게 많은 성들이 있다. 산봉우리마다 정말 지겹게 성을 쌓았다. 내 공간을 확인하고 싶은 철없는 남자들의 욕심이 남긴 흔적들이다. 한국의 남자들도 마찬가지다. 돈이 생기면 바로 집을 넓힌다. 집이 더 이상 넓어질 수 없으면, 별장을 산다. 또는 정원을 만든다. 정치인이 되려는 것도 마찬가지다. 자신이 대표하는 지역의 넓이만큼 권력이 생기는 까닭이다.

이어령도 남자다. 그에게는 책상이다. 여인들이 시간을 상자에 담으려 했다면 이어령은 눈에 보이지 않는 지식을 그의 책상에 담는다. 남자의 책상에는 다리가 달렸다. 말이 달리는 것처럼, 네 다리가 달리는 남자의 책상은 끝도 없는 광활한 지식의 영토를 달린다. 이어령의 책상도 달린다. 그의 책상처럼 빨리, 폭넓게 달린 것도 없으리라.

5·16 군사정변 이후 이야기다. 실세 김종필이 문화 예술인들을 모아 간담회를 열었다. 쿠데타를 일으킨 자신들의 정당성을 확보하기 위해 문화 예술인들의 지원을 얻으려는 의도였다. 김종필은 그들

에게 각자 필요한 것을 이야기해보라고 했다. 도와준다고 했다.

이어령 순서가 왔을 때, 그는 책상을 달라고 했다. 문인들에게 필요한 것은 몇 뼘 되지 않는 책상이 전부라고 했다. 군인이지만 오히려 문인에 가까웠던 김종필은 이어령이 달라는 책상이 어떤 것인지 바로 알아들었다. 그는 웃으며 이야기했다.

"허허, 그런 자유는 제게도 없습니다."

고향도 같고, 같은 학교 출신이며, 인간적으로 서로 호감을 느꼈던 김종필과의 관계는 그것으로 끝이었다. 책상 위의 자유는 그가 마지막까지 지켜야 할 존재의 보루인 것이다.

책상은 자유다. 누구도 그의 생각을 방해할 수 없다. 그래서 그는 더 욕심 부린다. 가장 넓은 책상, 가장 큰 서가, 제일 많은 언어를 담은 책상을 갖고 싶은 것이다. 그 욕심은 신혼 때부터 있었다. 셋방살이하면서, 이어령은 '미깡 궤짝' 위에서 글을 썼다. 《흙 속에, 저 바람 속에》를 연재할 때는 이삿짐 트럭 위에서도 글을 썼다. 그는 가장 큰 책상이 생겼을 때 너무 기뻤다. 그는 책상 위에 누워보았다. 머리 위로 아직도 넓은 공간이 남아 있었다. 그는 지금도 자신의 키보다 훨씬 큰 책상을 너무 뿌듯해한다. 잠자는 침대보다 책상이 커야 한다.

"책상에서 주로 뭘 하세요?"

내 경우, 책상은 서류를 정리하는 곳이다. 솔직히 내가 책상에서 책을 읽는 경우는 별로 없다. 그의 경우는 어떨까. 자못 궁금하다. 이 황당한 질문에 이어령은 허허 웃으며 대답한다.

"내게 책상은 족상이여, 족상!"

책을 올려놓는 상이 아니라 발을 올리는 상, 즉 족상이란다. 와우, 천하의 이어령도 책상에 발을 올려놓고 딴 생각만 한단다. 이런 위로가! 물론 급히 해야 할 일이 있을 때 그는 책상에서 일을 본다. 그러나 대부분의 시간 그는 책상에서 '엄한 짓(!)'만 한다. 발을 책상 위에 올려놓고 이 생각, 저 생각으로 시간을 보낸다. 책상 위의 별로 중요하지 않은 서류들을 들춰보다가 갑자기 선물 받은 만년필이 생각나 책상 전부를 뒤집어엎기도 한다.

절대 빈곤의 시대를 살았기에 문구류에 욕심이 한도 끝도 없다. 별로 필요가 없는데, 문구점에 가면 이것저것 사다 쟁여놓는다. 갑자기 생각나 찾았을 때 그 물건이 없으면 너무 불안해진다. 누가 훔쳐가지나 않았을까 하며 서재를 들렀던 이들을 의심하기까지 한다. 한참을 찾다 보면 책상 위에 멀쩡하게 놓여 있음을 발견한다. 매번 그런 식이다. 당장 쓸 물건도 아닌데 그토록 불안해한다. 지금도 그의 책상 위에는 그렇게 많은 필기구가 있지만, 급해서 쓰려 하면 다 말라 비틀어져 제대로 나오는 게 하나도 없다. 연필도 다 부러져 있다. 그래도 절대 버리지 않는다.

오늘도 장군 이어령은 잘 나오지도 않는 볼펜, 잉크가 말라버린 만년필, 심이 부러진 연필을 들고 3미터 책상 위에서 그의 부하들에게 호령을 한다. 그의 언어들은 잘 훈련된 군사다. 일사분란하게 움직이고 진군한다. 그래서 그는 책상 앞에 있을 때, 가장 행복하다.

이어령은 정이 많다. 그만큼 상처도 쉽게 받는다

인간 두뇌에는 단기 기억과 장기 기억이 있다. 현재진행형의 일들은 두뇌의 단기 기억에서 처리 되고, 일단 처리가 끝난 일들은 장기 기억에 저장되어 필요할 때마다 꺼내어진다.

인간의 기억 방식과 비교하면 책상은 단기 기억이고, 책장은 장기 기억이다. 지금 보고 있는 책은 책상 위에 올라가 있고, 일단 한번 읽은 책은 책장에 꽂히게 된다. 문제는 한번 장기 기억에 들어가게 되면 다시 꺼내기가 그리 쉽지 않다는 사실이다. 나이 들수록 기억력이 쇠퇴하는 경우다.

이어령의 책상에는 이 두 작업 영역을 보완하는 또 다른 비밀 장치

이어령의 책상 아래에는 또 하나의 작은 책장이 있다. 인지심리학자들이 '작업 기억' 이라고 부르는 공간이다.

가 숨어 있다. 책상 아래 별도의 책장이다. 한번 처리한 정보라도 얼마 후 다시 사용될 가능성이 있는 것들을 저장하는 곳이다. 기억을 연구하는 인지심리학자들은 단기 기억과 장기 기억 이외에 별도의 기억장치가 있다고 주장한다. '작업 기억working memory'이 바로 그것이다. 작업 기억은 장기 기억의 가장 최근 것들을 다루며, 단기 기억과의 소통이 이뤄지는 곳이다. 인지심리학의 최신 연구에서 밝혀진 작업 기억이라는 이 새로운 기억장치를 이어령은 이미 오래전부터 책상 아래 작은 책장으로 구현하고 있었다. 그러나 이토록 철저한 그의 지식관리 시스템에도 허점은 있다.

책상 서랍이다. 그의 서랍은 엉망이다. 대부분의 사람들은 서랍을 깨끗하게 정리하고 자물쇠로 채워둔다. 그의 서랍은 사정이 많이 다르다. 거의 쓰레기통 수준이다. 책상에서 사용하다가 책상 아래 책장이나 서가의 책장으로 넘어가지 않는 것들은 죄다 서랍행이다. 가끔 서랍을 뒤지다 보면, '도대체 내가 왜 이 물건을 여태 가지고 있지' 하는 것들이 대부분이다. 오래된 노트북 가방과 연결선은 보통이고, 이미 버려진 기기의 사용설명서들로 그의 책상 서랍은 가득 차 있다.

서랍에서 새 배터리를 찾는 일은 그에게 매번 반복되는 리추얼이다. 새 배터리를 갈아 끼울 때, 사용한 배터리는 바로 버려야 하나, 그냥 새것들과 섞어놓는다. 나중에 새것과 사용한 것을 구분하지 못해 일일이 배터리를 끼워본다. 작동하면 사용하고, 작동하지 않으면 다시 끼워 넣는 일을 반복한다. 그래도 가끔 보석처럼 귀중한 자료가 나오기도 한다. 88올림픽 때 자신이 기획한 행사 스크립트 같은 역사적 자료를 서랍을 뒤지다 발견하기도 한다.

버릴 것을 제대로 버리지 못하는, 그의 모질지 못한 성격은 사람관계에서도 그대로 드러난다. 그는 정이 많다. 자신을 찾아오는 이들의 부탁은 웬만하면 다 들어준다. 그의 도움으로 성장한 문화 예술계 인사들은 셀 수 없이 많다. 가능성이 보이면 적극적으로 밀어준다. 그의 주변에는 그런 사람이 참 많다. 어느 무명작가의 전시회에서 감동한 그가 그 작가를 수소문해 어떻게든 도와주려 하는 것을 가까이서 본 적이 있다. 그 사람 어떠냐고 물으면, "그 사람 영혼이 참 맑아" "아주 강직해. 바른 사람이야"라고 답한다. 그가 사람을 평가하는 기준은 매우 추상적이며 정서적이다.

정이 많은 만큼 이어령은 자주 삐친다. 어른에게 '삐친다'는 표현 또한 앞서 이야기한 '귀엽다'는 표현만큼 무례하다. 하지만 그가 잘 삐치는 것은 틀림없는 사실이다. 화를 내는 것과 삐치는 것은 다르다. 그는 자신이 원하는 방식으로 일이 진행되지 않을 때 바로 그 자리에서 불같이 화를 낸다. 그러나 불과 몇 분이 지나면 바로 후회한다. 미안해하는 내색이 너무 분명해 오히려 상대방이 더 미안해진다. 그래서 '삐친다'고 하는 것이다. 그래서 이어령 주변의 사람들은 그가 아무리 무섭게 화내도 별로 무서워하지 않는다. 그 순간만 지나면 바로 미안해하기 때문이다.

이어령이 이야기를 한번 시작하면 말이 끝나지 않는 이유도 마찬가지다. 침묵이 두렵기 때문이다. 침묵은 단절이다. 서로 할 이야기가 없는데 마주 앉아 있는 것처럼 불편한 상황은 없다. 정이 많은 그는 이런 침묵을 못 견뎌한다. 언젠가 〈조선일보〉에 조용헌이 '이어령 마이크'란 제목으로 글을 쓴 적이 있다. 이어령과 2시간 30분 이야기했는데, 자신은 불과 10분 마이크를 잡았다며 너무 억울해했다. 이어령이 마이크를 놓지 않는 이유는 타고난 정력 때문이라는 다소 황당한 설명을 붙여놓았다.

물론 이어령은 에너지가 넘친다. 생각의 쉼이 없다. 그래서 쉬지 않고 이야기하는 것일 수도 있다. 그러나 그의 이야기가 꼬리에 꼬리를 무는 이유는 침묵과 단절에 대한 공포 때문이다. 외로움을 달고 사는 이어령에게 사람 사이에 할 이야기가 없는 것처럼 무서운 일은 없다. 이를 그는 '치킨게임'으로 설명한다. 마주보고 달려오던 자동차에서 두려운 사람이 먼저 핸들을 돌려 피하는 것처럼, 매번 그는 잠깐의 침묵도 두려워 먼저 말을 꺼낸다는 것이다.

정이 많은 사람은 사람관계에서 많은 상처를 받는다. 이어령도 마찬가지다. 매번 사람들에게 상처받는다. 사람에게서 지친 이어령에게 책상은 고립을 통한 위안을 준다. 그의 책상 위에는 오래전 김남조 선생이 선물한 촛대가 두 개 있다. 마치 제단의 촛대처럼 놓여 있다. 책상은 그에게 위로의 제단이다.

책상을 통해 회복과 치유를 얻은 그에게 책상 때문에 잃어버린 것도 있다. 자녀들과의 관계다. 아직도 이어령은 자녀들에게 미안해한다. 자녀들이 자라면서 본 것은 아버지의 뒷모습이 전부이기 때문이다. 그의 자녀들은 "안녕히 주무세요!" 하고 인사하려 서재 문을 열었다간, 매번 이내 닫고 돌아섰다. 퇴근하면 바로 서재로 들어가 스탠

오래 전 김남조 선생이 선물한 촛대가 놓인 이어령의 책상. 이어령에게 책상은 제단이다.

드 불빛 아래 글쓰기에 몰두하는 아버지를 방해해선 안 되기 때문이다. 그의 자녀들이 자라면서 어머니에게 들은 아버지 관련 이야기는 이게 전부다. "아버지 글 쓰신다!"

최근에 그가 자신의 딸과 함께 《지성에서 영성으로》란 책을 쓴 이유도 되돌릴 수 없는 그 미안함 때문이다. 그의 딸은 아버지의 사랑을 느껴본 적이 없다. 아버지와 제대로 이야기 한번 해본 적이 없다. 이어령은 더 늦기 전에 '지상의 아버지'가 존재한다는 것을 알려주고 싶어, 자신의 딸이 믿는 '하늘의 아버지'를 함께 믿는다고 했다.

책상은 이어령에게 존재의 이유다. 사람들과의 소통 부재의 외로움을 피해 위안을 얻는 곳이고, 수천 수만의 언어의 군사들을 거느리

고 호령하는 사열대이기도 하다. 많은 이에게 정 많고 따뜻한 선생이
지만 정작 자녀들에게는 등만 보여준 죄의식이 함께 공존하는 레종
데트르. 그래서 오늘도 이어령은 책상에 앉아 있다.

신영복의
벼루

미래가 없는 삶에 대해 생각해본 적이 있는가? 더 이상 자신의 미래에 대해 계획할 수 없을 때의 그 좌절을 상상할 수 있는가? 난 그를 만나기 전부터 도대체 어떤 힘으로 그 고통을 버텨낼 수 있었는가를 묻고 싶었다. 보통의 경우 신앙의 힘으로 혹은 이념에 대한 헌신으로 사람들은 그 좌절을 견뎌낸다. 무기수 신영복에게는 신앙도, 이념도 아닌 듯했다.

신영복의 대표적 저서인 《감옥으로부터의 사색》을 읽어보면, 무기수 신영복은 그렇게 맑은 사람일 수가 없다. 어머님, 아버님, 형수님, 계수님, 조카에게로 이어지는 짧은 편지들이 가족들에게 쓰는 편지라기에는 너무 정갈하다. 세상을 보는 그의 따뜻한 시선에 끝없는 감동을 받게 된다. 사형 언도를 받고 무기수로 20년을 복역하면서 도대체 어떻게 그렇게 맑고 깨끗한 마음을 유지할 수 있었는지, 너무 궁금했다. 득도의 경지에 오르지 않고서야 감옥에 앉아서 어찌 그리 좋은 생각만 할 수 있었는지, 도무지 이해가 되질 않았다. 그래서 신영복을 마주하고 앉자마자 물었다. 도대체 그 내면의 분노, 좌절은 어딜 가고 그렇게 아름답고 고귀한 생각만 할 수 있었느냐고.

"그래요. 그거 잘되었네요. 이런 기회에 설명을 좀 해야 하는데…… 다들 《감옥으로부터의 사색》을 통해 저를 알게 되고, 그런 시각으로 보는데…… 그 책은 가족에게 보낸 옥중 서간집이죠. 결과적으로 그 편지의 최종 수신자가 가족, 그러니까 저를 걱정하는 가족들이에요.

그 가족들한테 괴로운 이야기, 뭐 그런 걸 쓴다는 게 이렇게 감옥에 앉아 있는 것 자체가 불효막심한데…… 그래서 가능하면 반듯하게 있는 모습을 보여드리는 게 좋겠다…… 하는 게 일차적인 거고, 또 하나는 그 편지가 교도소 당국의 검열을 반드시 거치니까, 검열하는 사람들에게 뭔가 무너지는 모습을 보여주고 싶지 않다는 그런 고집도 있고.

그래서 자기 검열을 아주 엄격하게 했어요. 결과적으로 아주 불만도 없고, 분노도 별로 없고, 아주 반듯한, 대단히 사색적인 그런 글로만 되어 있어서 그런 인상을 주지요."

그제야 이해가 되었다. 그래서 그토록 좋은 글들만 썼던 거였다. 그러나 그런 마음을 먹는다고 해서 그런 생각들이 가능한 것일까? 도대체 그 수많은 편지에 일관되게 나타나는 그 자기 절제는 어떻게 가능했고, 그 생각의 조각들을 어떻게 그렇게 깔끔하게 잡아낼 수 있었을까?

실제 그가 감옥에서 보낸 편지들을 그대로 모은 영인본을 보면, 그

신영복은 감옥에서 오직 편지 쓰는 것 이외에는 자신의 살아 있음을 확인할 수 있는 방법이 없었다. 그래서 탄생한 것이 《감옥으로부터의 사색》이다.

의 모든 편지 한 장 한 장에 글씨 하나 틀린 게 없다. 마치 수십 번 연습한 후에 쓴 것처럼 글씨 모양도 똑바르다. 너무 예쁘게 썼다. 모든 편지가 하나의 서화작품이다. 실제 편지 사이사이로 직접 그린 그림도 많이 있다. 고등학교 여학생들의 연애편지처럼 예쁘다.

"하하하…… 그건 한 달 내내 모두 다 수정해서 거의 원고를 암기한 수준에서 쓰는 거니까. 그때는 또 20대, 30대 초반이니까 머리도 좋아서 다 암기하고, 하하하…… 그래서 이번 달에는 이 문제에 대해 쓰자, 다음 달에는 무엇에 대해 쓰자 하고 한 달 내내 생각을 쭉 정리해요. 굉장히 충격적인 생각에 부딪히기도 하고…… 그런데 이걸 어디다 기록하지 않으면 그냥 강물같이 흘러갈 것 같아서, 전혀 집필이

허용되는 상황이 아니니까. 뭐 그래서 가족들에게 보내는 서간에 다 쓴 거지요."

신영복에겐 편지 쓰는 것 이외에는 자신의 살아 있음을 확인할 수 있는 방법이 없었기 때문이다. 그래서 그의 삶에 가장 중요한 물건도 쓰는 것과 관련되어 있다. 벼루다.

신영복의 벼루는 '세계世繼'다

성공회대학교는 아주 작은 대학교다. 그러나 특별한 교수들이 많아 유명하다. 주로 진보 진영의 교수들이다. 신영복도 그곳의 교수였다. 감옥에서 나온 후, 줄곧 성공회대 교수로 있다가 2006년 정년퇴임했다. 지금은 석좌교수로 일주일에 한두 번씩 강의하고 있다. 그의 연구실 옆에는 후배 교수들과 학생들에게 붓글씨를 가르치는 공간이 있다.

신영복은 그 탁자 위에 자신의 아버지가 쓰시던 벼루를 올려놓고 나를 기다리고 있었다. 그의 글에서 나타나는 모습 그대로, 아주 따뜻하고 조심스러운 인상이었다. 불필요하게 상대방을 긴장하게 만드는 진보주의자들의 경직된 표정을 전혀 느낄 수 없었다. 그의 진보주의는 자신만의 독특한 '고통의 인본주의'에서 비롯되기 때문이다. 마치 벼루를 갈 듯, 자신의 고통을 견뎌낸 자만이 가지는 평화로움이 어설픈 관념의 긴장을 녹여주는 듯했다.

왜 벼루일까? 한국의 근대사는 단절의 역사다. 식민지를 겪으며 강요된 근대화는 필연적으로 전통과의 단절로 이어질 수밖에 없었다.

그러나 신영복은 벼루를 통해 할아버지, 아버지의 세계를 이어가고 있었다. 실제로 벼루는 '세계世繼', 즉 '세대를 잇는다'는 뜻이 있다고 그는 설명한다. 그는 한학자였던 할아버지의 방에서 붓글씨를 배웠다.

장남과는 달리, 차남이었던 그는 할아버지의 말동무였다. 할아버지는 늘 어린 신영복을 자신의 사랑방으로 불러들였다. 소일삼아 어린 손자에게 명심보감, 천자문도 가르쳤다. 이렇게 초등학교에 들어가기 훨씬 전부터 신영복은 할아버지 방에서 잔심부름도 하고, 먹을 갈며 붓글씨도 배웠다. 그래서 그에게는 유난히 할아버지에 대한 추억이 많다. 특히 봄날에 할아버지를 따라갔던 '답청踏靑'의 기억은 아주 특별하다.

봄날이 되면 옛날 점잖은 노인들은 '봄의 파란 풀을 밟고 거닌다'는 의미의 답청을 하곤 했단다. 할아버지가 친구들과 답청을 나갈 때

그의 진보주의는 자신만의 독특한 '고통의 인본주의'에서 비롯됐다. 마치 벼루를 갈 듯 자신의 고통을 견뎌낸 자만이 가지는 평화로움이 어설픈 관념의 긴장을 녹여준다.

면 어린 신영복도 그 뒤를 졸졸 따라다녔다. 그들의 답청은 좀 특별했다. 그의 고향 밀양의 남천강 하류에는 아주 고운 백사장이 있었다. 그 백사장에 마당 쓰는 비와 비슷한 '죽필'을 가지고 맨발로 보행서를 써나가는 아주 독특하고 우아한 놀이였다. 할아버지는 손자 신영복을 위해 작은 대나무 붓을 만들어주고, 뒤따라오게 했다.

신영복은 감옥에 있으면서도 그 장면을 몇 번이고 반복해서 꿈을 꾼다. 할아버지 뒤를 쫓아 백사장에 글씨를 정신없이 써나가다 보면 어느 순간 혼자이고, 혼자인 게 너무 무서워 눈을 떠 둘러보면 감옥인 거다. 고향의 푸른 잔디 위를 행복하게 뛰어놀다가 눈을 떠보면, 사방이 회색 벽으로 둘러싸인 감옥 안이라는 톰 존스의 〈Green Green Grass of Home〉과 똑같다.

할아버지와 함께 한 글쓰기 놀이는 발달심리학에서 이야기하는 '문화 학습cultural learning'의 전형적인 형태다. 어릴 때의 문화적 경험은 향후 아이의 성장에 결정적인 영향을 미친다. 그 경험이 다양한 상징을 통해 내면화되어, 개인의 행동방식과 사고패턴을 형성하기 때문이다.

같은 달력이라도 '명화 달력'을 보고 자란 아이와 선데이서울식의 '비키니 달력'을 보고 자란 아이가 어른이 되었을 때, 문화적 관심이 다를 수밖에 없다는 이야기다. 결국 죄다 보고 들으며 자란 대로 행동하게 된다는 이야기다.

어린 신영복에게 할아버지를 통한 문화 학습은 그의 평생을 좌우하는 아주 결정적인 체험이 된다. 그래서 그는 집안에 이어져 내려오는 벼루를 '세계를 잇는다!'라고 해석하는 것이다.

신영복은 감옥에서 할아버지에게서 배운 붓글씨를 제대로 다시 시작하게 된다. 죄수라고 해서 교도소 안에 그저 하루 종일 앉아 있는 게 아니다. 정해진 일과에 따라 노동도 하고, 다양한 교화 프로그램에 참여해야 한다. 그중 하나로 만들어진 서도반에 신영복은 들어간다. 감옥에서도 글씨 잘 쓰는 사람이 필요하다. '동상 예방 주의사항'도 써야 하고, '재소자 준수사항'도 이왕이면 폼 나는 붓글씨로 써야 한다. 신영복은 그 잡다한 붓글씨 노역을 하다가, 한국 서예계의 전설인 정향 선생을 우연히 만나게 된다. 아니다. 우연이 아니다. 운명이었다.

정향 선생은 추사의 전통을 잇는 분이었다. 그 당시, 생존자로는 유일하게 중국 고궁박물관에 그의 글씨가 들어가 있는 분이었다. 새로 온 교도소장이 글씨를 받을 욕심으로 정향 선생을 교도소에 청했다가, 아주 특이한 재소자 한 명을 그에게 소개한 것이다. 정향 선생은 신영복을 옛날의 선비가 귀향 온 것처럼 여겼다. 처음 몇 번을 와서 글씨를 가르쳐주다가, 그 후로는 아주 정기적으로 방문해 매주 신영복의 붓글씨를 지도했다. 그 인연은 신영복이 대전교도소에서 전주교도소로 이송되기까지 7년 동안 지속되었다. 할아버지 이후로 제대로 된 붓글씨 하드트레이닝을 받게 된 것이다.

신영복의 한글 서체는 세상과 내면을 일치시킨 결과물이다
대전교도소에서 신영복은 정향 선생을 통해 전, 예, 해, 행, 초의 한문 서체를 체계적으로 배우게 된다. 그러던 중, 그는 새로운 문제의식에 부딪힌다. 현재의 한글 서체가 일반 민중들의 삶을 표현하기에는 너무 제한적인 형태를 띠고 있고 있다는 생각이 든 것이다.

"저도 처음에는 한글은 다른 사람들처럼 궁체와 고체, 고체는 훈민정음 판본체를 말하는 겁니다. 그 외에 언간체라는 체도 있습니다만…… 이런 걸 체본으로 썼었어요. 그런데 박노해의 시라든가, 신동엽의 시, 신경림의 시 같은 것을 궁체로 쓰니까 시의 내용과 글자라는 형식이 서로 잘 안 맞아요.

궁체를 잘 보면 굉장히 귀족적인 뉘앙스가 있어요. 궁체는 궁녀들이 쓰던 체예요. 궁녀는 당대 사회의 최고 문화 향유자들이거든요. 글씨체도 그래서 아주 가늘면서 하체가 약하고. 그런 궁체로 민중시를 쓰자니 전혀 안 맞는 거예요. 마치 된장찌개를 크리스털 그릇에 담는 것처럼 내용과 형식이 차질을 빚어요."

신영복은 이때부터 새로운 한글 서체에 대한 고민을 시작한다. 그러다가 자신의 어머니가 보내준 편지를 주목하게 된다. 신영복의 어머니도 당시 지체가 있는 지주 집 외동딸이었다. 독선생을 붙여 글공부를 한 분이었다. 시집올 때 판소리 〈춘향가〉 〈적벽부〉 등의 두루마리를 가져와 자기 동서들이나 시댁의 식구들을 문화적으로 압도했다고 한다. 신영복은 어머니가 무릎에 놓고 붓으로 써 보낸 모필서한을 기본으로 자신만의 다이내믹한 필법을 도입해 특별한 한글 서체를 개발하기 시작한다.

상형문자인 한자에 비해 내용과 형식을 일치시키기 어려운 한글이지만, 신영복은 한글과 그 한글이 지시하는 대상과의 관계가 분명하

게 드러나는 글씨를 쓰려고 시도
했다. 예를 들어, '서울'의 글씨를
'서'자는 북악산 같이 쓰고, '울'
자는 한강처럼 쓰는 방식이다.

감옥에서 개발한 신영복식 한
글 서체는 출소 후 세상의 빛을 보
게 되고, 마침내는 '처음처럼'이
라는 소주 브랜드의 서체로 쓰이
게 된다(두산소주는 '처음처럼'을
로고로 쓰는 대신 학교에 1억 원
의 장학금을 제공했다). 신영복은
자신의 글씨가 상업적으로 사용
된다는 게 다소 부담이었지만 한
편 가장 서민적인 술자리에 함께
한다는 사실이 마음에 들었다.

그는 한글과 그 한글이 지시하는 대상과의
관계가 분명하게 드러나는 글씨를 쓰려 했
다. 그 대표적인 글씨가 바로 서울이다.

신영복의 한글 서체는 성공회
대학교 디지털콘텐츠학과와 직지소프트가 함께 컴퓨터 폰트로 개발
했다. 뿐만 아니라 신영복의 옥중서한의 펜글씨도 이미 컴퓨터 폰트
로 개발되어 공개된 지 꽤 되었다. '엽서체'다. 국민대학교의 김민 교
수가 그의 정갈한 엽서 글씨를 보고 '엽서체'라는 아름다운 폰트를
만들어 공개했다.

신영복은 내용과 형식의 불일치에 대한 근본적인 거부감이 있는

듯했다. 자신의 삶도 그랬고, 자신의 서체마저도 현실과 괴리되는 것을 못마땅해 한 것이다. 궁체와 고체 같은 귀족적인 서체를 거부하는 이유도, 그 글씨체는 민중들의 현실을 드러내지 못하는 까닭에서다.

한국 사회 곳곳에서 나타나는 이런 불일치의 기원을 신영복은 서구에서 강제로 유입된 '근대성'에서 찾는다. 특히 지식인은 바로 이 근대성의 문법을 정확하게 이해하고, 형식이 내용을 정확하게 담을 수 있는 '탈근대'의 가능성에 대해 이야기할 수 있어야 한다는 것이다.

서구 근대성의 핵심은 '주체' '자아'의 구성에 있다. 그러나 바로 그 주체와 자아가 사회적 맥락으로부터 고립되어 있다는 사실을 신영복은 지적한다. 인간의 상호관계에서는 서로가 주체가 되어야 한다. 그러나 서구의 근대는 주체와 대상이라는 타자화의 과정을 거치며 상호 이해의 부재, 공감 부재와 같은 문제들이 발생한다는 것이다. 관계와 맥락으로부터 고립된 주체는 필연적으로 내용과 형식의 불일치를 겪게 된다. 그는 감옥에서 '근대 지식인'이 경험한 타자화의 문제를 다음과 같이 아주 구체적으로 이야기한다.

"제가 근대적인 교육을 받았잖아요. 타자화하고, 대상화하고, 분석하고 이런 거죠. 그래서 감옥에 가서도 처음에는 저 사람의 죄명이 항상 궁금하고, 형기가 얼만지, 가정은 결손가정이었던가, 또 학력은 어느 정도인가 부단히 분석했어요. 그게 아주 근대적인 사고로 굳어져 있었지요.

그런데 이 사람들하고 긴긴 겨울밤, 파란만장한 인생사를 들으면서 아, 나도 저 사람과 같은 부모를 만나서 저런 인생 역정을 겪었으면 똑같은 죄명으로 그 자리에 앉아 있겠구나 하는 그런 공감을 갖게 되요. 아마 한 5, 6년 걸리지 않았나. 그때쯤 제가 왕따를 면하게 되요. 처음에는 왕따인 줄도 몰랐지. 아주 친절하고, 부지런하고, 다른 사람 잘 도와주고 이러니까 몰랐는데, 나중에 보니까 다들 내게 일정하게 거리를 뒀더라고…….

그 시점에 내가 아주 흐뭇했던 것은 '내가 발전했다!' 그런 느낌을 가졌어요. 드디어 머리에서 가슴까지, 세상에서 가장 먼 여행을 마쳤다. 그렇게 생각했죠."

서구 근대성이 필연적으로 끌고 들어온 내용과 형식의 괴리를 극복하려는 신영복의 1차 여행은 '머리에서 가슴'이었다. 대상화, 타자화, 분석에서 이해, 공감으로의 변화다. 그런데 그것만큼이나 더 먼 여행이 또 신영복을 기다리고 있었다. '가슴에서 발'까지의 2차 여행이었다.

"제가 목공장에서 목수 일을 배울 땐데, 나이 많은 목수 한 분이 나한테 집 짓는 설명하면서 꼬챙이로 집을 그리는데, 순서가 완전히 반대인 거예요. 먼저 주춧돌을 그리고, 기둥, 도리, 들보, 서까래…… 지붕은 제일 나중에 그리는 거예요. 우리는 지붕부터 그리는데, 이분은 주춧돌부터 실제 집짓는 순서와 그리는 순서가 같은 거지요.

제가 사실은 교장선생님 아들이거든요. 학교 사택에서 태어났죠. 학교, 책, 교실, 이런데서 인식을 키워온 사람의 관념성을 통절하게 깨닫게 된 거예요. 그래서 이해, 공감도 참 중요하지만 여기서 자기를 변화시키지 않으면 엉터리다. 공부라는 게 그냥 다가가는 게 아니라 자기 변화로 이어져야 한다, 그런 생각이 든 거죠."

이해와 공감이라는 '머리에서 가슴까지'의 1차 여행이 변화와 발전이라는 '가슴에서 발까지'의 2차 여행으로 이어지는 데 또 수년이 걸렸다. 그 변화와 발전은 인간관계 속에서 가능하다는 것을 신영복은 반복해서 강조한다. 사람들과의 관계 속에서 자신이 충분히 설 수 있을 때 변화가 일어난다는 것이다. 변화와 발전이란 결국 이 성숙한 인간관계의 내면화에 다름 아니라는 이야기다. 이런 관계의 내면화의 결과가 바로 신영복에게서는 한글 서체라는 구체적 행위로 나타나는 것이다.

벼루에 먹을 갈 듯 삶은 과정 그 자체가 중요하다

신영복에게 정말 궁금했던 게 있다. 자신의 옥중 서간문을 도대체 누가 본다고 그토록 정성스럽게 자신의 생각에 집중해서 썼느냐는 거다. 가족에게 보내는 편지라면 한번 읽고 버리는 것인데, 그의 편지는 마치 먼 훗날의 독자들을 미리 예상하고 쓴 글처럼 보인다. 무기수라면 미래가 없는 사람이다. 미래를 기약할 수 없는 사람이 도대체 무슨 동기로 20년을 한결같이 그런 편지를 쓸 수 있었느냐고 물었다.

"충분히 그런 질문이 가능한데요. 유기징역, 소위 말하는 2, 3년 후에 출소하는 단기수들 하고 무기수들 사이에는 결정적 차이가 있어요. 단기수들에게 징역이란 빨리 끝나면 좋을 기간이죠. 아무 의미를 담지 않고 오로지 출소만 생각해요. 반면 무기수는 출소 날짜가 정해져 있지 않기 때문에, 하루하루가 뭔가 살아갈 의미가 있어야 해요.

결과적으로 인생이란 게 그런 게 아닌가 해요. 삶 자체가 과정이 아름다워야 하고, 뭔가 자부심을 느낄 수 있어야 하고, 깨달음도 있어야 하고……. 그래서 아마 무기수라는 어쩌면 굉장히 절망적인 상황이 인생에 대한 또 다른 시각을 열어주기도 하지 않을까 그런 느낌을 가지게 됩니다."

나는 도대체 어떻게 사형 언도를 받고 무기수로 20년을 복역하면서 그렇게 맑고 깨끗한 마음을 유지할 수 있었는지, 너무 궁금했다.

신영복은 '과정으로서의 삶'을 이야기하고 있는 것이다. 뒤통수를 맞는 느낌이었다. 삶이란 목적을 사는 게 아니라, 과정을 사는 것이라는 이야기다. 물론 목적이 중요하다. 그러나 목적에 의해 과정이 생략된 삶을 사는 것처럼 불행한 삶이 없다.

군대 간 이들은 제대 날짜만 생각한다. 유학 떠난 이들은 학위 따는 날만 기다린다. 언젠가는 제대하고, 언젠가는 학위를 딴다. 그러나 제대 날짜를 기다리고, 학위 따는 날을 기다리며 지나간 내 젊은 날은 과연 내 삶이 아니란 이야긴가? 그렇게 제대하면 뭐하고, 그렇게 학위를 따면 뭐하는가. 그 사이에 '우리 기쁜 젊은 날'은 맥없이 사라져버리는데.

유기수에게는 출소라는 정해진 목적이 있다. 따라서 교도소의 삶이란 그저 참고 견디는 것일 따름이다. 그러나 무기수는 출소가 정해져 있지 않다. 그저 교도소에서 버틸 수 있는 한 버텨야 한다. 즉, 그곳이 무기수에게는 삶의 전부인 것이다. 어찌 충실하지 않을 수 있을까. 우리는 '여기, 현재'를 사는 거다. 미래를 사는 게 아니라는 통찰이다.

벼루에 먹을 갈 때도 마찬가지다. 먹을 가는 그 과정 자체에 의미를 두지 않으면 먹을 제대로 갈 수 없다. 신영복에게 할아버지는 '먹은 앓는 사람이 가는 게 가장 좋다'고 가르쳤다. 먹은 힘 있게 가는 게 아니라는 이야기다. 빨리 갈아, 빨리 글씨를 써야지 하는 마음으로는 먹이 제대로 갈리지 않는다. 그래서 옛날 어른들은 '먹을 푼다!'고 했다. 분말이 고와야 하고, 벼루의 연순硯脣에 먹이 튀어 묻으면 안 된다. 벼루도 '인수忍水'를 잘해야 한다. 물을 잘 참아야 한다는 뜻이다. 벼루가 물을 먹지 않고, 뚜껑을 닫아놓았을 때 물이 그대로 남아 있어야 한다. 뿐만 아니라 묵을 갈면 발묵潑墨이 잘 되어야 한다. 벼루 바닥이 거칠어서 세게 갈려도 안 된다. 미끈미끈하지도 않아야 고운 분말이 아주 잘 나온다. 묵을 가는 사람의 마음도 아주 차분해야 한다.

신영복의 할아버지는 숙묵宿墨을 썼다. 먹을 갈아 호리병에 넣어 하루 정도 묵히는 것이다. 하루쯤 지나면 먹 알갱이 분말이 퍼져 먹이 훨씬 고와진다. 무기수 신영복은 묵을 갈아 숙묵을 만들 듯, 과정을 사는 자신만의 독특한 명상법을 개발한다. '추체험追體驗'이라고 했다. 과거 자신이 겪었던 일을 하나하나 반추해서 되돌리는 방법이다.

과거에 만났던 사람들을 한 사람, 한 사람 기억에서 다시 불러내 그 사람이 내게 어떤 존재였는가, 나는 그 사람에게 어떤 사람이었는가를 하나하나 짚어보는 방식이다. 사람관계뿐만이 아니다. 과거의 아주 사소한 행위도 기억에서 불러내 의미를 찾아낸다. 소주병에 붙어 자신의 한글 서체를 유명하게 만들어준 '처음처럼'이라는 글씨도 바로 이 추체험에서 찾아냈다. 어릴 적 노트에 글씨 연습을 할 때를 반추하면서 이런 생각이 든 것이다.

"어렸을 때 노트를 쓰다가 글씨가 마음에 안 들면 그 장을 뜯어내고, 또 새로 쓰지만 몇 장 못 가서 노트가 또 마음에 들지 않아 또 뜯어내고, 앞장을 뜯어내면 뒷장의 멀쩡한 노트가 떨어져나가요. 그래서 '처음처럼'이라는 게 뜯어내는 게 아니고, 뭔가 그 다음 장을 다시 처음의 마음으로 쓰는 것, 그래서 글씨가 좀 잘못되었더라도 뜯어내

인생이란 결코 뜯어낼 수 없는 것이다. '처음처럼'은 마음에 안 드는 글씨를 뜯어내는 게 아니라 그 다음 장을 다시 처음처럼 쓰는 것이다.

지 않고 다시 시작함으로써 결국 두꺼운 노트를 갖게 되는 그런 마음이 필요하다.

산다는 것은, 인생이라는 것은 결코 뜯어낼 수 없는 거다. 늘 이제 다시 시작하는 마음처럼, 처음으로 하늘을 만나는 어린 새처럼, 처음으로 땅을 밟는 새싹처럼, 우리는 하루가 저무는 추운 겨울 저녁에도 마치 아침처럼, 새봄처럼, 처음처럼 언제나 새날을 시작하고 있다. 뭐 이런 뜻으로 시작된 거예요."

인터뷰 내내 신영복은 어린 아이처럼 즐겁게 이야기했다. 마지막으로 본인이 생각하는 인간적 약점이 뭐냐고 물었다. 나같이 평범한 사람들도 좀 위로를 받고 싶어서였다. 좀 많이 생각하는 편이라 결정이 느리다고 했다. 이것저것 배려하는 게 많아서 그렇다는 거다. 나는 그건 장점이지 단점이 아니라고 했다. 그래서 보다 구체적으로, 부인이 불평하는 게 뭐냐고 물었다. 그 신중하기 그지없는 신영복은 "가까운 사람은 배려하지 않는다"고 했다. 그래서 다른 사람들은 자신이 참 좋은 사람이라 하겠지만, 자신의 부인은 절대 아니라고 할 것이라고 수줍게 웃으며 이야기했다.

"감옥에 있을 때도 꼭 미운 사람이 하나는 있어요. 꼭, 하여튼. 그래서 그 친구 만기 날짜만 기다리는 거죠. 그러다가 자기 징역이 다 간다고 하지요. 그래서 그 사람이 출소하잖아요? 나가면 그날 저녁은 참 행복해요. 앓던 이 빠진 듯이 시원하다, 그런 마음이에요. 그런데 며칠 있으면 또 그런 사람이 생겨나요. 꼴 보기 싫은 사람이 생기고…… 그 사람 나가기를 또 기다리고…… 그러면서 깨달았지요. 그 사람에게 물론 결점이 없는 건 아니지만 우리가, 이 환경이 그런 대상을 필요로 하는구나, 라고요."

신영복 자신에게 아내가 미운 사람인 건지, 아내에게 자신이 미운 사람인 건지는 분명하지 않았다. 그러나 일부일처제라는 환경이 아내는 남편의 약점을, 남편은 아내의 약점을 찾아내게 하는구나, 뭐 그런 식으로 나 편하게 이해했다. 아내에게 끊임없이 약점을 지적당하는 나로서는 참 많이 위로가 되는 이야기였다. 내친김에 이번 책의 제호도 신영복체로 폼 나게 써줄 수 없느냐고 부탁했다. 기꺼이 그러겠노라 했다.

일주일이 지난 후 아주 멋진 '남자의 물건' 제호가 내 사무실로 도착했다. 세로로 쓰니 아래로 축 늘어진 게, 참 '남자의 물건'스러워 보였다. 이 책의 앞에 있는 바로 그 글씨다. 아주, 내용과 형식이 일치된 느낌이다.

차범근의
계란 받침대

1987년 내가 독일에 유학 갔을 때다. 독일 사람들은 '코리아'에서 왔다고 하면 다들 갸우뚱했다. 베트남 혹은 인도네시아는 알아도 한국은 몰랐다. 기껏해야 남북한이 독일처럼 분단되어 있다는 정도만 알고 있었다.

내가 발끈해서 "차붐 모르는가? 차붐이랑 같은 나라 사람이다!" 하면 다들 신기하게 아는 체했다. 그러면서 아주 반가워했다. 그들은 '붐근 차'라고 읽는 것을 어려워했다. 그저 간단히 제멋대로 줄여 '차붐'이라고 불렀다. 그러면서 "차붐, 슈넬schnell!"이란다. 빠르다는 거다. 최고라며 엄지손가락도 추어올렸다.

한결같이 굳은 표정의 독일 병정 같은 선수들을 폭풍처럼 제치고 사이드라인을 따라 거인처럼 볼을 몰고 수십 미터를 달려가다 골대 앞으로 볼을 띄워 올리는 차범근을 독일인들은 지금도 뚜렷하게 기억한다. 그의 솟아오르는 헤딩 슛은 또 어떻고……. 지금도 독일 사람들 대부분은 차범근의 본명을 모른다. 그냥 '차붐'이다. '차붐'은 독일 사람들에게 동양의 성실하고 선하고 축구 잘하는 아주 특별한 인간의 대명사다.

　요즘 젊은이들은 차범근이 독일 분데스리가에서 어떤 존재였는지 잘 모른다. 맨유에서 활약하는 박지성이 최고인 줄 안다. 지금이야 영국의 프리미어리그, 스페인의 프리메라리가, 이탈리아 세리아 A가 대세지만 1970년에서 1980년대는 독일의 분데스리가가 최고였다.

　요즘 영국 맨유와 맨시티의 경기가 있는 날이면 우리 큰 녀석은 밤새 컴퓨터 앞에 앉아 친구들과 채팅하며 축구를 본다. 맨시티를 응원하는 우리 큰 녀석에게도 박지성은 우상이다. 그러나 박지성은 인터넷 시대의 영웅이다. 그의 활약상을 한국에서도 실시간으로 직접 볼 수 있기 때문이다.

　차범근이 독일에서 활약하던 시절에는 기자들이나 겨우 국제전화로 연락할 수 있었던 시절이었다. 해외 특파원도 몇 명 없던 때였다. 띄엄띄엄 그의 활약이 국내로 전해질 따름이었다. 그러나 인터넷을 검색하면 바로 나오는 그의 대표적 기록들을 적어보자.

1972년 최연소 국가대표, 분데스리가 308경기 출장(98골), 아인트라흐트 프랑크푸르트 UEFA컵 챔피언(1980년), 바이에르 레버쿠젠 UEFA컵 챔피언(1988년), 1980년 독일 축구잡지 〈키커〉 선정 세계 최고선수 11명 중 1위, 1985~1986시즌 분데스리가 MVP, 전설의 루메니게나 베켄바우어와 같은 수준의 연봉, FIFA 선정 아시아 최고의 축구선수, 20세기 세계 축구를 움직인 100인, ……

194

뒤늦게 차범근을 기억하는 팬들이 그의 활약을 압축한 동영상을 만들어 인터넷에 올렸다. 지금도 차범근의 이름으로 검색하면 그 감격적인 장면들을 한도 끝도 없이 반복해서 볼 수 있다. 차범근이 활약하던 시대는 박정희 대통령 사망으로부터 시작하는 한국 사회의 정치적 암흑기와 겹친다. 당시 한국인들에게 지구 반대편에서 가끔 들려오는 차범근의 이름은 '위로', 그 자체였다.

차범근. 요즘은 '차두리 아빠'로 더 유명하다. 성공한 아빠다. 남자가 나이 들면서 누구의 아빠가 된다는 것처럼 즐거운 일은 없기 때문이다. 차범근을 보면, 하늘이 너무 편파적이라는 느낌도 든다. 젊어서는 세계적으로 이름난 훌륭한 선수, 나이 들어서는 훌륭한 아빠, 이젠 '손주바보'까지. 그런데 희한한 것은 이 '잘난 차범근'을 싫어하는 사람이 없다는 사실이다.

모든 사람은 자기보다 잘난 사람에게서 약점을 찾아내고, 그의 약점으로 자신을 위로하고 싶어 한다. 자신과는 아무리 차원이 다른 사람일지라도 약점을 찾아내 위로받으려 한다. 아주 못됐다. 특히 남자들이 더 그런다. 그래야 자신의 존재가 정당화되기 때문이다. 약점이 눈에 잡히지 않으면 이유 없이 미워하기 시작한다. 그래서 세상에 무서운 게 남자의 시기 질투인 거다. 그런데 세상의 모든 것을 다 가진 차범근을 싫어하는 이가 없다. 희한하다. 아, 그의 소문난 '무서운 부인'에 위로받는 이들은 가끔 있다.

차범근의 인생에 가장 행복한 순간은 축구와 별로 관계없다!

차범근을 인터뷰하러 한남동에 있는 그의 '차범근 축구교실'을 찾아
갔다. 탁자 위에 놓여 있는 그의 물건을 보고 깜짝 놀랐다. 그러고는
정말 '차범근스러운(!)' 물건이라는 생각에 미소가 절로 나왔다. 그에
게 가장 중요하고 가장 많은 이야기를 간직한 귀한 물건은, 한국 사람
들에게 생소한 '계란 받침대'였다. 독일 아침식사에 필수로 나오는
삶은 계란을 올려놓는 받침대다.

독일 사람들은 노른자만 살짝 익힌 삶은 계란을 이 받침대에 올려
놓고 나이프로 계란의 3분의 1 되는 부분을 톡 때려 잘라낸다. 이때
깔끔하게 잘라내는 것도 실력이다. 유학생들끼리는 그 계란 자르는
솜씨로 서로의 유학 경력(!)을 짐작하곤 한다. 그리고 소금을 조금씩
뿌려가며 작은 스푼으로 계란 속을 떠먹는다. 정말 감칠 나는 특별한
맛이다.

사실 독일 음식은 참 먹을 게 없다. 다들 이야기하듯, 소시지와 감
자가 전부다. 그러나 아침식사는 다르다. 독일의 아침식사는 정말 맛
도 최고고 건강에도 최고다. 독일에 오래 살아본 사람들은 대부분 공
감한다. 일단 브뢰첸이라는 작은 빵이 아주 고소하다. 프랑스의 바게
트 빵과 비슷한 맛이지만 크기는 주먹만 하고, 마을마다 그 맛이 각기
다르다.

이 빵을 옆에서 반으로 잘라 치즈나 햄 조각 같은 것들을 위에 얹어
먹는다. 마지막에는 꿀이나 잼과 같은 단 것들을 발라 먹는다. 사람
마다 창조력을 발휘해 자기만의 맛을 만들어 먹을 수 있다. 그 조합을

개발하는 재미도 쏠쏠하다. 건강에도 아주 좋은 독일 특유의 시커먼 빵도 그 특별한 맛을 한번 알게 되면 바로 중독된다. 하루라도 안 먹으면 아주 섭섭해진다.

이렇게 아침식사를 할 때 삶은 계란을 스푼으로 떠먹는 것은 필수 코스다. 차범근은 바로 이 계란 받침대(독일어로는 '아이어베커 Eierbecher')가 자기의 가장 중요한 물건이라는 것이다.

물론 그에게는 축구공이 가장 중요한 물건일 것이다. 그러나 그의 축구 인생을 동반한 가족이 차범근에게 그 무엇보다도 귀하다. 차범근은 바로 이 계란 받침대를 가지고 자신의 가족들과 함께 한 독일에서의 소중한 경험에 대해 이야기하고 싶은 것이다.

차범근에게 가장 행복했던 때가 언제냐고 물었다. 최연소 국가대표 선정도 아니었다. 두 번에 걸친 UEFA 우승컵도 아니었다. 유럽에서 UEFA 우승은 월드컵 우승에 맞먹는 엄청난 일이다. 한 선수가 두 번이나 그 우승컵을 들었다는 것은 월드컵을 두 번 우승한 것과 마찬가

차범근의 계란 받침대. 한국 사람들은 소주잔이냐고 묻는다며 웃는다.

지의 영광이다. 실제로 한 선수가 각기 다른 팀에 소속되어 UEFA컵을 두 번 우승한 것은 차범근이 유일하다. 차범근은 그 우승에 매번 결정적으로 기여한 선수였다. 그런데 그 감격의 순간조차 차범근의 가장 행복한 순간 순위에서는 뒤로 밀린다. 차범근 인생의 절정은 독일에서 가족들과 함께 한 따뜻한 아침식사였다.

독일의 빵집은 새벽 3시 반부터 열기 시작한다. 출근이 이른 이들은 5시까지 출근해야 하기 때문이다. 이렇게 일찍 출근하는 이들은 대개 오후 3시쯤 퇴근하고 저녁 8시쯤 잠자리에 든다. 그래서 독일에서 저녁에 집으로 전화하는 것은 큰 실례다. 물론 우리처럼 9시까지 출근하고 오후 5시쯤 퇴근해 늦게 취침하는 직종도 있다. 이렇게 일하는 시간을 이원화하니 출퇴근 시간이 분산되어 한국과 같은 러시아워 문제가 그리 심각하지 않다.

이른 새벽, 독일의 동네 골목마다 불을 켠 빵집에는 남편들이 뛰어와 줄을 서서 몇 봉지씩 빵을 사가는 풍경이 아름답다. 아내들은 아이들을 깨우고, 부엌에서 남편의 빵을 기다리며 아침식사를 준비한다. 그렇게 부지런하게 오가는 독일 아침 풍경이 차범근에겐 너무나 따뜻한 기억으로 남아 있다.

"빵 사오고, 계란 삶고, '프리슈틱Fruehstueck, 아침식사의 독일어'은 독일에서 선수생활하면서도 내 담당이에요. 그래서 아침에 일어나면 부엌에 가서 다 준비해놓고, 그 다음에 빵 사러 가죠. 그동안에 애기 엄마가 애들 깨워놓으면, 내가 계란을 팔팔 끓는 물에 딱 3분 스톱워치로 재서 삶고, 꺼내면 속이 노릿하게 적당하게 익어가지고……. 그렇게 해서 먹지요. 그걸 먹고 나면 아이들 또 학교에 데려다주고, 난 운동하러 가지요. 정말 가장 행복했던 순간이에요. 겨울이면 아침에 빵집에 딱 기다렸다가, 그 따뜻한 빵 품에다 안고…… 하하하…… 그 랬던 기억, 이 물건만 보면 그런 행복한 추억이 새록새록 떠오르죠."

워낙 인상이 좋은 차범근이다. 물론 이회택 선수 이후로 차범근 선수는 미남과는 가장 거리가 먼 얼굴이었다. 그러나 그의 선한 표정은 세월과 더불어 미남, 추남의 기준을 넘어서는 얼굴이 되었다. 그런데 이 계란 받침대를 들고 이야기하는 그의 표정은 바로 보는 나조차 따라서 행복한 표정을 짓게 된다. 그래서 행복은 전염된다고 하는 거다.

차범근 자신은 독일 전통의 그 까만 보리빵을 꼭 먹는다고 한다. 찰지고 고소한 그 빵 위에 꿀을 얹어 먹으면 세상에 부러울 게 없다는 거다. 그러면서 정말 입맛까지 다신다. 아침식사 장면을 설명하는 그의 이야기는 월드컵 축구 해설하는 것보다 더 리얼하다.

독일 유학 생활을 오래한 나에게도 독일의 아침식사는 잊을 수 없는 추억이다. 아침식사와 관련한 내 리추얼에 관한 이야기를 여러 책에 썼다. 그런데 차범근도 나와 똑같은 기억을 지금 이야기하고 있는 것이다. 그는 계란 받침대를 쓰다듬으며 그 행복을 반복해서 추억했다. 간절한 그리움이 읽힌다.

"지금도 독일에 가면 꼭 그렇게 프리슈틱을 먹어야 해요. 그게 벌써 20년이 지났는데도 항상 그게 그립고 또 그렇게 생각이 나요. 그때 온가족이 막 재미있게 하루 이야기하고……. 옛날 한국에서는 밥상에서 말 많이 하면 어른들이 뭐라 했잖아요……. 얼마나 재미있게

차범근에게 행복이란 바로 가족과 함께했던 그 아침식사였다. '계란받침대'는 바로 그 행복의 증거물이다.

웃고, 아이들은 서로 자기 이야기 들어달라고 하고, 또 아이들 나이가 꼭 그럴 때였어요. 정신없이 아이들 하는 이야기 듣다 보면 그게 너무 행복하고…… 이거를 볼 때마다 우리한테 그 소중한 시간들이 떠오르고…… 그게 독일이 가져다 준, 우리한테는 아주 굉장히 소중한 선물이 아닌가 생각해요."

　세계적인 스타, 국가대표 감독, 프로축구 감독, 축구 해설위원 등등 정말 많은 것을 성공적으로 이뤄낸 차범근이지만, 행복이란 바로 가족과 함께 했던 그 아침식사였다는 이야기다. 계란 받침대는 바로 그 행복의 증거물인 것이다. 그러나 한국에 돌아오니 본인은 본인대로, 아이들은 아이들대로 서로 바빠져 그 소중한 아침식사가 사라졌다. 도대체 뭐가 그리 바쁜 일들이 있어 한국 사람들은 죄다 그 행복한, 가족과 함께하는 아침식사를 희생하며 살아야 하는지 차범근은 몹시 아쉬워하는 표정이다. 행복하기 위해 바쁘게 살고 있다지만 정작 지금, 여기에서 얻을 수 있는 그 소소한 행복을 희생하며 살고 있다는 아이러니다. 도대체 왜들 그럴까? 차두리는 이 맥락에서 뜬금없이 또 그럴 거다. 간 때문이라고!

차범근에게는 무섭고도(!) 각별한 부인이 있다

차범근도 CF를 많이 찍었지만 최근에는 차두리가 대세다. 특히 "간 때문이야!"라는 차두리의 CF는 반응이 대단했다. 오죽했으면 신문 방송의 의학 전문 기자들이 "피곤은 꼭 간 때문이 아니다!"라는 정정 기사를 쓰기도 했을까. 그 '우루사'를 만드는 대웅제약의 윤재훈 부회장이 내 가까운 친구다. 내가 차범근을 인터뷰한다고 하니, 그는 바로 그 경상도 말투로 그런다.

"야, 차범근 감독은 오은미 여사가 무서워! 차두리, 차범근은 그냥 꼭두각시야! 오은미 여사 없으면 둘 다 쓰러져!"

그러면서 꼭 '오은미 여사'라고 한다. '여사'의 호칭은 그 엄청난 차범근, 차두리를 한손에 쥐고 흔드는 여인에 대한 경외의 표현이다 (나도 그냥 '오은미'라고 쓰려니 영 어색하다. 그래서 '오은미 여사'로 그냥 간다).

무서운(?) 오은미 여사에 대한 소문은 익히 들었다. 나 역시 차범근에게 직접 연결될 수는 없었다. 매니저이자 경호원에 비서까지 겸직하고 있는 오은미 여사의 전화번호가 먼저였다. 그러나 전화로 들려오는 그녀의 목소리는 아주 친절하고 시원시원했다. 사실 나는 오은 미 여사에 대한 특별한 기억이 있다. 1988년 UEFA컵 결승전 때, 독일 TV 중계방송을 통해 그녀를 처음 봤다. 너무 인상적이라 지금도 뚜렷하게 기억한다.

UEFA컵 결승은 스페인 에스파뇰과의 경기였다. 1차전에서 차범근의 레버쿠젠은 0:3으로 패했다. 2차전에서 3:0 이상으로 이기지 않으면 안 되는 경기였다. 레버쿠젠은 에스파뇰을 적극적으로 밀어붙여 2:0까지 만들었다. 후반 종료 9분 정도 남았을 때 차범근이 드디어 세 번째 골을 터뜨렸다. 경기는 연장전으로 이어졌고, 레버쿠젠은 승부차기에서 3:2로 에스파뇰을 이기게 된다.

결국 후반전에 터진 차범근의 결정적인 한 방 덕분이었다. 경기가 끝나자 흥분한 선수와 관중들은 하나가 되었다. 그때 운동장으로 뛰어든 오은미 여사를 웃통을 벗어젖힌 차범근이 껴안고 격정적인 키스를 나누는 장면이 실시간으로 화면에 잡혔다.

공공장소에서의 키스는 독일인들만 하는 건 줄 알았다. 그런데 우리의 차범근이 웃통을 벗어젖히고, 아내와 그 뜨거운 키스를 나누는 장면은 유학 온 지 불과 몇 개월이 지난 내게는 너무나 충격적이었다. 웃통을 벗어던진 차범근과 그의 품에 안겨 뜨거운 키스를 나누는 여인. 그 어느 에로영화 못지않은 장면이었다(아, 그의 '장딴지'를 기억하는가? 웬만한 성인 허리 사이즈를 능가하는 차범근의 허벅지는 당시 이대근의 '마님'과 더불어 아줌마들의 로망이었다!).

내 기억을 이야기하니 정작 본인들은 전혀 기억하지 못했다. 그 정도 애정 표현은 보통이었던 모양이다. 하긴 둘 사이에 태어난 아이가 셋이다. 이름도 하나, 두리, 세찌다. 그런 뜨거운 애정이 아니면 가능한 일이 아니다.

요즘이야 아이를 셋 낳으면 애국하는 일이지만, 당시만 하더라도 남들 눈치가 엄청날 때다. 더구나 차범근, 오은미 부부는 보건사회부와 대한가족계획협회의 산아제한 공식 광고 모델이었다. 고등학교 시절 등교하는 버스 벽에 붙어 있던 차범근과 오은미 부부의 산아제한 포스터를 나는 지금도 뚜렷하게 기억한다.

첫째 딸 하나를 품에 안고 서로 다정하게 마주보는 그들의 사진 밑에는 '하나만 더 낳고 그만두겠어요'라는 문구가 깔려 있었다. 당시는 '딸, 아들 구별 말고 둘만 낳아 잘 기르자!'에서 '둘도 많다!'로 구호가 바뀌고 있을 때였다. 그런데 그 국가 공식 모델이 셋째까지 낳은

차범근의 진실함은 순수함에서 나온다. '차붐'의 전설도 바로 그 순수함에서 비롯된다.

거다. 둘이 정말 엄청나게 사랑하지 않으면 있을 수 없는 일이다.

차범근도 무서운 부인에게 초기에는 좀 저항을 하곤 했단다. 그러나 프랑크푸르트 시절 결정적인 실수를 한 이후로는 더 이상의 저항은 없다. 들어보니 정말 큰일 날 뻔했다. 1984년이었다. 당시 독일에서는 주택난을 해소하기 위해 고소득자로 하여금 임대주택에 투자하게 하고 부가세를 환급받도록 하는 '바우헤른Bauherrn' 프로젝트가 추진된 적이 있었다. 많은 의사, 변호사, 스타들이 이 프로젝트에 투자했다. 차범근도 주위의 동료들이 부추기는 바람에 임대주택 두 채를 덜컥 사버렸다.

문제는 정부를 대신해 이 바우헤른 프로젝트를 추진한 회사가 엉터리였다. 임대주택을 실제 가격보다 훨씬 비싼 가격에 팔았다. 결국 투자자들이 세금 감면을 받아도, 감면받기 전의 세금보다 훨씬 더 많은 돈을 집값으로 내야 하는 집단 사기 사건이 되어버린 것이다. 게다가 이 회사는 부도내고 사라졌다. 엄청난 국가적 문제가 되어버린 것이다. 당시 수많은 축구선수들이 파산신청을 했다. 바로 이 독일식 리먼브러더스 사건에 차범근도 휘말린 것이다.

결국 차범근 부부는 그동안 번 돈 모두를 날리고 수십만 마르크의 빚 덩어리 집 두 채만이 남겨졌다. 이제 별 수 없이 고국으로 다시 귀국해야 하는 상황이었다. 아무에게도 이 사정을 이야기할 수도 없었다. 이때 '오은미 여사'가 레버쿠젠과 결정적인 담판을 벌인다. 당시 차범근의 실력이면 1부 리그의 바이에른 뮌헨이나 함부르크와 같은 최고의 팀에 이적할 수 있었다. 그러나 차범근은 1부 리그 하위 팀인 레버쿠젠에게 그 문제의 빚 덩어리 집 두 채를 넘겨버리는 조건으로 이적하게 된다.

당시 20대 후반에 불과했던 어린 아내가 신통치도 않은 독일어와 영어를 섞어가며 레버쿠젠의 능구렁이 디렉터를 상대로 이뤄낸 놀라운 협상 결과였다. 그렇지 않았더라면 차범근은 마흔 살까지 분데스리가에 남아 죽어라 뛰면서 빚만 갚아야 했다. 그때까지의 모든 성과가 물거품이 되어버리기 바로 직전의 상황에서 풀려난 것이다. 다 오은미 여사의 덕택이다. 무서운 부인이 결국 차범근의 평생 '안전'을 보장해준 것이다. 어찌 충성하지 않을 수 있을까!

차범근의 선한 표정과 차두리의 사람 좋은 웃음은 오은미 여사의 사나운 집요함과 강단 있는 추진력이 있었기에 가능했다는 이야기다. 지금도 차범근이 오은미 여사에게 뭔가 반항이라도 할라치면, 차두리는 그런단다.

"아빠, 해도 아무 소용없는 일을 왜 자꾸 하려고 해?"

부부의 권력관계는 아이들이 항상 더 정확하게 안다. 한 집안의 권력관계는 키우는 강아지도 분명하게 아는 법이다. 어리석은 남편들만 모른다.

차범근은 눈에 보이는 모습이 전부다

사람은 누구나 감추는 게 있다. 이야기를 하다 보면 잠시 멈추는 순간이다. 감추고 싶은 게 있다는 뜻이다. 차범근은 다르다. 다 드러난다. 처음 만나도 눈에 보이는 모습이 전부라는 걸 알 수 있다. 살다 보면 내 뜻을 관철하기 위해 혹은 상대방을 내편으로 만들기 위해 자신의 본심도 숨겨야 하고, 원치 않는 거짓말도 해야 할 때가 많다. 이를 두고 '정치적 능력'이 있다고 말한다.

그러나 차범근은 자기가 들고 있는 패를 다 드러낸다. 숨기는 것 자체가 불가능한 사람이다. 그러나 자기 패를 다 드러내놓고 나오는 사람처럼 무서운 경우는 없다. 세상에 진실한 것처럼 강력한 것은 없기 때문이다.

차범근의 진실함은 순수함에서 나온다. '차붐'의 전설도 바로 그 순수함에서 비롯된다. 프랑크푸르트에서 차범근은 최고의 기량을 보여줬다. 한두 시즌이 지나자 상대팀 선수들은 차범근을 상대로 무조건 태클을 걸어왔다. 1981년 UEFA컵에 우승한 그 다음 해, 차범근은 요추 뼈가 부러지는 엄청난 부상을 당한다.

나중에 차범근이 이적하게 되는 레버쿠젠의 겔스도르프 선수가 차범근 뒤에서 무릎으로 요추 뼈를 가격한 것이다. 지금도 그때의 후유증으로 다리 쪽이 찌릿찌릿하다고 한다. 진단은 6개월 이상이었다. 프로선수에게 6개월 부상은 엄청난 손해다. 경기력이 무너지는 것은 물론이고, 이후 몇 해의 연봉 협상에까지 영향을 미치게 된다.

아시아의 탁월한 선수를 비겁하게 쓰러뜨린 이 사건은 그 후 일주일 내내 독일 언론을 달궜다. 분데스리가가 외국인에게 이토록 거칠어서 되겠는가 하는 반성도 나왔다. 그러나 정작 차범근에게는 긴급한 생존의 문제가 발생했다. 프로선수가 다치고 6주가 지나면 구단에서는 더 이상 월급을 지급하지 않는다는 것이다.

대부분의 프로선수들은 이 경우를 대비해 개인 보험을 들어놓는다. 그러나 이런 시스템에 무지했던 차범근은 이제 병원에 앉아 손가락만 빨게 되어버린 것이다. 유일한 방법은 상해를 입힌 겔스도르프선수를 고소하는 것뿐이었다. 그래야 먹고는 살 수 있을 거라는 구단측 변호사의 조언이었다. 사실 독일에서 이런 일로 인한 법적인 고소는 아주 흔하고, 그들의 사고방식으로는 지극히 당연한 일이다. 그러나 한국에서 갓 온 청년 차범근에게 고소는 정말 죽이고 살리는 상황이 아니라면 있을 수 없는 일이었다.

"구단에서 고소를 해야 한다고 해서 사인을 하라고 가져왔는데…… 나도 많은 생각을 했지. 야아…… 이게 뭐 화도 나고, 이렇게 끝나면 빈털터리로 돌아가야 하는 거고…… 기도도 하면서, 하나님이 날 이렇게 하려고 여기까지 보내신 건 아닐 텐데…… 뭐 이런 생각도 하면서…… 마지막 순간에 내가 고소를 못 하겠다…… 신앙적인 양심으로 나는 그 선수를 고소할 수 없다, 뭐 이렇게 하니까."

차범근의 당시 그 인터뷰 장면을 어느 다큐멘터리에서 볼 수 있었다. 정말 순수하게 생긴 청년이 예의 그 착한 말투로 이야기했다.

"저는 그 선수를 고소하지 않기로 했습니다. 용서합니다!"

통역이 독일어로 그 이야기를 전달했다. 그 장면이 TV를 통해 나가자 독일인들은 엄청난 충격을 받았다. 그런 표현 자체가 독일어에는 낯선 것이었기 때문이었다. 아시아의 알지도 못하는 가난한 나라에서 온 순박한 청년이 독일 사회 전체에 엄청난 '휴머니즘'에 관한 문제 제기를 한 것이다.

순수한 청년 차범근도 이제 손주를 셋이나 둔 할아버지가 되었다. 차범근 할아버지, 믿어지는가?

이튿날, 차범근의 집 앞에는 애들이고 어른이고 할 것 없이 수많은 독일 팬들이 꽃을 들고 줄을 섰다. 언론에서도 그 이야기를 반복했다. 독일인들은 그 사건 이후로 '차붐을 사랑한다!'는 표현을 쓰기 시작했다. 아시아의 한 축구선수를 '좋아한다!'가 아니라 '사랑한다!'는 것이다. 그 후로도 수많은 외국인 선수들이 분데스리가를 스쳐갔지만, 독일인들이 지금까지 차붐을 기억하는 것은 바로 그 일 때문이다.

차범근이 국내에 복귀한 후, 지난 20여 년간 수많은 우여곡절이 있었다. 다른 사람들이었다면 재기하기 힘들 정도의 상처도 여러 번 받았다. 그러나 그 모든 사건에도 불구하고 차범근은 여전히 국민들의 사랑을 받는다.

그를 기억하지 못하는 젊은이들조차 그에 관한 자료를 찾아 읽고,

낡은 영상 자료를 보며 감동한다. 그에 관한 가슴 벅찬 기억이 지금도 우리를 행복하게 만들기 때문이다. 차범근은 보이는 게 전부인 사람이기 때문이다. 모두들 그와 같이 진실한 사람은 두고두고 기억하고 싶어 한다. 착한 기억이 많아야 착한 사람이 되는 까닭이다.

아, 그런데 그 순수한 청년 차범근도 이제 손주를 셋이나 둔 할아버지가 되었다. 차범근을 뚜렷하게 기억하는 많은 이들도 마찬가지로 나이 들어간다. 차범근의 '계란 받침대'는 아름답게 늙어가는 것에 관해 많은 생각을 하게 한다.

문재인의
바둑판

문재인은 말 중간중간 아주 나지막하게 '하, 하, 하' 웃는다. 아주 사람 좋아 보이는 웃음이다. 그렇다고 마냥 편안한 웃음은 아니다. 웃음의 발음이 아주 정확하기 때문이다. 아무리 재미있는 순간에도, 그의 웃음소리는 아주 명확하게 발음된다.

'난처한 웃음'이다. 상대편이 지금 내 입장에 동의하는 건지, 아닌 건지 도무지 파악하기 어렵게 만드는 웃음이다. 그렇다고 억지로 웃는, 가식적인 웃음은 절대 아니다. 상대방을 불쾌하게 만들지 않는다. 그의 표정은 항상 '공손'하다. 그의 이런 태도를 기분 나쁘게 받아들이는 사람이 오히려 '나쁜 사람'이 되는 그런 표정과 웃음이다.

문재인은 전형적인 무뚝뚝한 '경상도 싸나이'다. 한국 정치 상황에 대한 이야기는 아주 자세하고, 길게 답했다. 그러나 이 인터뷰는 정치 이야기가 아니다. 이 시대를 사는 남자 이야기다. 그러나 자기 개인적인 삶에 대해서는 그다지 많은 말을 하지 않았다. 그저 물어보는 이야기에만 담백하고 솔직하게 대답할 뿐이었다. 이렇게 인터뷰하면 재미없다고 하자, 이렇게 솔직하게 이야기하고 있는데 무슨 말이냐며 눈 크게 뜨고 쳐다본다. 그는 황소 눈처럼 크고 순박한 눈을 가졌다. '모든 것은 솔직하고 진실하면 다 된다'는 신념이었다.

솔직히 '남자의 물건'의 인터뷰 대상자 10명 중에 가장 힘들었다. 그래서 원고를 쓰기 시작할 때까지 난 머리를 쥐어뜯으며 "문재인이 문제야!"를 수십 번 반복했다. 도무지 재미있게 쓸 내용이 없기 때문이다. 문재인을 인터뷰하기 전까지는 김문수가 가장 힘들었다. 재미없는 걸로 따지면 두 사람 모두 거의 같은 수준이다. 지역에 대한 편견은 없어야 하지만, '경상도 싸나이'들은 정말 어쩔 수 없는 듯하다.

그래도 현직 도지사인 경북 출신의 김문수는 무슨 이야기든 무조건 길게 해야 한다는 정치인의 '감'이라도 있었다. 물론 재미있는 이야기는 별로 없었다. 그러나 경남 출신의 문재인은 묻는 말에 짧게 대답하곤, '하하하' 하는 게 대부분이었다. 그러고는 그 특유의 입 꽉 다문 표정으로 그저 그 큰 눈만 빤히 뜨고 나를 바라볼 뿐이었다.

김문수-문재인, 이 두 사람을 서로 마주보고 앉아 있게 하고 몰래 카메라를 찍으면 정말 '대박'이겠다는 생각까지 들었다. 서로 쳐다보며 그저 딱딱 끊어지는 웃음으로 '하하하' '허허허'만 할 것 아닌가. 정말 머릿속에 그림이 환히 그려지지 않는가?

김문수 허, 허, 허!
문재인 하, 하, 하!

문재인은 정치인이 아니다. 모름지기 직업 정치인은 어떤 상황에서도 자신을 폼 나게 보여줄 수 있어야 하고, 또 상대방에 따라 상황을 부드럽게 만들 수 있어야 한다. 모두가 나의 유권자라는 의식에 투철해야 대중 정치인이 될 수 있다. 그러나 '싸나이 문재인'은 도무지 그런 정치인 스타일이 아니다. 처음부터 끝까지 그저 솔직담백할 따름이다. 그런 그가 내놓고 이 권모술수의 정치판에 뛰어들겠다고 나선 거다. 아니, 떠밀려 나서게 된 거다.

요즘 이러저러한 정치 행사에서 그의 얼굴을 자주 볼 수 있다. 야권 통합이 논의되는 복잡한 자리에는 그가 늘 앉아 있고, 다가오는 총선, 대선에서 부산 지역을 중심으로 큰 변화를 이끌어내야 하는 역할을 자처하기도 한다. 느닷없이 예능 프로그램에 나와 벽돌 깨는 격파 시범을 보이다 손가락을 다치기도 하고, 아내와의 사랑 이야기도 사람 좋게 웃으며 털어놓기도 한다. 요즘은 트위터로 이러저러한 이야기를 부지런히 올려 자신의 존재를 알리기도 한다.

원래 문재인은 '노무현의 그림자'를 끝으로 공직과는 전혀 상관없는 일을 하며 자유롭게 살고 싶었다. 가까운 이들과 바둑이나 두고 산이나 오르며 살고 싶었던 문재인은, 지금 자신이 원하는 것과는 전혀 다른 모습으로 살고 있다. 직업 정치인이 되려 하고 있는 것이다. 그래서 앉자마자 물었다.

나 제가 객관적으로 볼 때 정치는 체질적으로 아니신 것 같은데……

문재인　체질적으로 안 되는 게 '끼'거든요. 노대통령님은 끼를 갖
　　　　고 있는 분이셨고요. 저는 이제 그런 끼는 솔직히 없죠. 그
　　　　러니까 그건 할 수 없이 노력하는 수밖에 없고. 그 다음, 또
　　　　노력으로도 안 되는 부분은 '난 원래 이 정도다'라고 뭐 솔
　　　　직하게…… 그렇게 뭐…… 하하하.

나　노력으로 안 되더라도 그걸 즐기고, 재미있어하셔야 하거
　　　　든요? 그런데 재미있으세요?

문재인　그게…… 어…… 그게 뭐, 없는 끼가 뭐 그렇게 막 샘솟겠어
　　　　요? 하하하.

나　그러니까요. 정치가 체질이 아니시잖아요.

문재인　그래서 정치가 저하고는 맞지 않는다고 생각해온 거예요.

나　지금은?

문재인　견뎌야 되는 과정이라 생각하는 거죠. 하하하.

나　그러면 무척 힘드실 텐데…….

문재인　할 수 없는 거죠. 하하하.

　　정치인 문재인은 '그냥 참는다' '그저 견딜 뿐이다'라는 이야기를
여러 번 반복했다. 정치를 그저 참으면서 하는 게 어디 있냐고 하면,
그저 매번 '하하하'다. 실제로 그는 지금까지 얼마나 이를 꽉 깨물며
참고 살아왔던지, 성한 이가 하나도 없다고 한다. 어쩔 수 없는 운명
이기에 그저 가던 길을 계속 가는 수밖에 없다고 한다. 그러나 그의
표정에서 자신의 정치적 운명에 대한 피곤함 같은 것은 전혀 느낄 수

문재인은 전형적인 무뚝뚝한 '경상도 싸나이'다. 그는 말 중간중간 아주 나지막하게 '하, 하, 하' 웃는다.

없었다. 노무현 대통령의 마지막 비서실장인 그에게는 그렇게 참고 견디는 게 운명인 듯했다.

　많은 사람들이 실제로 그를 그렇게 느낀다. 그가 직업 정치인이 되기에는 '권력 의지'가 너무 없는 게 아니냐는 이야기도 많이 나온다. 그러나 그는 권력 의지가 중요한 게 아니고 추구하는 가치가 중요하다고 강조한다. 그러나 일반인들은 그가 이야기하는 가치보다 느낌으로서의 '싸나이 문재인'의 모습을 더 좋아하고 기대한다. 지금까지의 그의 이력이 보여주듯 정말 '사심 없는 사람'을 한번 믿어보고 싶은 것이다.

바둑 둘 때 문재인은 '일희일비'하지 않는다

청와대 비서실장 임기가 끝나자마자 문재인은 부산에서 양산 산골로 이사갔다. 이젠 정말 바둑이나 실컷 두고 싶었다. 물소리가 끊이지 않는 깊은 계곡의 양산집을 찾아 들어간 이유도 마루에 걸터앉아 하루 종일 시간 가는 줄 모르고 바둑이나 두고 싶었기 때문이다.

'신선놀음에 도끼자루 썩는 줄 모른다'는 속담의 신선놀음이 바로 바둑이다. 중국의 고전 《술이기述異記》에 기술된 '난가爛柯의 전설'에서 나오는 이야기다. '썩을 란爛' '도끼자루 가柯' 즉, 자루가 썩은 도끼를 뜻한다. 중국 진나라 때, 왕질이라는 나무꾼이 두 동자가 두고 있는 바둑판을 들여다보다 집에 가려고 도끼자루를 잡으니, 이미 썩어 있었더라는 이야기다. 그만큼 고생했으면 계곡에 들어앉아 바둑에 몰두하는, 그 정도의 신선놀음은 해도 된다고 생각했다.

산에도 오르고 바다에 나가 스쿠버다이빙도 하고 싶었다. 청와대에서 지겹도록 만났던 사람들보다는 동물이 더 좋았다. 그래서 지금 동물도 여럿 키운다. 개는 풍산개 두 마리, 진돗개 한 마리를 키운다. 고양이도 두 마리나 키운다. 흥미롭게도 닭을 여덟 마리나 키우고 있다. '비상식량'이냐고 물었다. 이런 유치한 유머에도 문재인은 예의 그 '하하하'로 받는다. 계곡 깊은 곳이라 지네가 많아서 닭을 키운다고 했다. 방 안에도 지네가 자주 나타나 아내가 기겁을 해서 '지네 퇴치용'으로 닭을 한두 마리 키우다 보니, 여덟 마리까지 늘어났다는 거다.

요즘 주인이 바빠졌다고 그 양산집의 개, 고양이, 닭이 아주 고생이 심하단다. 동물들에게 먹이 주고 똥 치우고 운동시키는 일은 모두 문재인의 몫이다. 그런데 요즘 하도 바빠 돌아다니다 보니, 운동은커녕 밥도 제대로 주지 못할 때가 있다며 혀를 찬다.

"지금 제 집이 저기 양산, 그 계곡 저 안에 깊숙이 있는데, 그 옆으로 개울이 흘러요. 그 개울 옆에 우리 집 별채 마루가 있거든요. 거기가 바둑 두기 딱 좋아요. 아, 바둑 두면 아주 멋있을 장소인데, 아직까지 한 번도 활용을 못했죠."

난 그가 '바둑판'에 관한 이야기를 한다 해서 무척 고급 바둑판이거나, 특별한 바둑판으로 기대했다. 그러나 책상 위에 올려놓은 바둑판은 그다지 고급스러운 것은 아니었다. 그저 여느 집에서나 볼 수 있는 아주 평범한 바둑판이었다. 물론 뒷면에는 장기, 앞에는 바둑을 둘 수 있게 된 접이식 바둑판은 아니었다. 그러나 '알까기'를 해도 그리 미안하지 않을 수준이었다(내가 소속되어 있는 명지대학교에는 세계 유일의 '바둑학과'가 있다. 서양 학생들이 제 발로 유학 오는, 전 세계 바둑 교육의 메카다. 그 과에서 가르치고 있는 내 친구 최일호 교수 방에 놀러 가면, 우린 우선 문 걸어 잠그고 주로 알까기 내기부터 한다).

총각 때부터 가지고 있었던 바둑판이다. 그 당시 총각이 이런 바둑판을 가지고 있을 정도면 바둑을 무척 좋아했다는 이야기다. 실제 그는 중학교 때부터 바둑을 뒀다. 가난한 시골 중학생이었던 문재인에게 당시 유일한 놀이라고는 '오목 노트'를 만들어 연필로 바둑을 두는 일이었다. 연필로 일일이 까만 알, 하얀 알을 그려가며 따먹으면 지우고, '바를 정正'자로 개수를 세어가며 바둑을 두었다.

고등학교에 들어가니, 잘 둔다는 다른 친구들과 실력을 겨뤄볼 만했다. 당시만 하더라도 고등학교에 개교기념일 바둑대회 같은 것도 있었다. 고등학교 졸업할 때쯤에는 3급 정도의 수준은 되었다. 대학에 와서는 1급 정도까지 실력이 늘었다. 1급이면 아마 3~4단은 되는 상당한 수준이다.

검사 시보, 변호사 시절에도 바둑을 꽤 즐겼다. 북부지청 검사 시보 할 당시, 서울북부지원 판검사바둑대회에 출전해 우승하기도 했다. 그러나 청와대에 들어간 이후 지금까지 문재인은 바둑판 앞에 한번 앉아본 일이 없다며 섭섭해한다. 그토록 치열하게 살았다는 거다. 그래서 청와대에서 물러나면서, 바둑부터 두겠다며 그 산골로 이사 들어갔지만, 노무현 대통령의 갑작스러운 죽음이 그를 다시 정치판으로 불러낸다. 그래서 그의 첫 책이 《문재인의 운명》이다. 노무현 대통령의 유서에 "운명이다!"라고 쓴 구절이 자신에게도 그대로 적용되기 때문이다.

바둑이라는 취미 자체가 일희일비하지 않는 문재인의 성격과 참어울린다는 생각이 들었다. 그는 입을 꽉 다물고, 무표정하게, 바둑알을 가운데 손가락 밑에 끼우고, 바둑판에 '딱' 소리를 내며 돌을 내려놓는다. 그리고는 묵묵히 바둑판을 바라보며, 상대방이 돌 놓기를

문재인에게 바둑이라는 취미는 일희일비하지 않는 성격과 참 잘 어울린다.

기다린다. 이런 그의 모습은 한 번도 본 적이 없지만, 너무 잘 연상이 되는 거다. 조훈현, 이창호니 하는 바둑의 고수들을 보면 표정이 거의 없다. 이창호의 경우는 거의 돌부처 수준이다. 바둑판을 사이에 둔 상대방에게 자신의 감정을 노출하는 것처럼 치명적인 약점은 없다. 친구들과의 포커 놀이에서 내 별명은 '일희일비'다. 내가 무슨 패를 들었는지 그대로 다 보인다는 거다. 물론 돈내기를 하면, 제일 먼저 손 털고 일어선다.

바둑은 두 사람의 욕심이 작은 판 위에서 부딪치는 영토전쟁놀이다. 그러나 '청심과욕'이니, '중용'이니 하는 도덕 철학적 요소를 끊임없이 강조한다. 서로의 책략을 겨루지만, 자신을 절제하는 마음의 도를 지키지 않으면 상대방을 이기기 어렵기 때문이다. 바둑을 두는 이들의 공통점은 감정의 기복이 그리 크지 않다는 것이다. 문재인은 그 엄청난 사건들을 겪으면서, 리더의 감정은 어떻게 표현되어야 하는가를 아주 확실하게 보여준다.

문재인의 진짜 모습은 노무현 대통령의 장례식과 관련된 일련의 모습에서 아주 분명하고도 인상적으로 나타났다. 모두들 비통하고 격앙되고 흥분한 상황에서 문재인은 가장 절제된 자세로 그 모든 상황을 통제해나갔다. 눈물 한번 보이지 않았다. 그는 속으로 정말 많이 울었다고 한다. 그러나 자신이 책임지고 결정해야 할 일이 너무나 많았기에, 자신의 감정을 표현할 여유조차 없었다. 그러나 눈물 한 방울 흘리지 않는 그의 모습이 더 처연했다.

시청 앞 영결식장에서 이명박 대통령이 조문하러 들어서자, 어떤 민주당 국회의원이 "사과하라"며 소리치고 뛰어나갔다. 일부 흥분한 조문객들도 함께 소리를 질렀다. 그러나 문재인은 상주로서 이 대통령에게 아주 정중하고 깍듯하게 고개를 숙였다. 그 장면에서 모든 사람들은 문재인에게 감동했다.

그때 그의 모습은 두고두고 사람들 사이에 회자된다. 분노는 누구나 표출할 수 있다. 그러나 분노 이후의 사태까지 책임지며 행동하기는 쉽지 않다. 그러나 문재인은 그토록 엄청난 사태가 일어났을 때, 끝까지 책임지는 사람의 모습이 어때야 하는가를 확실하게 보여줬다. 왜 노무현 대통령이 평생 그를 그토록 신뢰했는가를 바로 알 수 있는 상징적인 사건이었다.

바둑판에선 '한번만 물러 주기'는 없다

바둑은 반상게임, 요즘 말로 하면 '보드게임'이다. 그런데 이 바둑이 학문의 수준으로 연구되고 또 학습된다. 바둑은 그렇게 단순한 놀이가 아니기 때문이다. 바둑은 자기 성찰이 포함되는 아주 희한한 놀이다. '복기'다.

프로기사는 바둑을 끝낸 후에 반드시 복기를 한다. 철저한 자기 절제, 자기 성찰의 훈련이 있어야 하는 까닭이다. '장이야!'를 외치며 상대방을 굴복시키면 바로 끝나는 장기와는 격이 다르다. 그래서 바둑판에서 '한번만 물러 달라'는 것처럼 비도덕적인 발언은 없는 거다. 자기 성찰의 기회를 포기하는 일이기 때문이다.

바둑에서는 복기를 통해 자신의 실수를 정확히 알고, 성찰해야 한다. 지금 정치인 문재인은 '복기' 중이다. 참여정부의 공과를 복기하는 중이란 이야기다. 요즘에는 모두들, 지나가다가 자빠지면 다 'MB 탓'이라고 한다. 그러나 불과 5년 전, 사람들은 지나가다가 자빠지면 다 '노무현 탓'이라고 했다. 그토록 욕하는 MB정권 등장에 참여정부의 책임은 왜 없느냐는 내 질문이다. 정권 재창출에 실패한 것에 대한 자기반성은 왜 없느냐는 이야기다. 청와대 핵심이었던 문재인은 그 문제를 정확하게 짚었다.

"예, 그것에 대한 부채 의식이 있어요. 그러니까, 결국 참여정부가 이명박정부를 낳은 거 아니냐는 거죠. 예. 그에 대한 부채 의식 있어요. 사실 MB정부의 등장은, 말하자면 가치를 부정하는 거였거든요. 뭐 민주주의, 그거 뭐, 덜 중요하다. 도덕성? 그런 것도 뭐, 도덕성이 밥 먹여주냐? 경제 살리기, 이런 거 해서 잘살게 해주는 게 최고 아니냐.

이제, 이렇게 이런 가치들을 부정하게 만든 책임은 결국 우리에게 있는 거죠. …… MB정부 들어와 보니 민주주의라는 게 얼마나 중요하냐, 소통이나 화합이란 게 얼마나 중요하냐, 또는 도덕성이나 신뢰 같은 게 얼마나 중요하냐. 이런 것들을 이제 국민들이 제대로 인식하게 되는 거죠."

참여정부의 가장 큰 약점 또한 MB정부와 마찬가지로 소통의 문제였다. 그러나 그 양상은 조금 다르다. MB정부에서는 '무조건 따라오라!'식의 일방적 소통으로 국민들이 '무시'당한다는 느낌이었다면, 참여정부는 계몽주의적 태도가 문제였다. '우리가 무조건 옳다'는 것을 전제로 토론하자는 참여정부의 태도는 국민들을 '피로'하게 만들었다. 국민들은 무시당하는 것도 화나는 일이지만, 피로한 것도 원치 않는다.

"참여정부는 국민들의 구체적인 삶에 대한 관심보다는 뭐 정치 개혁이랄까, 우리가 내세우는 그런 가치들에 더 집중하고, 그쪽에 올인하고 있는 듯 보였기 때문에 민심이 떠나게 만들고, 실망하게 만든 거죠. …… 조금은 더디더라도, 이거는 우리가 역사적으로 가야 할 방향이다, 이거는 너무나 당연한 거다…… 한두 걸음 앞서서 소통하고 이해를 구해나간 게 아니라, 훨씬 앞장서서 끌고 나갔다는 그런 면도 있을 테고요."

MB 욕하는 자리에서 참여정부의 책임을 화두로 꺼내면 곧바로 MB쪽 사람이 되어버린다. 반대쪽에서도 마찬가지다. 요즘처럼 내 편, 네 편의 각이 예민한 적은 없었다. 이쪽이든, 저쪽이든 도무지 무서워서 속에 있는 이야기를 꺼내지 못한다.

그러나 문재인은 지극히 상식적인 사람이다. '한번 물러 달라'는 이야기 같은 것은 안 한다. 참여정부가 도대체 무엇을 잘못했고, 잘했는가를 정확히 인정한다. 보수, 진보 그 경계에 대해서도 지극히 상식적인 선에서 이야기한다. 그 엄청난 일을 당했는데도 분노, 억울함의 상처가 없다. 그래서 진보, 보수 할 것 없이 사람들은 문재인에 대해서는 무조건적인 호의를 보인다. 심지어는 가족들 모임에서 항상 극우 이데올로기의 선봉을 자처하는 내 어머니도 "문재인, 그래 사람은 참 점잖다고 하더라!" 하신다. 물론 그 다음 문장은 "그래도……"로 시작되지만.

문재인 이사장과 오목을 뒀다. 내가 이겼다. 그런데 '삼삼'이라고 무효란다. 우리 동네에서는 '떨어진 삼삼'은 '삼삼'이 아니다. 부산은 다르다고 했다. 결국 내가 졌다.

상식은 사람의 마음을 열게 하기 때문이다. '상식common sense'은 아주 오래된 단어다. 기원전 4세기에 아리스토텔레스는 인간의 다섯 가지 감각이 교차되는 지점에 일종의 '공통적인 감각'이 있다고 믿었다. 시각, 청각, 미각, 후각, 촉각의 다섯 가지 감각을 서로 비교하고 통합해 이성의 판단과는 또 다른 차원의 판단을 내린다는 것이다. 이 공통적 감각에 대한 아리스토텔레스의 철학은 근대에까지 이르러 성숙한 존재의 조건을 정의한다. '제정신을 가진 사람'은 바로 이성적 사유와 더불어, 시대의 가치를 공유하는 상식적인 사유가 가능한 사람을 뜻하게 되는 것이다.

상식은 공감의 바탕 위에서 가능하다. 포스트모더니티의 문제는 바로 이 공감의 여지가 자꾸 사라진다는 데 있다. 여전히 종이신문이나 TV를 통해 정보를 받아들이는 이들과 각종 앱과 트위터, 페이스북을 통해 정보를 수집하는 이들 사이에는 공감 자체가 아예 성립하기 힘들다. 그래서 문재인과 같은 상식에 충실한 이들의 역할이 중요해지는 것이다.

서로 옳다고 하는 주장들 사이의 차이를 조정하거나, 희석시킬 수 있는 상식의 범위가 확대되면서 '공손'이라는 미덕이 강조된다. 모더니티의 형성 과정에서, 이전 시대를 지배해왔던 공통의 가치가 붕괴되고, 극단으로 치닫던 양쪽의 의견을 하나로 모아 공동체의 아이덴티티 성립을 가능케 했던 것은 감정의 억제와 극단적 태도의 자제를 높이 평가하는 근대적 가치인 '교양Bildung'이다. 이 교양은 '공손'이라는 행동양식으로 구체화된다. 문재인에게는 바로 이 몸에 밴 '공손'이라는 특별함이 있다.

갈수록 양극간의 날이 서, 의견이 다른 이들은 바로 제거해야 할 적으로 만들어버리는 이 살벌함을 문재인식 '공손'이 조금이라도 완화시켜주리라 기대하는 것이다. 이 과정에서 '상식'이 다시 그 범위를 넓혀, 공동체의 아이덴티티가 확대되었으면 하는 희망을 문재인에게서 발견하고 싶은 거다.

문재인의 의리 그리고 매력

진보 진영에서 군대 경력이 자랑이 되는 경우는 거의 없다. 특히 해병대나 공수부대 출신이면 더욱 그렇다. 특수부대와 반공 이데올로기는 개념적으로 가장 가까운 거리에 있기 때문이다. 그런데 문재인의 공수부대 경력이 화제가 된 적이 있다. 낙하산을 메고 있는 젊은 날의 문재인에게는 수컷의 매력이 철철 넘쳤다.

"글쎄 말이에요. 정말 저는 뜻밖이었어요. 어…… 증명사진으로 하나 낸 건데…… 정말 의외였어요. 그런데 그것도 한편으로는 씁쓸한 건데…… 요즘은, 특히 이 정부 들어서서 하여튼 조금 권세 있고, 뭡니까…… 조금 지위가 높고, 돈 있고 하는 사람은 거의 다 군대를 안 가잖아요? 그것도 막 부정한 방법으로, 또는 석연치 않은 이유로, …… 그런 세태가 좀 반영된 거는 아닐까요?"

문재인은 데모하다가 강제징집 당했다. 그리고 일반 보병사단에서 훈련받다가 공수부대로 차출된다. 훈련소에서 발군의 체력을 보여주지 않으면 공수부대로 차출되지 않는다. 정말 군대 체질이라는 이야기다. 본인도 군대가 자기 적성에 잘 맞더라고 인정한다. 평소에 전혀 겪어볼 수 없었던 일들을 해내면서 자신감이 생기더라는 거다. 그러면서 대한민국 남자들 대부분이 하는 아주 상식적인 '군대론'을 이야기한다.

"뭐 어쨌든 가야 하는 군대고, 또 그렇다면 뭐 어영부영하는 것보다는 차라리 제대로 겪어보는 게 낫다 그런 생각을 했죠. 군대경험 이후에 뭐 이렇게 생각하지요. 겪어보지 않은 일에 대해서도, 내가 안 해봤지만 잘할 수 있을 거야. 과거에 다 뭐 겪어보지 않은 일들 잘들 해왔잖아? 스스로 이런저런 자신감을 심어주는 그런 게 있죠.

…… 저는 군대에서 그런 류의 경험을 많이 했는데, 사격을 하면

오우, 그게 뭐 아주 잘 맞고, 수류탄 투척 이런 것도 잘하고, 그리고 약간 특별하게 했던 게 수중 침투 훈련인데…… 20킬로 모래주머니 안고 헤엄치는 거예요. 이런 것도 어찌어찌하다 보니 다 되는 거예요. 짬프도 그렇고…… 다 되잖아요. 다 된다, 해낼 수 있다, 이런 생각을 하게 됐지요. 하하하!"

그야말로 공수부대의 '하면 된다!' 정신이다. 사실 나도 한때 그런 생각을 한 적 있다. 그런데 어느 순간부터 '하면 된다!'가 아니라, '되면 한다!'로 순서가 완전히 바뀌어버렸다. 비겁해진 거다. 낯선 것에 대한 두려움, 새로운 시도에 대한 불안이다. 더 이상 젊지 않다는 뜻이기도 하다. 그러나 곧 환갑이 되는 문재인은 아직도 '하면 된다!'의 공수부대 정신으로 살고 있다. '진보 인사'와 '공수부대 군인정신', 참 묘한 밸런스다. 그런데 이런 이야기는 문재인 처럼 삶이 당당한 사람만 할 수 있는 이야기다. 그래서 내친 김에 아예 한 발짝 더 나갔다.

경상도 싸나이의 '의리'에 관해서다. 내가 물었다. "노무현에게는 문재인이 있다. 전두환에게는 장세동이 있다. 문재인의 의리와 장세동의 의리는 같은 거냐, 다른 거냐?" 그랬더니 장세동과의 의외의 인연을 이야기해준다. 그가 자신의 공수부대 대대장이었다는 거다. 그러면서 노무현 대통령에 대한 자신의 의리가 어디까지인가를 아주 명확하게 이야기한다.

"장세동, 그 양반은 그냥 한 개인의 의리를 잘 보여줬지요. 그런데 저는 요즘 제가 노 대통령에 대한 의리, 그 의리는 노무현재단 이사장으로 충분히 다한다고 생각해요. 거기까지가 제가 그분에 대한 의리로 해야 하는 일이라고 생각하고요. 지금은 그분에 대한 의리와는 다른 차원의 일을 하는 거예요. …… 지금 우리의 생각과 다른 정부가 들어섰고, 뭐 그 사람들 정치하는 게 마음에 들고 안 들고, 뭐 그런 차원이 아니고요. 아, 이러다가 역사가 거꾸로 갈 수도 있겠다, 이런 위기감이지요."

문재인, 생각이 아주 정확하고 논리가 쉽다. 자신의 명예나 권력 의지 때문에 지금 이런 일들을 하고 있음이 아니라는 것을 상대방에게 믿을 수 있게 설득한다. 상대방을 믿게 만드는 것, 이것은 아주 특별한 능력이다. 그의 보캐블러리에는 요즘 유행하는 말로 '꼼수'가 전혀 없다.

물론 별로 재미없다. 그러나 이야기할수록 매력 있다. 이제까지 나는 재미와 매력이 같은 차원의 개념인 줄 알았다. 그러나 '경상도 싸나이' 문재인은 또 다른 차원의 매력이 있음을 확실하게 보여준다. 올바른 가치에 대한 신념이 주는 신뢰, 그 정도로 정의하면 될 것 같다.

미국의 젊은 흑인 오바마가 미국 국민들의 마음을 사로잡을 수 있었던 것은 힘 있고, 정직한 레토릭 때문이었다. 한국에서도 문재인과 같은 상식과 진실의 레토릭이 끝까지 통할 수 있다면 한국 사회도 분명 긍정적으로 진화한 것이라 봐야 한다. 진보, 보수를 앞서는 가치가 '신뢰'다. 그래서 요즘 같은 때일수록 문재인 같은 사람이 어떤 역할이든 끝까지 버텨줘야 한다. 본인에게는 미안하지만, 문재인에게 바둑은 이미 물 건너간 이야기라는 거다.

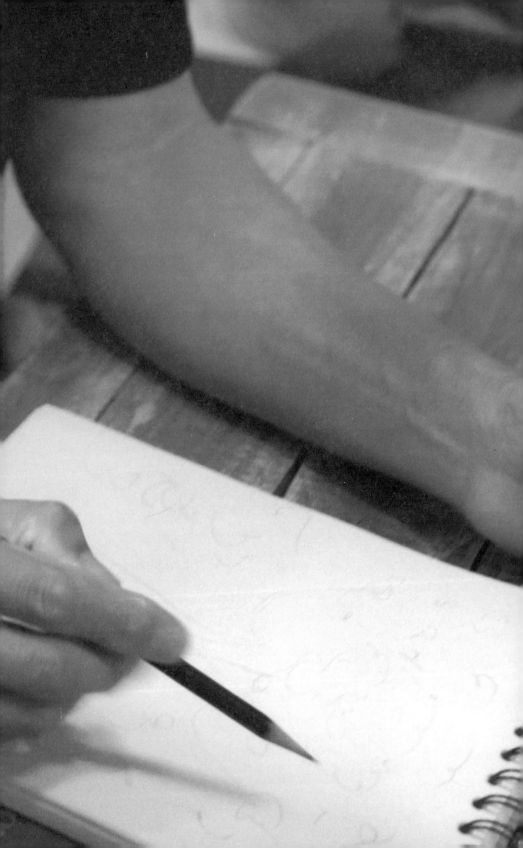

안성기의
스케치북

1987년 봄, 나는 어렵게 복학한 대학의 마지막 학기를 다니고 있었다. 매일같이 시내 하늘은 최루탄의 매운 연기로 뒤덮였다. 그런데 서울 한복판에, 정말 기가 막혀 말도 안 나오는 영화 제목이 나붙었다. 〈기쁜 우리 젊은 날〉이었다.

이런 젠장. 우리 젊은 날이 기쁘단다. 학교에 가면 도서관에 가방을 풀어놓고 이내 교문 쪽에 몰려가 내 또래의 전경들에게 돌을 던져야 했다. 밤이면 술집에 모여 분노와 좌절의 노래만 불렀다. 연애는 무슨 얼어 죽을. 옥바라지를 할 수 있는 동지적 사랑이 진정한 사랑이었다. 모두의 미래는 암울했다. 이 한심한 우리의 젊은 날을 도대체 누가 기쁘다고 한단 말인가.

배우 안성기를 인터뷰하기로 한 후, 내가 바로 기억해낸 그의 영화는 〈기쁜 우리 젊은 날〉이었다. 새벽부터 서클 후배 여학생을 불러내 조조할인으로 본 그 영화에서 황신혜는 눈부셨고 안성기는 바보처럼 슬펐다. 영화를 보며 나는 촌스럽게 울고 또 울었다. 사랑을 노래하

2부 남자의 물건 **229**

기엔 너무 황폐한 내 젊은 날에 대한 슬픔이었다. 이 영화를 기억하면 항상 〈토셀리의 세레나데〉를 흥얼거리게 된다. '사랑의 노래 들려온 다…… 옛날을 말하는가 기쁜 우리 젊은 날' 가사의 처음과 끝이 멜로디보다 아름답다. 그 중간의 가사는 생각나지 않는다. 그래서 매번 경음악(!)이다.

영화에서 안성기는 정말 어렵게 황신혜와 결혼한다. 함께 떠난 신혼여행의 첫날밤, 안성기는 목욕 후 다시 와이셔츠 단추를 끝까지 채우고 양복까지 다 차려입고 목욕탕에서 나온다. 그의 발아래로는 물기가 흐른다. 침대에서 예쁜 잠옷을 입고 기다리던 황신혜는 부끄러워하며 웃는다. 지금도 내가 또렷하게 기억하고 있는 영화의 한 장면이다. 지금도 생각하면 슬그머니 웃음이 나온다.

당시 최루탄이 자욱하던 교정도, 단성사 입구에서 만난 서클 후배 여학생도, 술집에서 목 놓아 부르던 자유와 민주도 이제는 모두 '내 기쁜 젊은 날'이다. 〈만다라〉〈깊고 푸른 밤〉과 같은 안성기의 영화도 내 기쁜 젊은 날에 빠져서는 안 된다. 호스티스 영화가 주류였던 시대에 그가 주연한 영화는 특별한 문화적 가치를 갖고 있었다. 섹스와 먹고사는 것 이외에 삶의 또 다른 가치들이 있다는 것을 영화라는 대중매체를 통해 이야기했기 때문이다.

매번 생각하는 건데, 그의 이름은 참 많이 특이하다. 안…… 성기. 성기가 아니라면 도대체 뭐란 말인가? 아무튼, 내가 안…… 성기를 인터뷰하러 간다고 하니, 고3인 내 큰아들이 그런다. "별로 할 이야기가 없을걸." 왜냐고 묻자 심드렁하니 그런다.

"연예인 X파일에 나쁜 이야기가 하나도 없는 사람이 둘 있대. 안성기하고 문근영이래." 이런, 안성기의 영화를 본 적도 없는 내 아들조차 안성기는 별로 재미없다고 하는 것이다. 그러나 결론부터 이야기하자. 그의 스케치북 이야기는 참 많은 생각을 하게 했다.

안성기는 혼자 조용히 중얼거리며 그림을 그린다

안성기와 이야기하는 시간이 길어지면, 그에겐 아주 독특한 언어 습관이 있음을 알 수 있다. 일단 신음 소리가 참 많다. 음…… 아…… 음…… 끙…… 등등. 절제된 표현만을 사용하려다 보니 그런 것이다. 내가 거친 용어로 질문하면, 그는 이내 표준어로 번역해서 대답한다. 예를 들어, 내가 "열라 힘들지요."하면, 그는 "음, 아주 많이 힘들지." 하는 식이다. 자주 맥 빠진다.

내 이야기에 강하게 부정하는 경우도 없다. "그럴 수도 있지." 혹은 "거 참, 그러네. 그렇게 보면 또 그래." 하는 식이다. 상대방이 내 이야기에 "아니지, 그게 아니지." 해야 이야기가 흥미진진해진다. 이런 종류의 인터뷰는 특히 더 그렇다. 그러나 그는 시종 '겸양의 표현'만 한다. 내가 영어 문법을 처음 배울 때 가장 어려워했던 바로 그 겸양의 표현을 그는 매번 사용한다.

그만큼 그는 매사가 진지하고 조심스럽다. 가까운 여배우들이 문자를 보내와도 정해진 상투적인 문구로 일관한다. 나름 반갑고 친한 표현을 하고 싶어도, 어느 맥락에서 어떻게 될지 모르기 때문이다. 지독한 결벽증이다. 이토록 완벽주의자인 안성기에게도 약점은 있

안성기의 그림 그리는 모습. 그의 사주에는 '어느 구석에서 혼자 도장이나 파며 행복하게 살 사람'이라고 나와 있다.

다. 혼자 자꾸 중얼거린다.

그는 혼자 아주 자주 중얼거린다. 같이 이야기하다가도 혼자 중얼거린다. 나에게 이야기하는 것 같은데, 가만히 듣다 보면 혼자 이야기에 가깝다. 타인과의 관계에 항상 일정한 경계를 긋는 그의 혼잣말습관과 그림 그리기는 아주 잘 어울린다.

촬영이 없을 때, 안성기는 주로 집에만 있다. 배우라는 직업이 그렇다. 촬영이 있을 때는 사흘 낮, 사흘 밤을 꼬박 몰두해야 하지만, 작품이 없을 때는 대책 없이 쉬어야 한다. 배우라면 누구나 이 무료한시간을 효율적으로 보내는 나름의 '휴休테크'가 있다. 안성기에게는그림이다.

친구들과 술을 마시는 경우는 거의 없다. 친구들과 몰려다니지 못하는 자신이 스스로도 조금 이상한 듯해, 얼마 동안 친구들과의 술자리를 따라다녔다. 함께 있어보니 영 아니었다. 매번 이미 한 이야기 또 하고, 또 할 뿐이었다. 그 후로는 친구들과의 모임이 2차, 3차로 이어지면 슬그머니 빠져나와 집으로 향한다.

집에서 그가 하는 일은 아주 단순하다. 일어나면 우선 물고기에 먹이부터 준다. 제대로 된 수족관도 아니다. 커다란 항아리 모양의 도자기 안에 작은 물고기 몇 마리 넣고 구경하는 일이다. 화초도 키운다. 이것도 제대로 모양 갖춘 화초가 아니다. 작은 풍란과 같은 선물 받은 난초 화분 몇 개에 물을 주는 게 안성기의 과제다.

남겨진 시간에는 스케치북에 낙서하듯 그림을 그린다. 스케치북에 그림을 그리는 일은 그에게 운명 같은 일이다. 그의 사주에는 '어느 구석에서 혼자 도장이나 파며 행복하게 묻혀 살 사람'이라고 나와 있다고 한다. 안성기에게 정말 잘 어울린다. 복잡한 거리 한구석에서 아주 작은 작업대 앞에 앉아 혼자 싱글거리며 도장을 파는 사람.

그가 그리는 그림은 자화상을 비롯해 아들, 가족, 자연, 정물 등 아주 착한 주제들이다. 최근에는 악기를 집중적으로 스케치한다. 특히 첼로와 바이올린을 주로 그린다. 첼로의 몸체가 여인의 둔부와 비슷하다고 하니, 그렇다고 끄덕인다. 짓궂은 마음에 무의식적 욕망의 표현이냐고 물었다. 그는 모른 체한다. 매번 이런식이다.

제대로 된 전시회를 연 적은 없다. 그러나 자신의 그림이 한 자선 행사에서 300만 원에 팔린 적이 있다며 조금은 부끄러워하며 자랑한다. 자신의 가족 네 명이 서로 행복하게 기대고 있는 그림이다.

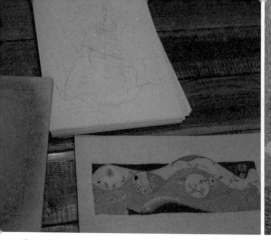

안성기 그림의 주제는 주로 가족 혹은 자연이다. 최근에는 악기를 자주 그린다. 주로 첼로를 그린다. 첼로의 아래 몸체가 여체의 둔부와 비슷해서라고 나는 해석한다. 그도 여자를 좋아하는 남자다(좌). 한 자선행사에서 처음으로 판매된 안성기의 그림. 문외한의 눈으로는 전문적 화가의 그림으로 보인다. 모르고 보면 대부분 여자가 그렸다고 생각할 것 같다(우).

　스케치가 완성되면 주로 아크릴물감으로 색칠한다. 아크릴물감은 유화물감에 비해 비교적 사용이 간편하고 내구성이 강하다. 그러나 수채화물감보다 훨씬 빨리 마르는 까닭에 숙련된 솜씨라야 제대로 그릴 수 있다. 안성기는 그 어려운 아크릴물감으로 점묘법을 사용해 그림을 그린다. '가족'도 그렇고, 그의 그림의 주된 소재가 되는 아이들의 그림도 아주 섬세한 점으로 찍힌 그림이다. 조르주 쇠라나 모네와 같은 신인상주의 화가들이 주로 사용한 점묘화는 성격이 아주 지독하고 집요한 사람만 그릴 수 있다. 한번 생각해보라. 그 큰 화면을 일일이 점을 찍어 채우는 일이 어떻게 가능한가를.

　한 번도 제대로 된 미술 교육을 받지 못한 안성기가 점묘법을 사용한다는 것은 참 흥미롭다. 그러나 그의 끊임없이 중얼대는, 섬세하고 집요한 성격을 고려한다면 결코 우연이 아니다. 사람 참 좋아 보이는 안성기는 가짜다. 하루 종일 화면 가득 점을 찍고 있는 지독한 안성기가 진짜다. 그 성격을 함부로 드러내질 못하니, 혼자 그렇게 계속 중얼거리는 거다.

안성기 그림의 주제가 가족인 것은 당연하다. 그림을 그리게 된 동기 자체가 가족이기 때문이다. 그는 조각을 하는 그의 아내와 관심을 공유하기 위해 그림을 시작했다. 신혼 시절, 동숭동 학림다방 근처의 한 화구점에 아내의 미술 재료를 사러 갔다가 오일파스텔을 집어든 것이 시작이었다. 아내와 같은 것을 한다는 느낌이 너무 좋아서였다. 그런데 그 아내는 지금 조각을 그만두었다. 곁에서 구경하다 시작한 안성기는 요즘도 여전히 그림을 그린다. 그는 아내가 아이들을 키우느라 그 아까운 재능을 포기했다는 사실이 많이 안타깝다.

안성기가 매번 비싼 화판에 그림을 그리는 게 아내에겐 많이 신경 쓰이는 모양이다. "별것 아닌 것 같은데…… 웬만하면 그냥 종이에 그리지……" 그런다. 비싸야 고작 5000원, 1만 원 하는 화판에 그림을 그린다고 눈치 주는 아내의 잔소리가 그리 밉지 않다. 그것도 사랑이고 관심인 까닭이다. 그는 모른 체하고 혼자 중얼거리며 계속 그림을 그린다. 환갑이 넘은 국민배우 안성기와 그의 아내는 이렇게 조용히 소곤거리며 산다.

안성기는 골프를 칠 때도 중얼거린다. 내면의 레슨프로와 끊임없이 대화한다. "힘을 빼야 하는데…… 채 끝을 확 던져줘야 하는데…… 웅얼웅얼."

그림과 더불어 골프는 안성기에게 아주 중요한 삶의 테마다. 최근 그와 라운딩 할 기회가 몇 번 있었다. 그의 플레이는 아주 정교하고 섬세하다. 아무 데다 일단 휘두르고 보는 내 '자치기'와는 정반대다. 그가 아직 80대 초반이던 지난해에는 그런대로 붙어볼 만했다. 내 드라이버가 잘 맞으면 그의 공보다 거의 30~40야드는 앞에 있었다. 점수에서 아무리 밀려도 남자는 일단 드라이버다. 그런데 이런, 젠장. 올해는 전혀 다른 양상이다.

올해 들어 그의 드라이버 거리는 기본이 250~260야드다. 매번 내 공 앞에 있다. 드라이버를 들어 올릴 때 멈칫하며 손목을 꺾던 이상한 습관도 사라졌다. 채를 들어 올릴 때부터 팔로우까지 물 흐르듯 자연스럽다. OB도 전혀 없다. 스코어도 매번 70대 초반이다. 휘닉스스프링스라는 몇 년 전 새로 개장한 골프장이 있다. 그린을 2단, 3단으로 마구 구겨놓아 퍼팅이 그렇게 까다로울 수가 없다. 성생활에 몹시 불만 많은 사람이 설계한 곳이냐며 다들 투덜대는 곳이다. 웬만해서 들어가지 않는다. 지금까지 까다로운 그린으로 악명이 높던 '아시아나CC'보다 심하면 심했지 절대 덜하지 않은 곳이다. 그곳에서도 안성기는 매번 70대 초반이다. 한 번의 실수도 없다. 물론 매번 혼자 중얼거리며 코스를 공략해간다.

골프클럽이 바뀌었기 때문이라고 나는 우긴다. 그의 골프클럽은 '조오지스피릿'이라는 낯선 브랜드다. 지난 겨울 선물 받았다는, 아주 예민한 고급 수제 클럽이다. 무슨 클럽 이름이 '조오지(?) 정신'이냐며 '구찌'를 놓아도, 가볍게 미소 지으며 자기 플레이에 집중할 뿐이다. 하지만 내기 돈 계산만큼은 아주 확실하다. 몇 홀 전에 건너뛴 내기 액수도 정확하게 기억하고 받아간다. 특히 '따블판'은 절대 잊지 않는다. 받아야 할 그 액수를 계속 중얼거리고 치는 것 같다. 그렇지 않고서야 그렇게 정확하게 기억할 수는 없는 일이다.

혼자 중얼거리는 것을 심리학에서는 '자기중심언어egocentric speech'라고 한다. 자신의 내면의 느낌을 자연스럽게 표현할 수 있는 수단이 박탈된 경우에 나타나는 현상이다. 사회적 지위가 높을수록, 도덕적 책임이 큰 사람에게 많이 나타난다. 이들에게는 자신의 내면을 자연스럽게 표현할 수 있는 대체 수단이 필요하다. 그림이 가장 대표적인 경우다. 어릴 때부터 익명성을 포기하고 산 안성기에게 그림은 아주 중요한 내면의 표현 수단이다. 그러나 희한하게도 그의 그림은 여전히 평화스럽고, 착하고, 또 예쁘다.

도대체 힘들고 괴로운 일이 없느냐고 물었다. 없단다. 세상에 힘들고 괴로운 일이 없는 사람이 어디 있느냐고 몇 번이고 물어도, 없단다. 아주 미안해하며 그런다.

"어쩌지, 암만 생각해도 없는 것 같아. 그래서 난 모든 게 너무 감사하고, 고맙고, 그래……." 그러고는 혼자 중얼거린다. "없어…… 암만 생각해도 없어…… 거참…… 괜히 미안해지네……."

안성기는 교만하다. 그의 자화상은 정면을 보고 있다

아는가? 제2차 세계대전이 아마추어 화가들의 전쟁이었음을. 우선 영국의 처칠이 그림 그리기를 좋아했다는 것은 이미 널리 알려진 사실이다. 혼자 있을 때, 그는 항상 캔버스 앞에 앉아 있었다. 한 손으로는 굵은 시가를 잡고 다른 한 손으로는 낙타털 붓을 잡았다. 처칠은 낭만적인 석양의 풍경화를 주로 그렸다. 그림이 없었다면 오늘날 우리가 알고 있는 처칠은 없다. 철저하게 고독했던 그에게 그림은 구원이었다.

훗날 미국의 대통령이 되는 아이젠하워 장군도 그림을 그렸다. 처칠과 아이젠하워는 만나면 주로 그림 이야기를 했다. 아이젠하워는 오늘날 '이발소 그림'이라 불리는 주제들을 그렸다. 자작나무가 듬성듬성 있는 겨울 풍경, 황폐한 헛간, 실개천이 흐르는 들판. 실제로 그의 그림은 크리스마스카드로 인쇄되어 팔리기도 했다.

히틀러도 화가였다. 젊었을 때, 히틀러는 빈 미술대학에 두 번이나 지원했다가 떨어졌다. 총통 재임 시, 그는 자신의 수채화집을 내기도 했다. 전쟁 중에도 그는 틈틈이 그림을 그렸다. 인터넷에 '히틀러의 그림'으로 검색하면 지금도 그의 그림을 볼 수 있다. 그는 아름다운 호수를 배경으로 한 고성이나 빈 오페라하우스나 뮌헨 오페라하우스와 같은 웅장한 건물을 주로 그렸다. 히틀러라는 이름을 가리고 보면 상당히 뛰어난 실력임을 부정할 수 없다.

수백만 명이 죽어간 전쟁에서 각 진영의 최고사령관들이 한결같이 그림을 그렸다는 이야기다. 누구에게도 기댈 수 없는 최고의 자리에 있는 이들은 고독하다. 높을수록 절대 고독이다. 그러나 고독에 절대 위축되지 않는다. 고독을 두려워하는 순간 지도자의 자리에서 내려와야 하기 때문이다. 20세기 세계 지도자들 가운데 가장 자신만만하고 가장 고독한 이 세 사람이 모두 그림을 그렸다는 사실은 우연이 아니다.

안성기도 고독하다. 그러나 그 고독 뒤에는 전쟁의 최고사령관과 같은 고집과 자신만만함이 숨어 있다. 많은 사람들은 안성기가 매우 겸손하다고 이야기한다. 잘 모르고 하는 이야기다. 모든 사람이 겸손하다고 하는 사람은 결코 겸손한 사람이 아니다. 누구도 나와 비교할 수 없다는 내면의 절대적 자만이 있어야만 모든 사람에게 겸손할 수 있기 때문이다.

안성기의 스케치북을 펼치면 바로 첫 페이지에 자화상이 나온다. 겸손한 사람은 절대 자화상을 그리지 못한다. 더군다나 정면을 똑바로 바라보는 자화상은 아무나 그릴 수 있는 게 절대 아니다. 범죄자는 거울 속의 자신의 얼굴을 제대로 보지 못한다.

쓰레기를 무단으로 버리는 곳에 거울을 설치해놓으면 더 이상 쓰레기를 버리지 않는다. 거울을 마주보고 시험을 치르게 하면 부정행위를 하지 않는다. 거울 속의 자신의 눈길을 의식해서다. 카지노에 거울이 없는 이유도 마찬가지다. 스스로에 대한 자부심이 없다면 자신을 똑바로 바라보는 자화상을 그릴 수 없다.

인류 역사에서 초상화가 등장한 것은 르네상스 이후다. 종교적 주제를 주로 다뤘던 회화의 주제가 인간 개인의 초상으로 넘어온 것은 인간 스스로에 대한 엄청난 자의식이 생겼기 때문이다. 초상화의 완성은 자화상이다. 자화상에서 화가는 자신이 그림의 주체인 동시에 객체다.

철학에서는 이를 '자기반성 self-reflection'이라고 한다. 자신이 인식의 주체가 되는 동시에 객체가 되는 자기반성은 논리적 모순이다. 주체가 동시에 객체가 되고, 이 객체는 동시에 또 다른 주체가 되는

안성기의 스케치북 첫 페이지에 있는 자화상. 자화상은 아무나 그리는 게 아니다. 특히 정면을 바라보는 자화상은 웬만한 자의식이 아니면 그리지 못한다. 자화상에 나타난 안성기는 아주 교만하다.

순환이 반복되기 때문이다. 이 무한 순환의 두려움을 마주 대할 수 있는 용기가 있어야 자화상을 그릴 수 있다.

15세기 독일 뉘른베르그의 화가 알브레히트 뒤러에게서 시작된 자화상의 역사는 렘브란트, 고흐로 이어진다. 이들 대부분의 자화상은 정면을 보고 있다. 뒤러의 〈모피코트를 입은 자화상〉은 비장하기까지 하다. 흥미로운 것은 고흐의 자화상이다. 초기의 자화상은 정면을 보고 있다. 그러나 말년으로 갈수록 자화상의 시선은 정면을 피한다. 특히 〈귀를 자른 자화상〉은 슬그머니 벽을 보고 있다. 꼬리 내리고 눈길을 피하는, 겁먹은 강아지의 모습이다. 스스로를 마주 대할 용기가 사라진 까닭이다.

안성기의 자화상은 정면을 보고 있다. 웃고 있지만 절대 웃고 있는 게 아니다. 상대방을 압도하는 그림 속의 눈빛은 그가 얼마나 자신만 만한가를 보여준다. 철저한 자기 절제와 인내로 이뤄낸 오늘날의 자신에 대한 자부심이다. 소설가 최인호는 안성기를 보면 가톨릭 신부와 같은 느낌이 난다고 했다. 옷의 모든 단추를 모두 채워야 맘이 놓이는 그는 가톨릭 신부보다 더 성직자스럽다.

언젠가 내가 최민수와 안성기를 비교해 다음과 같은 글을 쓴 적이 있다. 끊임없이 이야기를 몰고 다니는 최민수는 진정한 연예인이다. 대중들은 연예인에게 끊임없이 이야기를 요구한다. 최민수는 그 기대를 저버리지 않는다. 매번 이야깃거리를 제공한다. 그에 비해 안성기에 관해 할 이야기는 전혀 없다. 연예인으로서 직무유기다. 이번에 만나 그 이야기를 직접 했다.

안성기는 이야기한다.

"그래…… 모든 사람들이 맥 빠져 해. 아예 모든 일에 해탈한 도사를 만난 느낌도 든다고 하기도 해."

그런데 정작 자신은 한 번도 이런 삶에 회의를 가져본 적이 없다고 한다. 왜 이렇게 살았을까 하는 생각을 해본 적도 없다고 한다. 이런, 진짜 '도사' 맞다. 영화제에서 상을 받아도 전혀 흥분이 안 된다고 한다. 물론 기분이야 좋지만, 흥분해서 "내가 오늘 한턱낸다!"고 해본 적도 없다는 것이다. 매번 그 주름 가득한 얼굴로 그저 씩 웃고 말 뿐이다.

그의 아내도 타박한다. 왜 이렇게 기뻐하지 않느냐고. 안 기쁘냐고. 그러나 매번 이런 생각이 든단다. "상이 중요한가? 기본이 중요하지. 열심히 하는 게 중요하지."

남이 주는 상에 그렇게 흥분할 필요가 없다는 뜻이다. 자기를 마주보는 자신의 시선에만 부끄럽지 않으면 된다는 거다. 그는 아주 많이 교만한 사람이다.

안성기의 스케치북에서는 커피 냄새가 난다

독일서 함께 지낸 내 후배, 배고픈 화가 김정식은 커피에 물감을 말아 그림을 그린다. 귀국한 지 10년이 넘도록 여전히 배고픈 그의 그림에서는 항상 커피 냄새가 난다. 안성기의 스케치북에서도 커피 냄새가 난다. 그 커피 냄새는 다 그 광고 때문이다. 맥심 프리마, 그 커피 광고.

서수남, 하청일의 '한일자동펌프', 이덕화의 '하이모' 가발 광고와 더불어 안성기의 맥심커피 광고는 한국 광고사에 길이 남을 것이다. 그렇게 오랫동안 광고 모델과 제품이 하나가 된 경우는 없기 때문이다. 맥심 프리마 광고의 '아내는 여자보다 아름답다'란 카피는 지금도 또렷하게 기억난다. 갑자기 궁금해진다. 그 우아했던 여자 모델은 지금 뭐하는지.

안성기의 연기는 커피 광고 같다. 따뜻한 느낌이 물처럼 자연스럽게 흐른다. 아닌 게 아니라 그는 주로 그런 연기만 한 것 같다. 죽도록 미운 악역이나, 처절한 주인공의 삶에 몰입하는 연기는 별로 기억에 없다. 악역을 해도 인간의 모습을 한 '안성기식 악역'이다. 처절한 상황에서도 어느 구석엔가 유머가 배어나오는 '안성기식 처절함'이다.

맡은 역할에 철저하게 몰입하는 연기를 '메소드 연기method acting'라고 한다. 스타니슬라프스키의 연기론을 엘리아 카잔 감독이 헐리우드식으로 수용해 발전시킨 연기 방법론이다. 연기자는 철저하게 극중 배역의 인물로 살며, 배역의 감정을 완벽하게 재현해야 한다는 것이다. 말론 브란도, 제임스 딘으로부터 오늘날의 더스틴 호프만, 알 파치노가 이 계보에 속한다.

한국에서는 이런 메소드 연기만이 진정한 연기라고 생각하는 경향이 있다. 그래서 김명민이 루게릭병에 걸린 환자를 연기하기 위해 몇십 킬로그램을 빼고, 실제로 거의 죽어가는 연기를 했다며 열광한다. 그러나 꼭 그런 연기만이 있는 것은 아니다.

메소드 연기의 반대편에는 브레히트식 '서사적 연기'가 있다. 철저한 몰입보다는 서사적 흐름에 따라가는 연기다. 배역에 대한 극단적 동화를 피해가는, 아주 이성적인 접근이기도 하다. 어느 맥락에서 어떤 연기를 하든 자신의 색깔을 잃지 않는 배우들이 이 '서사적 연기'의 범주에 속한다고 할 수 있다. 멀리는 〈초대받지 않은 손님〉의 스펜서 트레이시, 가까이는 톰 행크스, 조지 클루니, 진 해크먼 같은 배우들이다.

안성기 스스로도 자신의 연기가 '메소드 연기'의 반대편에 서 있다고 고백한다. 최민수나 설경구, 최민식과 같은 후배들처럼 극중 배역에 완벽하게 몰입하는 역할이 자신에게는 그다지 어울리지 않는다고 생각한다. 실제로 그는 극중 배역에 철저하게 몰입하기보다는 시나리오의 자연스러운 흐름에 자신을 맡기는 역할을 선호한다.

그가 진한 멜로 연기를 그다지 좋아하지 않는 것도 마찬가지 이유에서다. 얼굴이 벌개서 서로 비벼대고, 땀도 나고, 소리도 낸다. 이 모습을 카메라가 음탕하게 훑고 지나가며 관객들을 흥분시키는 적나라한 에로티시즘을 안성기는 싫어한다. 자신이 관객들의 성적 흥분을 위한 도구로 쓰이는 것도 불쾌하다. 남녀의 성기까지 적나라하게 드러내지만 인간의 본모습을 자연스럽게 보여주는 오래된 프랑스 영화와 같은 자연스러운 연출이 왜 우리나라에선 안 될까를 지금도 고민한다.

연기를 하다가 여배우와 실제로 애틋한 감정을 느낀 적이 없냐고 물었다. 안성기는 단호하게 없다고 한다. 배우가 어찌 그럴 수가 있느냐고 따져 물었다. 그는 여배우를 보면 그 부모가 먼저 눈에 어른거리고, 그 배우의 가족들이 자꾸 생각나는데 어찌 에로틱한 느낌이 있겠냐고 반문한다. 아름다운 여배우를 보며 어찌 그녀의 가족들을 먼저 떠올릴 수 있느냐, 말도 안 된다는 내 항의에 그는 진짜 그렇다며 또다시 미안해한다.

극중 역할에 대한 그의 이성적 태도는 현실에서도 마찬가지다. 자신의 연기와 관련해 안성기는 이야기한다. "내가 참 이상하게 생각하는 건…… 어머니가 돌아가셨을 때도 그렇고…… 남의 아픔에 그다지 슬퍼하지 못한다는 거야. 내가 나에 대해서도 그럴까? 아주 친한 친구가 죽었는데…… 어머니가 돌아가셨는데…… 자꾸 무관한 것처럼 생각되어 너무 힘들어. 너무 이기적인 건가? 내가 너무 냉정한 건지…… 배우로서도 참 아이러니하고……."

아이러니하지 않다. 바로 그 때문에 사람들이 안성기를 좋아하는

화구점에서 그림 재료를 고르는 안성기. 10년 후에도 그는 여전히 이렇게 혼자 흐뭇해하며 그림 재료를 고를 것이다(새로운 영화 촬영 중이라, 실제보다 훨씬 늙은 모습을 하고 있다. 아마 10년 후에 꼭 이런 모습일 것 같다).

것이다. 매일 끌리고 쏠리고 들끓는, 몰입 과잉의 한국 사회에서 안성기의 존재감은 어떤 상황이든 흥분하지 않는 자연스러운 거리 두기에 있다. 극중이든, 실제의 삶이든 안성기에게는 과도한 감정 몰입에 대한 근본적인 저항이 있다. 실제로 그는 '배우 안성기'와 '인간 안성기'의 차이를 인정하기 싫어한다. 연기도 삶의 연속일 뿐이다. 그래서 그가 가장 좋아하는 것은 "생각했던 거랑 똑같네요"라는 이야기를 듣는 것이다.

10년 후, 20년 후에도 배우 안성기는 지금까지 살아온 것처럼, 그렇게 변함없이 살고 있을 것이다. 목의 단추를 끝까지 다 채운 아주 단정한 모습으로 캔버스 구석구석 점을 찍거나 화구점에서 스케치북을 고르고 있을 것이다. 눈가에 주름 가득히 혼자 흐뭇해하며. 아, 혼자 중얼거리는 것도 변함없을 것 같다. 아주 사진처럼 선명하다.

조영남의
안경

세계사의 유래가 없는 한국은 그냥 이뤄진 게 아니다. 경제적 기적만 이야기하지만, 그 기적을 가능케 했던 문화적 변동에 관해서도 이야기해야 한다.

서구에서 수백 년에 걸친 경제적 근대화를 우리가 불과 50년에 해치웠다면, 서구의 문화적 모더니티 또한 불과 50년 만에 한국적 모더니티로 변형되어 자리 잡았다. 그 한국적 모더니티는 두 갈래로 진행되었다. 한쪽은 '이미자, 나훈아 계열'이고, 다른 한쪽은 '조영남, 패티김 계열'이다.

일제 강점기의 강요된 모더니티의 흔적을 고스란히 안고 1960년대에서 1970년대를 거쳐 1980년대까지 지속된 이미자, 나훈아식 모더니티의 정서는 한마디로 '이유 없는 슬픔'이다. 한번 떠난 사랑은 돌아오지 않고, 마냥 기다리려니 그저 서글플 뿐이다. 왜 그때는 그 사랑이 그렇게 많이 떠났는지에 관해서는 아직까지 별로 알려진 바 없다. 사랑은 그저 '눈물의 씨앗'일 뿐이고 '헤아릴 수 없는 수많은 밤을 울다 지쳐' 쓰러질 뿐이다. 내가 슬픈데 왜 '꽃잎은 빨갛게 멍이 들었'는가에 관해서는 아무런 설명이 없다. 한번 떠나온 고향도 이제 돌아갈 수 없다. 왜 떠났는지, 왜 돌아갈 수 없는지는 역시 알 수 없다. '꽃피고, 새가 우는 강촌에 살고' 싶지만, '사랑하는 부모형제 이 몸을 기다리는' 고향에 돌아갈 수 없어, 그저 '한잔 술에 설움을 타서 마시며' 견딜 뿐이다. 이미자, 나훈아 계열의 모더니티가 노래한 정서는 시대적 변화에 어쩔 수 없이 따라야만 했던 '집단적 좌절'이었다.

이미자, 나훈아와 똑같이 사랑과 고향을 노래하지만 조영남, 패티김 계열의 모더니티는 많이 다르다. 이들의 모더니티는 미팔군 등을 통해 직접 수입된 오리지널 서구 모더니티다. 일본이라는 필터로 걸러진 모더니티와는 질적으로 다르다. 슬프지만 그저 슬퍼하지만은 않는다. 더 이상 이유 없는 슬픔은 없다. 슬픔과 상실의 원인이 보다 적극적으로 표현된다는 이야기다.

내가 슬픈 이유는 그녀의 '불 꺼진 창'에 '희미한 두 사람의 그림자' 때문이다. 불 꺼진 그녀의 방에 내가 아닌 또 다른 사람이 있다는 것처럼 분명한 사유는 없다. 그러나 떠나간 사람은 이제 '어쩌다 생각이' 날 뿐이고, 가끔 '그날 밤, 그 언약을 생각하면서 지난날을 후회'할 따름이다. 아니, 이제는 배신한 이를 가만두지 않겠다는 '복수에 불타는 마음'을 분명하게 이야기하기도 한다.

떠나온 고향은 조영남, 패티김 계열의 모더니티에서도 여전히 그리운 곳이다. 그러나 그 고향은 따지고 보면 내 진짜 고향이 아니다. '1·4후퇴 때 피난 내려와 살던 곳'일 따름이다. 한국 근대사에서 자신의 고향이 분명한 사람이 뭐 그리 많겠는가. 고향이란 그저 동생과 메뚜기 잡던 아름다운 추억이 있는 곳일 따름이다. 또한 고향은 더 이상 상처받은 몸과 마음을 추스르려고 돌아가는 곳이 아니다. '내 아내와 내 아들과 셋이서 함께' 금의환향하고 싶은 곳이다.

새로 정착한 서울도 더 이상 소외되고 낯선 장소가 아니다. '꽃이 피고, 종이 울리는' 곳이다. 이 '정다운 거리, 마음의 거리, 아름다운 서울'에서 이제는 맘 붙이고 잘 살겠노라고 노래한다. 조영남, 패티김이 노래하는 슬픔은 더 이상 강요된, 어쩔 수 없는 슬픔이 아니다. 내 마음먹기에 따라 사랑과 고향은 얼마든지 바뀔 수 있다는 주체적 자각이 시작되었기 때문이다. '내 생각과 느낌은 모두 내 것이다, 내가 책임져야 한다'는 자의식이 미국식 모더니티의 외피를 입고 수입된 것이다.

오늘날 한국 가요가 대세다. 라디오에서 더 이상 팝송을 틀지 않는다. 거의 바이블 수준이었던 그놈의 '빌보드 차트' 이야기도 전혀 들리지 않는다. K팝은 이제 일본을 점령하고, 유럽, 남미에까지 진출했다. 그 어려웠던 시절 '한국적 모더니티'의 씨를 뿌렸던 조영남, 패티김이 있었기에 가능한 일이다. 그들이 있었기에 송창식, 김세환, 양희은도 있었고, 김광석, 윤도현도 있는 것이다. 한국 가요도 이제 역사의식을 가질 때가 되었다.

패티김과 조영남이 노래한 미국식 모더니티의 정서는 유사했지만 패티김의 경우, 대부분 길옥윤이라는 걸출한 작곡가의 노래를 주로 불렀다. 조영남의 경우는 조금 달랐다. 그는 자신이 직접 선택한 팝송에 원작의 가사와는 별 상관없는 가사를 자기 마음대로 붙여 〈딜라일라〉〈내 고향 충청도〉〈제비〉와 같은 노래들을 만들어 불렀다. 지금이야 '번안가요'로 한 급 아래로 치는 느낌이지만, 당시로써는 아무나 접할 수 없었던 고급 문화상품이었다. 게다가 성악을 공부한 기름진 목소리로 그 노래들을 불렀으니, 원곡을 넘어서는 그 고급스러움에 대중들은 환호할 수 밖에 없었다. 막연한 동경의 대상이었던 서구 모더니티를 한국인들은 '조영남'을 통해 직접 경험할 수 있었던 것이다.

난 한국 모더니티의 형성에 미친 조영남의 기여를 절대 인색하게 평가해서는 안 된다고 생각한다. 물론 조영남의 개인사로 인해 폄하될 수밖에 없었던 사정을 부정할 수는 없다. 그러나 윤이상, 정명훈과 같은 클래식 음악가들을 '한국이 낳은 세계적 음악가'라며 그토록 칭송하면서, 조영남, 패티김은 왜 한 급 처지는 유행가의 맥락에서만 이야기되어야 하는지 잘 납득이 안 된다.

문화란 항상 대중을 움직이는 정서적 형식들을 매개로 전달된다. 문화 변동이 구체적 개인들에게 전달될 때는 항상 특별한 정서적 매개체를 통해서 이뤄진다는 뜻이다. 바로 이 한국 근대사의 문화 변동 한가운데 조영남이라는 특별한 '집단적 개인'이 있는 것이다.

크고 네모난 안경은 죄다 '조영남 안경'이다

내 기억에 무대 위의 조영남은 무척 컸다. 지금 생각해보니 '무대 효과'였다. 그는 한국 남자로는 작은 편이다. 지금도 아주 높은 키높이

구두를 신는다. 난 시민회관에서 조영남이 귀국 독창회를 열던 그 무대를 지금도 기억한다. '내 생애에 단 한번만이라도 그대를'을 열창하며, 그의 부인을 일으켜 세우기도 했다. 이 지구상에 그렇게 폼 나는 부부는 없었다. 그런데 바로 그 다음 해인가에 둘은 이혼한다. 그후로 그 두 사람은 한 번도 마주친 적이 없단다.

멀리서 무대 위를 바라보면 조영남의 얼굴은 보이지 않았다. 그의 안경만 보였다. 처음부터 조영남의 크고 두꺼운 뿔테 안경은 그의 트레이드 마크였다. 그리고 지금까지 수십 년 동안 같은 모양의 안경만 고집한다. 크고 네모나게 각진 안경. 그래서 우리나라 어느 안경점이라도 들어가서 "조영남 안경 주세요!" 하면 모두 같은 안경을 내보여 준다.

'조영남 안경'은 이제 일반명사가 된 것이다. 그래서 조영남은 성공한 사람이다. 적어도 안경 하나만큼은 자기 것을 분명히 했기 때문이다. 그는 수시로 안경을 산다. 그러나 매번 같은 스타일의 안경이다. 크고 네모난 안경. 그의 방 한구석에 그런 안경만 수십 개다. 그런데 그가 처음부터 안경을 쓴 게 아니란다.

〈딜라일라〉로 대히트를 쳤을 때도 안경을 안 썼다고 한다. 서울대학교에 입학하기 전, 잠시 다녔던 한양대학교 시절에 악보를 밤새 등사기로 미는 아르바이트를 하느라 눈이 나빠진 줄도 모르고 있었다. 돈을 벌고 나서 눈이 나빠진 것을 알았고 그때부터 네모나게 각진, 알이 무척 큰 안경을 쓰기 시작했다. 왜 그런 안경만 고집하느냐고 물었다. 항상 그렇듯이 대답이 심드렁하다. 그냥 그런 스타일이 좋았다는

조영남은 안경이 코에 안 걸려서 뺨에 걸칠 수 있는 알이 크고 네모난 안경만 쓴다.

거다. 그 안경들을 직접 여러 개 써보는 조영남의 모습을 자세히 관찰해보니 그 대답이 나왔다.

코가 낮아 그렇다. 일반적인 안경들은 코걸이가 있어, 콧대에 안경이 걸려 있어야 한다. 그러나 조영남은 콧대가 없다. 얼굴이 그저 넙대대하고 눈이 매우 작다. 아, 머리는 무지하게 크다. 안경을 써도 안경이 코에 걸리지 않는다는 이야기다. 그래서 큰 안경을 쓰는 거다. 큰 안경은 볼에 적당하게 걸려 안경이 더 이상 밑으로 내려오지 않기 때문이다.

나와 인터뷰하기 전까지는 조영남 본인도 몰랐던 사실이다. 그의 크고 네모난 안경은 그의 특별하지 않은 외모를 많이 가려준다. 그러니까 조영남은 얼굴을 가릴수록 멋있는 사람이다. 도대체 그 얼굴에 만족하느냐고 물었다. 지금도 여전히 자신의 삶에 만족하느냐는 질문이었다.

"지금 삶에 대해서 만족하는 정도가 아니지. 내 여친(그는 여자친구를 줄여 항상 '여친'이라 한다)들한테 매년 초에 그렇게 이야기해. 야, 내가 금년까지만 바쁘고 더 이상 바쁠 일이 없어. 그걸 내가 수년 동안 반복해왔어. 야, 금년에 내가 끝이야. 내가 늘 그런 이야길 하잖아. 작년도 그랬대. 재작년도 똑같이 하고. 그해가 마지막일 것처럼. 그런데 계속 가. 그 언제가 끝일지, 언제까지 이렇게 쓰임새 있는 사람으로 남을지 난 모르지……. 난 한국에서 오십을 넘은 남자들 중에서 '나는 조영남보다 행복하다' 그러는 사람 있으면, 여기 영동대교가 가깝잖아. 요 앞에, 난 거기 나가서 떨어져 죽을 각오가 되어 있어."

잠깐, 지금 조영남은 '현재나 과거에 행복하다'는 이야기를 하는 게 아니다. '앞으로도 계속 행복하겠다'는 이야기를 하는 거다. 과거가 행복하다거나, 현재가 행복하다는 이야기는 누구나 할 수 있다. 그러나 미래에도 계속 행복하겠다는 이야기는 아무나 할 수 있는 게 아니다. 그런데 지금 조영남은 '미래에도 나보다 행복한 사람은 없을 것'이라고 이야기하는 거다. 자기보다 행복한 사람이 나타나는 순간, 즉 자기가 더 이상 행복하다고 여겨지지 않는 순간은 죽을 때밖에 없다는 뜻이다. 죽을 때까지 행복하겠다는 거다.

여기에 비밀이 있었다. 조영남이 1960년대 후반에 시작된 그의 대중적 삶을 50년이 넘도록 계속 할 수 있었던 비밀은 그의 '비현실적 낙관주의unrealistic optimism' 덕분이다. 한번 살펴보라. 도대체 조영남을 제외한 그 어떤 연예인이 그토록 오랫동안 대중매체에서 활동하고 있는가를. 아, 있긴 있다. '전국노래자랑'의 송해 선생이 있긴 하다.

그러나 그 경우는 향토 특산품 같은 아주 특별한 경우다. 조영남처럼 시대를 초월해 '긍정적이든, 부정적이든' 대중적 필요를 충족시켜주는 이가 있느냐는 거다. 그가 여전히 TV에 출연하는 이유는 그만큼 대중이 필요로 한다는 이야기다. TV는 정말 무섭다. 대중이 피로해하는 순간 바로 끝이다. 그러나 조영남은 자기 전공인 노래뿐만 아니라 각종 토크쇼, 문화 예술 프로그램에까지 영역을 넓혀 종횡무진 활약하고 있다. 그는 낼모레 칠십 노인이 된다.

조영남 특유의 비현실적 낙관주의 덕분이다. 자신은 죽을 때까지 행복하리라는 그의 무조건적인 신념은 모든 이들을 편안하고 즐겁게 한다. 모든 사람은 불안하다. 특히 불확실한 미래에 대한 불안은 누구나 가지고 있다.

불안한 이들은 근거가 있든, 없든 간에 자기 확신에 찬 사람을 편안해한다. 그저 바라보고 있는 것만으로도 기분 좋아진다. 대중을 대상으로 하는 연예인은 이런 낙천적인 사람이 대부분이다. 남 비판을 일삼거나, 일희일비하거나, 비관주의자는 절대 장수하는 연예인이 될 수 없다. 대중은 보면 바로 느낀다.

그 숱한 우여곡절을 거치면서도 조영남이 지금까지 대중 연예인으로 살아남을 수 있었던 이유는 예의 '그 큰 안경으로 자기 얼굴을 가리면 세상에 두려울 것 없다'는 조영남 특유의 비현실적 낙관주의 덕택이다. 그러나 '조영남 안경'을 쓴 조영남이 항상 잘되는 것은 아니다. 상황이 어떠하든 간에 자신은 무조건 잘될 거라는 비현실적 낙관주의는 현실에 대한 정확한 판단을 불가능하게 만들기도 한다. 그의 '친일선언'이 바로 그 예다.

조영남은 영원히 '경계인'으로 살 것이다

"너 그러다 조영남처럼 된다!"

학창 시절, 음악도 좋아하고, 미술도 좋아하고, 글쓰기도 조금 재주를 보이던 내게 어머니는 항상 '조영남처럼' 된다고 경고하셨다. 그때 '조영남처럼'이란 '인생이 엄청 꼬인다'와 같은 뜻이었다. 결혼과 이혼을 반복하는 조영남에 대한 중년 여인들의 심리적 저항이 아주 거셀 때였다. 내 어머니는 그림도 그리고, 책도 쓰고, 노래도 하는, 조영남처럼 재주 많은 사람은 평탄하게 사는 법이 없다고 했다.

내 어머니에게 조영남은 '한 우물'이 아닌 '여러 우물'을 파다가 망한 대표적 케이스였다. 그러나 21세기에는 이도 저도 아닌 '크로스오버' '통섭' '융합'과 같은 방식이 먹히는 세상이 된다는 것을 내 어머니는 잘 모르셨다. 결국 나는 내 어머니가 경고하는 '조영남과 같은 운명'을 피하기 위해, 내가 할 수 있는 여러 가지 중에 가장 못하는 공부만 죽어라 했다. 독일에서 내 청춘을 다 날리며 겨우 박사학위 받고, 지금까지 어설프게 교수하고 있다.

조영남은 경계인이다. 그 경계가 어디인지 동물적으로 안다. 그 경계를 아슬아슬하게 오가며 지금까지 살고 있다. 애당초 시작부터 그랬다. 서울대학교에서 성악을 전공하다가 1969년 〈딜라일라〉를 번안해 가수로 데뷔한다. 지금도 성악가가 대중가요를 부르면 그 세계에서 왕따를 당한다. 그 당시에는 오죽했을까? 그때 떠난 서울대학교 졸업장은 먼 훗날 명예졸업장을 받는 것으로 대신한다. 그러나 조영남은 성악 발성으로 대중가요를 부르는 그 경계인의 능력을 유감없이 발휘해 대중의 사랑을 독차지한다.

화가 조영남도 마찬가지다. 남들 다 그리는 방식으로는 도무지 성에 차지 않아 느닷없이 '화투'를 그림의 주제로 들고 나와 화가를 자처한다. 그림의 '예술적 완성도'와 같은 평론가들의 평가는 사실 그의 관심 밖이다. '화투'를 주제로 삼아 그린 자신의 그림을 보는 이들이 그저 즐거워하면 된다는 철저한 엔터테이너적 예술관이다. 물론 가끔 억울해하기는 한다.

마르셀 뒤샹이 수세식 변기를 전시하고, 앤디 워홀이 싸구려 스프 깡통, 마오쩌뚱 초상, 마릴린 먼로 사진 찍은 것을 예술이라 찬미하며 수십억, 수백억을 들여 기꺼이 사면서, 자신이 그린 화투를 단지 대중 연예인의 '딴짓거리'로만 취급하는 한국의 가식적 풍토가 몹시 못마땅하다. 백남준도 미국이니까 성공했지 한국이었으면 자신의 10분의 1도 인정받지 못했을 거라고 투덜대기도 한다.

작가로서의 조영남도 철저하게 경계를 오간다. 그가 쓴 책은 열 권이 훨씬 넘는다. 대중가요에 대한 책을 쓴 게 아니다. 1970년대 중반 가수로 잘나가다가 느닷없이 신학공부하겠다고 미국에 갔다 오더니,

대중가요를 부르던 가수 조영남은 느닷없이 '화투'를 그림의 주제로 들고 나와 화가를 자처했다.

기존 신학계에서는 도무지 받아들이기 힘든 조영남식 신학을 설파한 《예수의 샅바를 잡다》라는 책을 쓴다. 맨날 시뻘건 화투짝을 그리다가 느닷없이 자신만의 현대미술론을 정리한 《현대인도 못 알아먹는 현대미술》이란 엄청 두꺼운 책을 낸다. 뿐만 아니다.

최근에는 한국 현대시 중에 가장 난해하다는 이상의 모든 시를 자기 나름의 해석학으로 풀어낸 《이상은 이상 이상이었다》라는 책을 썼다. 그 책을 쓰는 데 너무 열중한 나머지 뇌졸중으로 쓰러지기도 했다. 그 분야의 전문가도 아닌데 왜 그랬냐고 물었다.

"내 생애에 내가 꼭 써야겠다고 생각한 게, 이상의 시에 대한 책이야. 보니까, 이상의 전문가들이라고 쓴 내용을 읽어보면 주례사 쓰는 수준이야. 그때부터 내가 한번 써봐야겠구나 이런 생각을 평생 갖고 있었지……. 내가 전문가들을 다 만나봤어. 만나봤는데, 다들 시원치 않더라고. 차라리 내가 하지, 그런 생각이 나더라고. 그래서 밤마다 자료를 쫙 펼쳐놓구…… 아무리 읽어도 도대체 이게 무슨 뜻이야 하는 게 많더라고. 그걸 내가 해석해야 할 것 아니야. 그럼 이걸 어떻게 풀어나가야 하나 하고…… 풀다가 새벽 4시, 5시가 되면 자야 될 것 아니야. 방송국 가야 하니까. 그럼 이불 덮고 불을 꺼. 그런데 누워 자려고 하면 생각이 또 나. 그럼 다시 쓰고. 다시 자려면 아까 안 풀렸던 게 생각이 나. 그럼 며칠 낮밤이 바뀌는 거야. 내 인생에서 가장 황홀한 순간이었지."

조영남은 일단 '전문가들'에 대한 두려움이 없다. 그들의 이야기를 자신이 이해할 수 없으면 자신이 무지한 게 아니고, 그들이 잘못된 거라는 신념이 있다. 무서운 자기 확신이다. 그러니까 신학, 현대미술, 문학의 장르를 마구 건너뛰며 글을 써댈 수 있는 거다. 그 즐거움에 밤을 꼬박 새는 날도 많다.

그의 글쓰기는 죄다 구어체 문장이다. 말하는 투 그대로 글로 쓴다. 현학적인 표현은 거의 없다. 자신이 아는 내용, 느끼는 그대로 글로 옮긴다. 그래서 문장에 관해 가장 많이 고민했던 번역가 이윤기는 조영남을 '구어체 글쓰기'의 최고봉으로 치켜세운다. 도무지 자신이 가진 지식의 한계에 대한 두려움이 있다면 절대 시도할 수 없는 주제를 자신만의 시각으로 정신없이 몰아쳐가며 글을 쓴다. 그의 책을 읽고 있다 보면 '어, 지금 이 책의 저자가 내가 아는 그 가수 조영남 맞아?' 하는 생각까지 들 정도다.

세상의 모든 경계를 아슬아슬하게 넘나들던 조영남은 결국 어떤 한국인도 시도해본 적이 없는 마지막 경계를 넘으려 시도한다. 한국과 일본의 심리적 경계다. 책 제목도 《맞아죽을 각오로 쓴 친일선언》이다. 그러다 진짜 거의 맞아죽기 직전까지 간다. 거기까지는 아니었던 거다. 인생에 무서운 게 없었던 조영남은 그때가 자기 인생 최대 위기였다고 고백한다.

"2005년은 을사조약 100년이 되던 해야. 누군가는 그런 이야기를 해야 한다고 생각했어. 근데 무서우니까 아무도 안 하더라고. 아무도 안 해. 난 평생 교회 다녔잖아. 신학도 하고. 이웃을 사랑해라. 이쪽 뺨 때리면, 저쪽 뺨도 대라. 용서해라. 지겹게 들었잖아. 심지어는 원수를 사랑해라.

그런데 일본에 대해서만 예외인 거야. 왜 그래야 하는지 납득이 안 가는 거야. 을사조약 이후 100년이 지났는데, 이제는 피해자인 우리 쪽에서 용서해야 되는 거 아니야? 피해자가 용서하지, 가해자가 용서하나? 아, 근데 아직은 아닌 거야. 한 150년은 가야 되나 봐. 그때 처음에는 아…… 그때 유명한 사람들 막 뛰어내려 죽을 때야. 나도, 아, 여기서 뛰어내려야 하나 보다. 왜 종교에 파문이라는 게 있지. 모든 사람들한테 완전히 왕따 당하는 거. 그런 상황이 왔어."

책이 나오는 시기에 독도 사태가 터진 거다. 한일월드컵과 같은 시기에 조영남은 자신이 최초의 '친일파'가 되겠다고 칼럼도 쓰고 그랬다. 그때까지는 아무 일 없었다. 사람들은 신선하다고까지 했다. 그러나 독도 사태가 터지자 상황은 돌변했다. 때마침 조영남이 〈산케이 신문〉과 인터뷰한 것도 문제가 되었다. "조영남이 야스쿠니 신사에 참배했다"고 기사화된 것이다. "야스쿠니 신사가 도대체 어떤 곳인지 구경하고 왔다. 별 곳 아니더라"고 한 이야기를 기자가 '참배'했다고 쓴 것이다. 그 다음날 공식적인 정정 보도가 나갔지만, 사태는 이미 걷잡을 수 없게 되었다.

조영남은 당시 활동하던 모든 대중매체에서 사라진다. 당시 그는 거의 요즘의 유재석, 강호동 수준으로 바빴다. 그러나 하루아침에 사라진다. 해명한다고 해봐야 궁상스럽다고 생각한 거다. 그 후 약 1년 6개월 동안 낮에는 그림만 그리고, 밤에는 친구들과 꾸린 '청담학교'에 출근한다. 청담학교란 조영남의 집 근처 식당, 술집에서 모이는 친구들과의 조촐한 모임이다. '자기 자랑' 빼곤 모든 이야기를 할 수 있는 모임이다.

그렇게 세상의 손가락질과는 아무 관계없는 고립된 섬과 같은 시간을 보낸다. 조영남 육십 평생에 그렇게 조용한 시간은 없었다. 그러다가 MBC에서 전화가 온다. 지금도 하고 있는 '최유라, 조영남의 라디오시대'다. 그렇게 그는 대중에게 다시 얼굴을 드러낸다.

"그 시기에 내가 참 많이 컸어. 1년 6개월을 집에만 맨날 있었으니까. 그래서 내가 후배들한테 그래. 야, 시련을 겪어야 해. 그래야 큰다. 카메라맨들이 집 밖에서 왔다갔다 하는 그런 큰 사건을 치러야 해. 없으면 그냥 가다가 머리를 전봇대에 박기라도 해서 시련을 겪어야 된다. 그렇게 지금까지 쭉 이야기하고 있지."

조영남이 대통령이 된다면 지구에 평화가 올 것이다

솔직하게 이야기하면, 내게는 정치 쪽에서 이러저러한 입문 요청이 가끔 있다. 내가 생각해도 정치 쪽에서 욕심 좀 내도 된다고 생각한다. 하루에도 수십 번씩 강연 요청이 밀려오는 걸 보면 말도 좀 되는 듯하고, 베스트셀러 책이 두어 권 되는 걸 보면 글도 좀 되는 듯하다. 글도 되고 말도 되고, '마스크'도 되는 교수는 드물다.

아주 더 솔직히 이야기하면 그런 요청에 잠시 동요한 적도 있다. 그래서 내 아들들에게 슬쩍 물어봤다. 아이들의 대답은 단호했다.

"아빠는 정치하면 일찍 죽어!"

폼 잡다가 말 한마디 잘못해서 훅 간다는 거다. 실제로 생방송 중에 말 몇 마디 잘못했다가 엄청난 항의에 시달린 적도 많고, 방송국에

조영남은 조영남 특유의 비현실적 낙관주의 덕분에 50년이 넘도록 대중적 인기를 누리고 있다.
자신은 죽을 때까지 행복하리라는 무조건적인 신념은 모든 이들을 편안하고 즐겁게 한다.

서 공식적으로 사과한 적도 몇 번 된다. '친일파'를 자처하다가 그냥 한 방에 훅 간 조영남을 보면, 정치 쪽은 정말 멀리 해야겠다는 생각을 한다. 그러나 조영남이 대통령에 출마한다면, 기꺼이 부통령 후보로 러닝메이트가 될 생각이 있다.

조영남과 함께 KBS에서 하는 '명작스캔들'이라는 방송을 한 적이 있다. 방송 끝나고 밥 먹다가 나온 이야기다. 조영남은 이 공약 걸면 바로 당선된다고 자신 있어 한다. 들어보니 정말 당선될 것 같다. '결혼중임제'다. 조영남이 대통령 후보로 나서면 결혼 생활은 딱 5년만 하는 걸로 공약하겠다는 거다.

정말 아쉬워하는 부부가 있다면 상호 합의하에 다음 5년은 연장 가능하게 해주는 거다. 그러나 더 이상은 절대 안 된다. 인류 평화를 위해 같은 부부가 10년 이상 사는 건 절대 안 된다는 거다. 그러면 국가의 가장 큰 문제인 저출산 문제도 자동적으로 해결된다는 거다.

내가 "그럼 부통령 후보로 나서겠다"고 하고, 듣고 있던 다른 남자들도 좋아라 반색을 하니 조영남은 정색을 하며 그런다. 오히려 여자들이 더 좋아할 거라는 거다. 오늘날 일부일처제의 피해는 여자들이 더 많이 보고 있다는 거다. 다들 남편을 갈아치우고 싶어 하기 때문에 여자들 표가 다 자기에게 온다는 거다. 물론 언제까지나 남자들에게 가정의 권력이 있을 거라고 착각하는 머리 나쁜 남자들도 자기를 뽑을 거라는 거다. 요약하자면 '여자들은 지금 남편을 갈아치우고 싶어서 조영남을 뽑고, 머리 나쁜 남자들은 다른 여자들과 살 수 있다는 환상을 가지고 조영남을 뽑는다'는 이야기다. 그러고는 내게도 묻는다.

"야, 니 부인은 너랑 결혼중임에 찬성할 것 같으냐?"

조영남은 정말로 여자를 좋아한다. 그러나 보통남자들이 여자를 좋아하는 방식과는 다르다. 두 번의 이혼 그리고 방송에서 조영남이 농담으로 던지는 어설픈 여자 이야기로 조영남을 평가하는 것은 옳지 않다. 사랑이 먼저고, 법과 제도는 나중이다.

그 순서를 아는 조영남은 여자를 진짜 사랑하는 법을 안다. 철학자들이 폼 잡고 이야기하는 사랑 말고, '선데이서울'식 사랑 이야기 말고 '진짜 사랑'이 어떤 건지 나이가 아무리 들어도 잘 모르겠다면, 조영남의 《어느 날 사랑이》란 책을 읽어보길 권한다.

우리 시대에 진짜 사랑을 이토록 솔직하게 이야기할 수 있는 조영남 같은 사람이 적어도 한 명 있다는 사실이 너무나 즐겁다. 나는 촬영차 떠난 이집트의 호텔방에서 하룻밤에 그 책을 다 읽었다. 그리고 그에게 바로 국제 전화해서 이야기했다.

"존경합니다. 형님!"

김문수의
수첩

독일의 '라인 강의 기적'과 대한민국의 '한강의 기적'을 비교하는 이 야기를 가끔 듣는다. 우리가 독일과 비교되는 것조차 영광인 듯한 뉘 앙스다. 그러나 이런 종류의 비교에 나는 아주 심한 모욕을 느낀다. 누구나 외국에 오래 살면 애국자가 된다고 한다. 나는 독일서 13년을 지냈다. 그러나 아무리 객관적으로 비교하려 해도, 한강의 기적과 라 인 강의 기적을 비교할 수 없다. 같은 차원이 아니다.

라인 강의 기적은 절대 기적이 아니다. 한번 생각해보자. 독일이 어떤 나라인가. 두 번이나 전 세계를 상대로 '맞장 뜬' 나라다. 잠수 함을 만들고 탱크를 만들고 비행기를 만든 나라다. 오늘날 원자탄, 로켓과 같은 최첨단 무기 기술은 죄다 독일서 시작되었다. 전쟁에 졌 어도 다시 일어나는 것은 그리 큰 문제가 아니다. 그 기술을 만든 사 람들은 그대로 있기 때문이다. 그 일부가 독일을 탈출해 미국에 귀화 한 후, 미국의 과학기술은 일취월장한다.

한국은 어떤 나라인가. 다 망한 나라다. 식민지를 거쳐 독립을 했다. 그것도 다 남의 힘으로, 겨우 독립했다. 독립하자마자 바로 분단되어 같은 민족끼리 총부리를 겨누며 싸운다. 무기도 다 남의 나라 것 빌려다가 우리끼리 죽이고 살리고 한 것이다. 먹을 것도 없어 풀뿌리를 캐고, 나무껍질을 벗겨 먹던 민족이다.

이 망가질 대로 망가진 나라가 불과 50~60년 만에 세계 10위의 강국이 되었다. 이렇게 짧은 기간에, 이렇게 눈부시게 발전한 나라가 세상에 또 어디 있을까. 아무리 겸손하려 해도 겸손할 수 없다. 조금이라도 역사의식이 있는 사람이라면 라인 강의 기적과 한강의 기적을 비교하면 열 받아 마땅하다. 오늘날 한반도는 여전히 분단되어 있고, 한국 사회의 온갖 문제들이 가슴 아프고 힘들기는 해도, 그때 그 시절을 기억하면 오늘날의 대한민국은 참으로 가슴 뿌듯하다.

지식인 사회에서 이런 이야기를 하면 '어설픈 쇼비니즘'으로 비판받는다. 친구들은 내가 독일에 오래 살면서 외국인 차별에 너무 상처받았기 때문이라고도 한다. 주변부 열등감이 지나쳐 과잉 애국심으로 왜곡되었다고도 한다. 그러나 인정할 것은 인정해야 한다. 아무리 생각해도 근대 이후 세계사에서 지난 반세기 동안의 대한민국처럼 발전한 나라는 없다.

오늘날 한국 사회를 비판하려면 적어도 지난 한국 역사의 발전에 대한 자부심에 기초한 비판이어야 한다. 자부심과 애정이 결여된 비판은 합당한 비판이 아니다. 파괴다. 최근, 내 생각과 같은 어설픈 쇼비니즘이 기사화된 것을 읽었다.

"역사상 오늘의 대한민국보다 위대했던 적은 없다."

경기도 김문수 지사의 주장이다. 그는 우리가 역사책에서 자랑스러워하는 '광개토대왕의 고구려'도 '세종대왕의 조선'도 오늘날의 대한민국보다 위대하지 않았다고 이야기한다. 이순신 장군도 물론 훌륭했다. 그러나 망해가는 조선을 지키던 장수였을 뿐이라는 것이다. 듣고 보니 옳다. 그런데 그는 한발 더 나간다. 광화문 광장에 이순신 장군과 세종대왕의 동상만 있는 게 불만이란다. 이 위대한 대한민국을 가능케 한 '이승만' '박정희'의 동상도 광화문에 세워야 한다고 주장한다.

아, 잠깐, 이건 좀 오버다. 아니 많이 오버다. 개인적으로 이승만과 박정희의 기념관을 만드는 것에 반대하지 않는다. 그들의 성공과 실패는 아주 중요한 역사적 교훈이기 때문이다. 그러나 그들을 세종대왕과 이순신 장군의 반열에 올리는 것은 나가도 한참 많이 나갔다고 생각한다. 도대체 무슨 근거로 그는 이런 주장을 하는 걸까? 이런 이야기를 하는 김문수는 도대체 누구인가?

내 대학 시절 그는 학생운동, 노동운동의 대부였다. 그가 '도바리'를 거듭하며 부천, 인천 등에서 각종 시위와 집회를 이끌던 일은 지금도 사진처럼 선명하다. 그는 전설이었다. 각종 유인물이 비처럼 뿌려지는 연설대의 한가운데는 항상 그가 있었다. 그런 그가, 자신이 그토록 부정하던 한국 자본주의 모순의 기원인 이승만과 박정희의 동상을 세우자고 하는 것이다. 그는 '변절(?)'했다. 그냥 변절한 것도 아니고 민자당, 한나라당 국회의원을 거쳐, 경기도 지사까지 되었다. 그는 도대체 무슨 생각을 하는 것일까?

1970~1980년대 대학을 다녔던 이들은 모두 괴롭다. 그 청춘의 고통이 아직도 해결되지 않았기 때문이다. 좌우 혹은 보수와 진보로 나뉜 이 시대의 갈등을 외면하며 대부분 어정쩡하게 산다. 어쩔 수 없는 집안의 문제를 기억에서조차 지우며 사는 것처럼, 그 시절의 기억을 모두들 억누르며 산다. 도대체 김문수에게 그 시절의 기억은 어떨까? 그는 무슨 생각을 하며 오늘을 사는 것일까?

김문수는 참 촌스럽다. 그의 수첩도 죄다 싸구려다

언젠가 세종문화회관에서 열린 상당히 큰 문화 행사에서 사회를 본 적이 있다. 김문수가 경기도지사 자격으로 축사를 했다. 그가 무대에서 내려간 후, 난 나름 유머라고 이야기했다.

"김문수 경기지사님은 다 좋은데 참 가난해 보여요. 우리나라에서 서울시 다음으로 예산이 많은 경기도의 지사님인데, 스타일은 완전 함경북도 지사 스타일이에요. 스타일이 참 촌스러워요."

순간 행사장 분위기가 싸~ 해졌다. 모두 당황한 것이다. 난 유머라고 했는데, 사람들은 전혀 유머로 받아들이지 않은 것이다. 모든 사람들이 실제로 '김문수는 참 가난해 보인다'라고 생각하고 있었기 때문이다.

실제 만나 이야기해보니 진짜 촌스러웠다. 파인 볼과 각진 턱의 얼굴 자체가 세련됨과는 거리가 있었다. 스스로도 외모에는 전혀 신경 쓰지 않는 것 같았다. 시골 아저씨 같은 복장으로 수첩이 가득한 상자를 안고 나타났다. 아무리 휴일에 입는 편한 복장이라지만, 마른 체

형에 배꼽까지 올라오는 '아저씨바지'는 정말 아니었다. 사진도 찍어
야 하니 좀 세련된 옷으로 갈아입고 오라는 보좌진의 충고에 나름
'가장 세련된 옷'이라고 다시 갈아입고 왔다. 그러나 그전 옷과 크게
다를 바 없었다.

상자에서 꺼내 탁자 위에 늘어놓은 그의 수첩들도 죄다 촌스러웠
다. 모두 낡은 스타일의 비닐커버를 한 '양지다이어리'였다. 요즘
'양지다이어리'에서도 세련되고 예쁜 수첩이 많이 나온다고 하자, 그
는 그래도 이런 스타일의 다이어리가 가장 튼튼하다고 한다. 뜯어지
지 않기 때문이다. 헤어스타일이나, 입는 옷맵시, 몸에서 놓지 않는
수첩, 죄다 참 '가난'하다. 삶의 가치나 사물을 평가하는 기준이 모두

그동안 사용한 수첩 묶음 사이에 앉은 김문수. 그는 매번 가장 싼 수첩을 사용한다. 이유는 단
순하다. 뜯어지지 않기 때문이다.

단순하다. 본질적 가치에 충실하면 되는 것이다. 수첩의 본질은 뜯어지지 않고 기록할 수 있으면 되는 것이다. 노동운동을 떠난 지 20년이 가깝지만 그의 삶의 태도는 노동운동할 때 그대로다. 아주 담백하다.

요즘 어떠냐는 내 질문에, 그는 진지하게 너무 행복하다고 답한다. 원래 혁명가는 40세까지 밖에 못 사는 데 자신은 60이 다 되도록 살아 있으니 그렇게 행복하고 감사할 수 없다는 것이다. 모든 혁명가는 일찍 죽는다. 뒤집어보면, 오래 살면 혁명가가 아니라는 이야기다. 체 게바라와 같은 혁명가를 꿈꿨던 김문수는 실제로 40세까지 혁명가의 삶을 살았다. 그처럼 치열하게 시대의 모순과 부딪혔던 사람은 없었다. 그러나 40세 이후의 김문수는 전혀 다른 길을 걷는다.

그가 40이 되던 해에 도대체 무슨 일이 있었을까? 1990년이다. 독일이 통일된 해다. 사회주의가 무너진 것이다. 당시 노동운동이든, 학생운동이든 사회의 변혁을 꿈꾸던 모든 이들에게 베를린 장벽의 붕괴는 도무지 감당할 수 없는 엄청난 충격이었다. 그때의 상황을 그는 이렇게 이야기한다.

"사회주의권의 붕괴…… 그러니까 그 이론 체계와 현실 체계가…… 70년 동안 했던 게 한 방에 넘어졌잖아. 소위 말하면 9.11 테러 때 월드트레이드센터 무너졌듯이, 우리 눈앞에서. 세계의 3분의 1이 와장창 넘어진 거지. 더 발전할 줄 알았는데 넘어진 현실을, 이걸 어떻게 해석할 거냐. 이걸 가지고 계속 얘기한 거죠. 그래서 이걸 우리가 받아들이자. 인간이 그렇게 이성적이지 않고, 도덕적이지 않고, 개혁적이지 않다. 이것을 받아들인 거죠.

…… 그래서 우리 그룹들이 모여 가지고 공부도 하고, 발제도 하고, 서구 좌파의 흐름, 우파와의 투쟁관계…… 이런 책들을 읽으면서, 역사를 어떻게 써야 하느냐, 인간의 본질적인 존재는 뭐냐…… 결국 그렇게 한꺼번에 혁명이 일어나지도 않고, 인간은 하루아침에 변하지 않는다. 그러나 역사 속에 점진적인 비약은 있을 수 있다. 그래서 현실을 선택한 거죠."

지금도 그는 '변절자' 소리를 듣는다. 지난 지자체 선거에서도 상대 후보에게 이 부분에 대해 비아냥거림을 당하기도 했다. 나도 물었다. 하루아침에 노동운동의 대부에서 집권여당의 국회의원이 되었을 때 그 상황이 괴롭지 않았느냐고 집요하게 따져 물었다. 김문수의 대답은 아주 솔직했다. 그때도 괴로웠고, 지금도 괴롭다는 거다.

"괴로웠지. 아직도 괴롭지. 괴로우면 고통이지. 이 괴로움이 지옥처럼 짧게 끝나지 않아. 길게…… 지금도 괴롭지. 이상과 현실이 다른 게 우리가 꿈꾸던 새파란 하늘 그리고 아주 높고 깨끗한 하늘…… 근데 이건 뭐 깨끗하지도 않고, 구름도 왔다갔다 하지, 폭풍우도 치지. 이건 뭐…… 현실이 너무…… 우리의 꿈속에 있는 게, 내 생애에 많은 사람들의 혁명적 열정과 헌신, 조직을 위해서…… 당대에 되지 않는다…… 한 방의 혁명은…… 없다는 거지."

20년 가깝게 자신의 드라마틱한 변신에 관해 수없이 많은 질문을 받았을 텐데, 그의 대답은 여전히 단순하고 소박하다. 야당에서 여당으로 혹은 여당에서 야당으로 당적만 바꿔도 모두들 민족과 역사를 들먹이는 엄청난 수사가 동원된다. 그러나 그는 자신의 선택에 대해

지극히 원론적인 설명만 한다. 그래서 여전히 고통스럽다고 한다. 그는 그 괴로움을 철저한 '헌신'으로 풀어낸다. 그에게 개인적인 삶은 없다. 노동운동가일 때도 그랬고, 경기도지사인 지금도 그렇다. 오직 자신이 선택한 가치에 헌신할 따름이다. 그래서 참 밋밋하다.

인터뷰 내내 나는 김문수 개인의 내면에 관해 물었다. 그러나 그의 대답은 항상 경기도와 국가의 미래에 관한 비전으로 넘어갔다. 직업 정치인의 경우, 대부분 이런 식이다. 그러나 김문수에게는 오래된 정치인에게서 느껴지는 '노회함'이 없다. 정치인 김문수를 비난하는 이들은 많다. 그러나 그 비난의 내용은 모두 20년 전 '변절'과 관련되어 있다. 그러나 지역구의 국회의원으로서, 경기도지사로의 김문수를 비난하는 이는 별로 없다. 모두 그의 '헌신'은 알기 때문이다. 그의 촌스러운 헌신은 투박한 수첩만큼이나 쉽게 뜯겨지지 않는다. 아주 집요하다.

김문수는 아무 데서나 적는다. 정확하고 꼬장꼬장하다

인간의 기억은 정확하지 않다. 법정에서도 목격자의 증언은 확실한 증거로 인정받지 못한다. 심리학자들은 이를 실험으로 증명한다. 기억의 왜곡에 대해 집중 연구한 심리학자 엘리자베스 로프터스의 연구는 어설픈 인간 기억의 특징을 잘 보여준다. 동일한 자동차 사고 장면을 보여주고 그 사건을 기억하라고 했을 때, 피험자들의 대답은 제각각이었다. 동일한 사건을 목격했지만 구체적 서술이 전혀 달랐던 것이다.

물어보는 질문의 방식에 따라 대답이 달라지기도 했다. 예를 들어 "자동차가 충돌했을 때, 차들의 속도는 어느 정도였나요?"라고 물어보는 경우와 "자동차들이 세게 충돌했을 때, 차들의 속도는 어느 정도였나요?"라고 물어보는 경우의 대답은 확연히 달랐다.

'충돌했을 때'라고 물어본 경우에 시속 34마일 정도라고 대답한 반면, '세게 충돌했을 때'라고 물어본 경우에는 시속 40.8마일이라고 대답했다. 질문을 자동차들이 '서로 접촉했을 때'라고 물으면 속도는 더 낮아져 시속 31.8마일이라는 대답이 나왔다. 기억을 왜곡하는 방법은 너무 쉽고 간단하다.

일상에서도 마찬가지다. 사람들은 자기가 놓아둔 물건이 어디 있는지 기억하지 못해 매일 평균 55분을 허비한다고 한다. 자신의 생명과 관련된 경우조차 기억은 제대로 작동하지 않는다. 스카이다이버들은 종종 자기 낙하산을 펼치는 것을 잊는다고 한다. 스카이다이빙 사망사고의 약 6퍼센트가 이런 경우다.

뿐만 아니다. 차 안에 아이를 두고 내리는 부모도 있다. 비행기 조종사도 예외는 아니다. 아주 간단하고 단순한 망각이 수백 명의 목숨을 앗아간다. 그래서 아직도 조종사들은 아주 원시적인 점검표를 사용한다. 매일같이 되풀이되는 일들의 리스트를 만들어 일일이 손으로 체크해가며 확인한다.

김문수도 일일이 체크한다. 그의 수첩은 빡빡한 일정으로 가득 차 있다. 처리된 일은 체크되어 있고, 해야 할 일이나 중요한 사안들은 빨간색으로 표시되어 있다. 그래서 그는 꼭 3색 볼펜으로 기록한다.

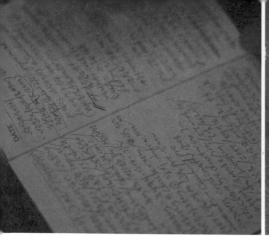

그는 꼭 3색 볼펜을 사용한다. 중요한 사안은 일일이 빨간색으로 체크한다. 그래서 조사하면 다 나온다(좌). 천재의 기억보다 바보의 기록이 중요하다고 반복해서 이야기하는 김문수. 그는 아무 데서나 적는다. 적을 곳이 없으면 그냥 주저앉아 적는다(우).

만년필은 싫어한다. 오랜 시간이 지난 후 읽어보려면 잉크가 다 퍼져 읽을 수 없게 되기 때문이다. 나와 인터뷰하는 내내 손에서 수첩을 놓지 않았다. 오히려 내가 인터뷰를 당하는 기분이었다. 그는 일하기 위해 적는 게 아니라, 적기 위해 일하는 것 같았다. 그는 아무 데서나 적는다. 앉을 곳이 없으면 그냥 주저앉아 적는다.

"천재의 기억보다 바보의 기록이 정확하다." 인터뷰 내내 그가 반복한 이야기다. 그는 근거 없이 말장난으로 우기는 이들을 매우 싫어한다. 아주 오래 전, 그와 함께 민중당 창당을 준비했던 내 친구는 김문수의 꼬장꼬장함을 지금도 이야기한다. 구석에 앉아 그 특유의 사투리와 카랑카랑한 목소리로 철저하게 사실에 근거한 이야기로 절대 물러서지 않는 그의 모습에 모두들 질려했다는 것이다.

이론이나 불확실한 편견만 가지고 우기지 말고 '팩트'를 가지고 이야기하자는 거다. 조사하면 다 나온다는 이야기다. 그래서 그의 변절 시기의 기록을 함께 찾아봤다. 기록에는 "우리의 과제…… M의

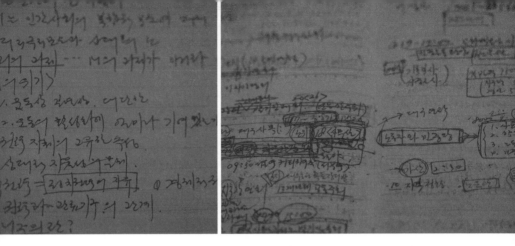

그가 사회주의의 몰락을 바라보며 고민하던 시기의 기록. '마르크스의 과제가 아니라 우리의 과제'라고 쓰여 있다(좌). '노동자와 민중당'에 관한 논의를 기록한 내용(우).

과제가 아니라 우리의 과제. M의 위기…… 운동상 분열상 대단한…… 권력자체의 고유한 속성. 상대적 자율성의 문제……"와 같은 내용이 적혀 있다. 여기서 M이란 '마르크스주의'다. 사회주의의 몰락을 바라보며 그는 이념으로부터 자유로운 '우리의 과제'를 고민하기 시작한 것이다. 이런 고민은 혁명이 아닌 현실 정치에 대한 고민으로 발전한다. 이어지는 기록에는 '노동자와 민중당'에 관한 내용들이 있었다.

사실에 근거한 주장이라면 끝까지 물러서지 않는 만큼, 잘못된 사실이나 실패에 대한 인정도 빠르고 명쾌하다. 자질구레한 변명이 없다. 그는 한국의 '좌파'에 대해서도 한쪽만 이야기하지 말고 명확한 팩트를 가지고, 동일한 잣대를 가지고 남한과 북한 양쪽을 토론하자고 이야기한다. 흑백논리는 팩트와는 거리가 먼 편견이라는 거다. 흥미로운 것은 그가 비판하는 좌파들이 과거 그를 따르던 동료 후배들이라는 사실이다.

"좌파가 쓴 글은 선악이 선명해. 자본주의는 악이라는 거지. 자본주의라는 제도가 인간을 이렇게 황폐화시킨다고 하면 모든 게 끝나. 그럼 내가 묻고 싶은 게…… 자본주의가 그렇게 사람을 황폐화시키는데, 당신은 왜 자본주의 사회에서 왜 이렇게 여러 가지 소비를 누리고 사는가. 자본주의 소비는 늘 허망하다고들 그래. 그럼 자기는 소비를 안 하나? 근데 그냥 한마디로 끝내버리지. 이건 완전히 웃기는 이야기야. 이런 문제에 대해서 한국의 지성은 참 약해. 그냥 넘어간다고.

나는 안 넘어가지. 문제 제기 하지. 자본주의는 다 악인가? 자본주의 소비는 늘 허망한 거냐? 늘 문제가 있는 거냐? 그럼 자본주의가 없는 북한이 안 허망하냐? 성공적이냐? 비전이 있냐? 내가 묻지. 답을 해야 할 거 아냐? 그러면 그들은 또 그래요. 야, 그런 이야기가 아니고, 이 자본주의가 그렇다는 거지. 아니, 그게 뭐야…… 북한을 비판하는 소리는 전혀 안 해. 그게 뭐냐고…… 나는 그쪽에 내 청춘을 다 보냈고, 지금은 또 이리 와 있어요. 물론 그쪽에도 좋은 점은 있었어요. 우리 이런 거를 한마디로 흑백으로 하지 말자 이거야."

김문수의 기록 강박은 아주 어릴 때부터 생긴 습관이다. 그는 똑똑하게 말을 잘하는 친구가 부러웠다. 그래서 생각했다. 다 적어서 외우자. 그러니까 자신의 논리가 정연해지더라는 것이다. 그가 가지고 온 상자에는 그 어릴 적 기록들도 많이 남아 있었다. 절반쯤 불에 타버린 일기장도 있었다. 그의 성격을 잘 보여주는 아주 어릴 적 기록도 많이 있었다.

"놀러 온 할머니께서 점쟁이
라고 하셔서 관상을 봐달라고
했더니…… 우리들은 모두 잘살
겠다고 하셨다. 나는 점쟁이가
보는 것이 뭣이 맞겠느냐고 하
고 공부를 시작했다."

초등학교 때 김문수나 지금의
김문수가 이야기하는 투나 생각
이 하나도 변하지 않았다. 조금
더 자란 후, 중학교 때의 일기를
들춰보니 이렇게 쓰여 있다.

"나도 모든 사람에게 절대 친
절하며, 성화를 내지 않고, 조직
적인 생활을 하고, 우리 가족의
행복을 위해서 내 최선을 다하
겠다고……."

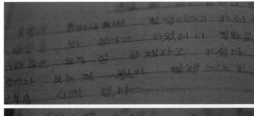
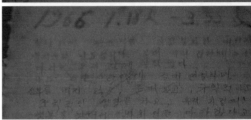
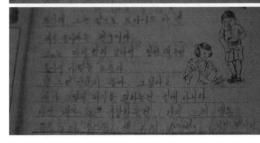

김문수의 어린 시절 일기 내용들. 일기 내용
을 읽어보면 사람은 절대 안 변한다. 초등학
교 때의 김문수나 지금의 김문수나 하나도
다를 게 없다.

또 이런 내용도 있다.

"최선태. 그는 참 프라이드가 센 내가 좋아하는 친구이다. 그는 마
치 범과 같아서 칭찬해주면 좋아서 어쩔 줄 모른다. 난 그런 인간이
좋다. 그렇다고 내가 그렇게 되기를 원하는 건 절대 아니다. 다만 내
가 그를 사랑하는 건, 단지 그의 행동, 즉 그의 우스운 센 그의 pride
그것일 뿐이다."

아, 이 대목에서 심리학자인 나는 좌절한다. 초등학교, 중학교 때의 김문수나, 노동운동가 김문수나, 경기도지사 김문수나 다 똑같다. 철저하고, 자기주장 강하고, 꼬장꼬장하다. 인간 김문수는 하나도 안 변했다. 인간은 절대 안 바뀐다.

김문수의 글은 주머니의 송곳처럼 당혹스럽다

김문수의 수첩에는 정서적 표현이 거의 없다. 불필요한 수사는 전혀 없다. 정확한 기록을 위해 노력할 뿐이다. 차갑다. 그가 하는 이야기도 마찬가지다. 둘러가는 이야기가 전혀 없다. 그가 생각하는 것을 분명하게 전달할 뿐이다. 그래서 경기도 공무원들은 그를 무서워한다. 보고할 때마다 불호령이기 때문이다. 그의 요구는 매번 동일하다. 제발 요점만 분명히 하라는 거다.

요점 정리는 사안을 처음부터 끝까지 명확하게 이해한 경우에만 가능한 이야기다. 어설픈 보고는 무자비하게 당한다. 김문수는 자신이 경기도 공무원들에게 별로 인기가 없다는 것을 잘 안다. 그러나 그는 인기에 별로 연연하지 않는다. 비판도 그리 두려워하지 않는다. 하긴 20년 가까이 변절자란 소리를 들어온 그가 뭘 무서워할까.

그가 감옥에서 아내에게 보낸 편지 뭉치에도 정서적인 표현은 거의 없다. 편지 가득 온통 노동운동에 관한 내용이다. 도대체 아내에게 애틋한 편지 한 통 보낸 적이 없느냐고 물었다. 그는 약간 수줍어하며 서재 한 귀퉁이에 있는 시집을 꺼내온다. 유시화의 시집 《한 줄도 너무 길다》였다. 표지를 넘기자 그가 아내를 위해 쓴 유일한 서정

278

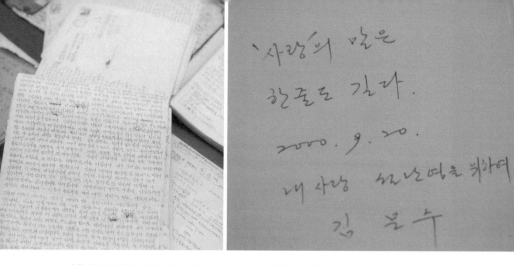

감옥에서 아내에게 보낸 편지 뭉치. 그러나 죄다 노동운동에 관한 내용이다. 사랑하는 아내에게 따뜻한 인사조차 없다(좌). 뒤늦게, 아주 늦게 김문수가 아내에게 전한 유일한 사랑 표현이다. "사랑의 말은 한 줄도 길다." 김문수는 이토록 정서 표현이 서툴다(우).

적 표현이 나온다.

"사랑의 말은 한 줄도 길다. 2000. 9. 20. 내 사랑 설난영을 위하여. 김문수."

나는 정치인의 아내처럼 불쌍한 사람은 없다고 생각한다. 김문수의 아내는 여타 정치인의 아내와 또 다르다. 평생 노동운동을 함께 하고, 옥바라지를 하고, 또 정치인의 아내로 희생하고 있다. 그 아내에게 고작 시집 한 권 선물하며 쓴 글이 '사랑의 말은 한 줄도 길다'다. 아내를 사랑하지만, 그렇다고 그 애틋한 표현을 본인의 입으로는 차마 할 수 없다는 이야기다. 참으로 김문수답다. 그리고 그의 아내 설난영은 참으로 대단하다.

그는 도무지 다른 사람의 느낌이나 감정에 대해 관심이 없는 사람 같다. 앞서 이야기한 '이승만과 박정희의 동상 세우기' 경우만 해도 그렇다. 아무리 자신의 주장이 옳아도 사람들의 일반적 상식과 정서를 고려한다면, 대중적 인기를 먹고사는 정치인이 그런 주장을 그토록 무리하게 할 일은 아니다. 보수 진영에서도 이승만과 박정희에 대한 평가는 엇갈린다. 특히 4·19 세대가 여전히 정정한 지금, 이승만에 대한 김문수의 주장은 불필요한 반감을 유발할 수 있다. 그런데 왜 그런 주장을 할까.

"내가 4·19 세대에 아는 사람이 많아요. 내가 그런 이야기하면 '그런 이야기, 김 지사는 하지 마. 이승만 같은 사람을 어떻게 당신이 찬양하는 거야!' 그런다고. 그런데 내가 요즘에도 이승만 책을 계속 읽고 있어. …… 정말 훌륭한 사람이야. 말년에 여러 가지 잘못도 있지만. 미래를 100년을 내다본 분이야. 그분이 없었다면 우리나라가 과연…… 이 사람이 보는 국제 정세에 대한 통찰, 특히 한국을 둘러싼 미소의 냉전과 6·25 전쟁에서 겪는 어려움을 이런 탁월한 리더십이 없었으면 우리나라는 어떻게 됐겠냐고.

…… 내가 공무원 교육을 많이 해요. 공무원 특강을 가면 물어봐. 대한민국을 누가 건국했나. 이승만, 이성계, 단군 이렇게 물어보면 단군이 5퍼센트, 이승만이 5퍼센트, 이성계가 1~2퍼센트. 그럼 나머지는 뭐야? 손 안 든 사람은 뭐야? 허~. 그럼 내가 조선민주주의인민공화국의 건국자가 누구냐? 그러면 김일성을 한 2~30퍼센트가 들어. …… 북한은 명료하게 곳곳에 전부 김일성 동상, 북한 전역 어디를 가도 김일성 동상이야. 그런데 이 나라엔 이승만 동상이 하나도 없어요. 아, 국회에 딱 하나 있다. 그것도 세울 때 논쟁이 많았어요. 그것도 초대 대통령이 아니고 초대 국회의장으로서 세운 거야. 이런 혼

돈의 역사, 이걸 가지고는 절대 선진국이 안 된다는 게 내 생각이야. 역사의식이 분명하지 않고는 절대 선진국이 될 수 없어요. 역사는 기록으로부터 나오는 것이고, 이 기록은 사실을 명료하게 하는 것이지. 내가 늘 하는 게 바로 그거야. 정확한 거. 이 수첩도 그렇고."

이승만, 박정희의 동상을 광화문에 세우자는 그의 과격한 주장은 우연하게 나온 게 아니다. 그의 수첩에서 비롯된 것이다. 정확한 사실만을 기록하는 그의 수첩처럼 광화문도 역사적 사실을 명확하게 적어야 한다는 이야기다. 광화문이 대한민국을 대표하는 상징적 공간이라면 이 위대한 대한민국을 수립한 건국자 이승만과 경제 성장을 가능케 한 박정희를 정확하게 기록해야 한다는 것이다.

누구보다도 기록을 정확하게 해야 하는 지도자들이 다들 피해간다는 거다. 광화문을 새롭게 단장하면서 또 세종대왕 동상을 세운 것에 대해 그는 다시 그 카랑카랑한 목소리를 높인다. 세종대왕이 위대한 지도자인 거 잘 안다. 그러나 전국 초등학교에 죄다 세종대왕 동상이다. 1000개, 1만 개가 있는데 왜 또 세우느냐. 그러면서 그는 내게 다그치듯 묻는다.

"세종대왕의 조선이 위대한가, 아니면 지금의 대한민국이 더 위대한가?"

역사는 편집이다. 끊임없이 재구성된다. 현재의 지배적인 가치와 이념에 의해 재해석된다는 이야기다. 이때 중요한 것은 재구성, 재해석의 기초가 되는 기록이다. 그 기록은 매번 정확해야 한다. 정확하지 못하거나 기록이 누락되면 역사는 왜곡된다.

김문수는 당당하다. 그의 당당함은 수첩에서 나온다. 그의 수첩은 송곳처럼 불편하다. 정확하기 때문이다.

개인도 마찬가지다. 아이덴티티, 즉 인간의 정체성은 자신의 현재 처한 상황에 따라 끊임없이 재구성된다. 승승장구, 탄탄대로를 달릴 때는 과거의 긍정적 사건들만 기억난다. 힘든 기억들조차 의미 있는 고통으로 기억된다. 그러나 현재가 어렵고 견디기 어려우면 끊임없이 힘들고 괴로웠던 일들만 기억난다. 힘든 현재가 고통스런 과거를 불러내는 악순환이 반복되는 것이다. 이런 기억의 왜곡이 바로 우울증이다. 그래서 우울증이 무서운 것이다. 한번 빠지면 헤어나기 어렵기 때문이다.

중년의 우울증이라곤 찾아올 여지가 전혀 없어 보이는 인간 김문수의 당당함은 그의 수첩에서 나온다. 그의 수첩은 주머니 안의 송곳처럼 불편하다. 정확하기 때문이다. 그러나 정확한 사실의 기록 앞에 기억의 왜곡이나 무의식적 억압이 설 자리는 없다. 그래서 김문수는 자신의 그 드라마틱한 개인사에도 그토록 당당한 것이다.

그래도 자신의 얼굴에는 그다지 당당하지 못한 듯했다. 사진은 웬만하면 오른쪽을 찍어달란다. 왼쪽 턱은 너무 각이 져 날카로워 보인다며 씩 웃는다. 그리고는 쑥스러운지 이내 고개를 숙여 수첩에다 무언가를 다시 적는다.

유영구의
지도

내겐 연구소가 몇 개나 된다. 휴먼경영연구원, 여가문화연구센터, e스포츠연구센터 등. 관심분야가 자꾸 다양해지기 때문이다. 나는 한때 우리 대학에서 연구 프로젝트가 가장 많은 교수이기도 했다. 그러나 시간이 지날수록 연구소 운영이 만만치 않다. 몇 명 되지도 않는 사람 관리가 너무 골치 아프다.

그래서 모든 연구소를 통합하고 운영을 간소화했다. 미래지향적 간판도 야심차게 붙였다. '여러가지문제연구소'. 앞으로 더 이상 새로운 연구소를 만들 이유가 없다. 이름 그대로 이 지구상의 모든 문제를 다 연구할 수 있기 때문이다.

요즘 이 연구소의 소장인 내게 가장 중요한 연구 주제는 '나 자신'이다. 매번 내 인간관계는 그리 편하지 않다. 연구 펀드를 받아오고, 뛰어난 연구 성과를 만드는 것은 누구보다도 자신 있다. 그러나 연구원들과의 인간관계가 너무 피곤하다. 항상 드는 생각이라곤 '왜 내 밑에는 나 같은 놈 하나 없나?'다. 그러던 어느 날 갑자기 든 생각이다.

'그럼 너는?'

'너는 다른가?' 정신이 퍼뜩 드는 질문이었다. 함께 오래 일해온 책임연구원 하나가 마음에 너무 깊은 상처를 주고 떠난 날, 침대에 누워 분노의 한숨을 삭이다가 든 생각이다. 나 같이 '욱' 하는 성격에, 도무지 어디로 튈지 모르는 사람을 채용해서 참고 함께 계속 일할 마음이 '너는' 있는가? 다양한 자기합리화로 한참을 피해가다 마지막으로 내가 내린 결론은 내 가슴을 아주 깊숙이 후비는 것이었다. 아, 그렇다. 나도 '나 같은 사람'은 절대 안 쓴다.

'왜 내 밑에는 나 같은 놈 하나 없나'의 문제에서 시작한 내 생각은 결국 내 스스로도 밑에 두고 싶지 않은 '나 같은 사람'을 채용한 명지학원의 유영구 이사장에게 다다랐다. 그는 유치원부터, 초등학교, 중고등학교의 교사들을 포함해 전문대학, 대학교, 대학원의 모든 교수들의 인사를 책임지고 있는 사람이다. '나 같은 사람'은 정말 셀 수 없이 많은, 아주 골치 아픈 조직의 책임자다. 도대체 그는 그 복잡한 조직을 어떤 철학으로 운영하고 있는 것일까. 그 스트레스는 또 어떻게 견디고 있을까.

유영구는 지도 속에 숨겨진 '세상을 보는 관점'을 수집한다
유영구는 명지학원의 이사장을 거쳐 한국야구위원회KBO 총재를 맡기도 했다. 그는 고지도를 수집한다. 물론 한반도가 포함된 고지도다. 지금까지 약 140개 정도를 수집했다. 모두 정말 구하기 힘든 것들이다.

고서와 고지도로 가득한 명지대학교 방목학술정보관의 서재.

그 지도가 보관되어 있는 명지대학교 방목학술정보관 2층에서 그를 만났다. 지도를 포함한 고서들이 가득한 공간은 너무 아름다웠다. 고서들로 가득한 책장이 사면을 다 채우고 있었다. 고서들에서 풍겨나오는 묘한 곰팡이 냄새는 향기라고 해야 옳다. 책을 좋아하는 사람이라면 누구나 한번 꾸며보고 싶은 지적 풍요로움이 가득한 공간이다.

그가 지도를 수집하게 된 계기는 우연이었다. 그는 오래전부터 학술적 목적에서 고서 수집을 시작했다. 국내 학자들이 서양에 비친 한국의 모습에 관심을 가졌으면 하는 생각에서 한국이 서술된 서양의 고서들을 모으기 시작했다. 그 후, 유럽의 고서점은 물론 러시아, 일본, 중국의 고서점들을 헤매는 것은 유영구의 취미가 되었다. 그러던 중 자연스럽게 한국이 그려진 고지도를 접하게 되었다. 그런데 지도에 나타난 한국의 모양이 참 흥미로웠다. 어떤 지도에는 섬으로 그려져 있고, 어떤 지도에는 대륙에 매달린 고드름처럼 그려져 있었다. 그렇다면 도대체 언제부터 한국이 지금과 같은 모습으로 세계에 알려졌을까? 그것도 궁금해졌다.

지도는 절대 객관적이지 않다. 항상 그리는 사람의 의도와 관점이 숨겨 있기 마련이다. 독일 유학 당시 내가 받았던 첫 번째 문화적 충격은 지도였다. 중고교 시절, 어느 교실에나 한쪽 벽에는 세계지도가 붙어 있었다. 다른 쪽 벽에는 늘 '근면 성실'과 같은 교훈과 시간표가 붙어 있었다.

당시 그 좁은 교실에서 우리가 보고 자란 세계지도는 태평양이 한가운데 있는 것이었다. 태평양을 중심으로 아시아 대륙과 아메리카 대륙이 양쪽으로 있었다. 유럽과 아프리카는 왼쪽 가장자리에 있었다. 그러나 독일에서 본 세계지도는 달랐다. 이제까지 한 번도 본적

이곳은 우리나라 학술계 원로들의 모임인 '태평관기영회'가 정기적인 모임을 갖는 사랑방이기도 하다. 이곳에 유영구의 고지도 컬렉션의 일부가 전시되어 있다.

이 없었던 형태였다. 대서양이 중심에 있었다. 물론 유럽이 가운데 있었고, 한국과 일본은 오른쪽 가장 끝자리에 있었다.

대서양이 중심에 놓인 세계지도를 보고서야 왜 한국이 속한 지역을 극동아시아라고 부르는지 이해되었다. 태평양을 중심으로 한 지도로 보면 한국은 세계의 중심에 있지만, 대서양을 중심으로 한 지도에서는 동쪽 끝, 즉 '극동Far East'이었다. 내 학창 시절에는 중동 건설이 한창이었다. 그러나 사우디아라비아, 이라크, 이란 등을 왜 '중동Middle East'이라고 하는지 한 번도 의문을 품어본 적이 없었다. 유럽을 중심으로 보니 동쪽으로 극동과 근동의 중간 지역이라 중동이 된 것이었다. 더욱 흥미로운 것은 한국이 중심에 있는 태평양을 중심으로 한 지도를 보면서, 우리 스스로도 한국이 속한 지역을 극동아시아라고 불렀다는 사실이다. 유럽 중심주의는 이렇게 구체적이고 철저하게 우리를 세뇌시킨 것이다. 지금도 여전히.

북쪽을 위쪽으로 한 지도가 당연한 것 같지만, 이는 나침판이 보편화된 이후의 일이다. 그 이전에는 각 문화권에 따라 서쪽을 위로 한 지도(일본), 남쪽을 위로 한 지도(중국) 등이 있었다. 호주의 스튜어트 맥아더라는 지도학자는 호주 대륙이 항상 밑에 그려지는 '북향지도'에 열 받아 거꾸로 된 수정본 세계지도를 제안한다. 이 지도는 남쪽이 위로 되어 있고, 자오선은 호주의 캔버라를 중심으로 하고 있다. 이 지도에서 유럽은 오른쪽 구석에 처박혀 있다.

절대 객관적일 수 없는 동서남북의 방향 설정처럼 지도상의 면적도 절대 객관적이지 않다. 사람들은 지도의 평면이 실제 대륙의 크기를 반영하고 있다고 착각한다. 절대 그렇지 않다. 오늘날 우리에게 익숙한 지도는 메르카토르 투영도법에 의한 지도다. 이 지도는 적도 부근에서만 정밀하다. 극으로 갈수록 엉터리다.

메르카토르의 지도에서 북극에 가까운 그린란드는 아프리카 대륙 정도의 크기다. 그러나 그린란드의 실제 크기는 아프리카의 14분의 1에 불과하다. 또한 북아메리카와 유럽이 너무 크게 그려져 있다. 북아메리카의 크기는 아프리카의 3분의 2에 불과하나 지도상으로는 훨씬 크게 그려져 있고, 유럽의 크기도 실제보다 몇 배로 부풀려져 있다. 지도에는 이렇게 세계를 바라보는 숨겨진 관점과 의도가 있다.

유영구의 지도에 대한 관심은 무엇보다도 한국을 바라보는 세계의 관점이 어떻게 변화했나를 밝히는 데 있다. 서양의 지도에서 한국이 섬이나 대륙에 매달린 고드름 모양의 그림으로 형상화된 것은 한반도의 존재가 중국이나 일본을 통해 전달되었기 때문이었다. 한반도는 그 당시 서구의 관점에서 그다지 중요하지 않았다는 이야기다.

1737년 프랑스의 지리학자 당빌의 '신중국지도첩'에서부터 한반도는 아주 제대로 그려지기 시작했다. 김정호의 '대동여지도'에 130년이나 앞선 당빌의 지도에 나타난 한반도는 유영구의 고지도 컬렉션 중에서도 가장 흥미로운 부분이다. 동해의 독도와 울릉도가 제대로 표현되어 있기 때문이다. 재미있는 것은 인접해 있는 이 두 섬에 대한 표기다. 하나는 'Fan ling tao'로, 또 하나는 'Tchian san tao'로 적혀 있다.

웬 뜬금없는 '팡 링 타오'와 '치안 산 타오'인가. 학자들과의 오랜

1737년 프랑스 지리학자 당빌의 '신중국지도첩'에 나타난 한반도. 오늘날의 지도에 상당히 근접해 있다(좌). 당빌의 지도에 나타난 울릉도와 독도. 낯선 지명으로 표기된 이유에 대해 유영구는 상당히 설득력 있는 가설로 설명한다(우).

토론 끝에 내린 유영구의 결론은 이렇다. 우산도于山島를 천산도千山島로 잘못 읽어 천산도의 중국 발음인 'Tchian san tao(현대 표기로는 Qian shan dao)'로, 울릉도鬱陵島의 경우는 '울鬱'을 '반攀'으로 읽어 반릉도攀陵島, 즉 'Fan ling tao(현대 표기로는 Fanling dao)'로 적었다는 해석이다. 설득력 있다. 이 정도의 집요함이면 전문적인 지도학자 수준을 능가한다.

　우리나라의 영토 문제와 관련된 아주 귀중한 지도도 있다. 1740년에 제작된 프랑스 왕실의 지리학자 보곤디가 제작한 지도다. 흥미롭게도 보곤디의 지도에는 압록강과 두만강을 넘어 서간도와 동간도까지 조선의 영토로 표시되어 있다. 뿐만 아니다. 울릉도, 독도가 분명하게 표시되어 있고, 동해를 '한국해corean sea'라고 분명하게 표기한 지도도 유영구는 조심스럽게 꺼내 펼쳐 보았다.

　고서와 고지도에 대한 유영구의 관심은 명지대학교에 국내 최초의 기록정보과학전문대학원의 설치로 발전된다. 한국 사회가 제대로 발

1740년에 제작된 프랑스 왕실의 지리학자 보곤디의 지도. 조선의 국경이 서간도와 동간도를 포함하도록 그려져 있다(좌). 울릉도, 독도는 물론 동해를 'COREAN SEA'로 명시한 고지도(우).

전하려면 무엇보다 먼저 역사적 기록물들의 관리가 제대로 되어야 한다는 게 유영구의 생각이다. 역사적 기록의 부재는 당연히 역사의식의 부재로 이어진다. 체계적인 기록 관리는 세계관의 체계적인 정리이기도 하다. 세상에 존재하는 모든 기록물은 어떤 방식으로든 고유의 세계관을 담고 있기 때문이다. 세상을 보는 다양한 관점이 존재하고, 이 관점이 역사적으로 변화해왔고, 또 변한다는 역사의식은 역사적 기록물의 체계적 관리에서부터 시작된다. 가장 객관적이고 사실적이어야 하는 지도조차 절대 객관적이고 사실적일 수 없다는 통찰이 바로 그 출발이다.

자신의 관점이 상대적이라는 사실을 인정할 때, 타인의 관점을 인정할 수 있다. 독선과 아집에서 벗어나 대화와 타협이 가능해진다는 이야기다. 절대적 리더일수록 더욱 상대화의 노력이 필요하다. 유영구에게 고서, 고지도를 모으는 일은 대학교 이사장의 절대적 지위를 상대화시키려는 노력이다. 그는 이렇게 아주 간단하고도 진솔하게 이사장의 역할을 설명한다.

"예를 들어서 내가 KBO 총재인데 야구경기에 작전 지시를 하면 돼요? 안 되죠. '번트를 대라' '뛰어라' 그건 내가 하면 안 되잖아. 감독이나 코치가 할 일이지. 그런데 사람들은 착각한다구. KBO 총재면 야구의 모든 것을 다할 수 있다는 생각을 한다는 거지. 결국은 학교도 마찬가지지. 교수가 할 일이 있고, 총장이 할 일이 있고, 이사장이 할 일이 있고…… 일이 다른데.

이사장이 학교의 모든 것을 책임져야 한다고 생각할 때부터 뭔가 잘못된 거라고. 시간이 남으면 딴 짓을 하게 되고, 시간이 남으면 월권을 하게 되고, 시간이 남으면 공상을 해가지고 결국은 문제를 일으키거든. 그러니까 이사장도 스스로 재미있는 것을 해야 돼. 자꾸 재미난 일을 해야지, 저쪽도 독립성이 유지되고 나도 재밌지.

나는 고서 모으는 일은 아주 축복받은 거라고 생각해. 대부분의 재미난 일은 보람이 별로 없어. 반대로 보람이 있는 일은 재미가 없어. 그런데 고서, 고지도 모으는 일은 두 가지가 다 있어. 이건 재미도 있고, 나중에 해놓으면 보람도 생기고. 얼마나 축복받은 거야."

'멀티플 퍼스펙티브'로 세상을 바라봐야 갈등이 해결된다

유영구의 지도 컬렉션에는 가치로 환산할 수 없는, 아주 귀중한 지도가 또 하나 있다. 북한의 '5만분의 1 지도'다. 현존하는 가장 자세한 북한지도다. 1970년대 소비에트에서 제작된 이 지도는 항공 측량과 지상에서의 삼각 측량을 동시에 동원해 만든 아주 정교한 것이다. 제작 기간만 10년이다. 보통 군사지도 이외에는 '5만분의 1 지도'를 만들지 않는다. 일반적인 군사지도에는 하천의 폭이나 수심만 기록되지만, 이 지도는 유속, 수풀의 수종까지 기록되어 있다. 아주 정밀한 군사지도란 이야기다.

총 410장으로 이뤄진 이 지도를 처음 본 국정원의 담당자는 있을 수 없는 지도라며 놀라워했다. 소비에트가 무너진 후, 일본으로 유출된 이 지도를 '나우카'라는 일본 고서점에서 구했다. 이 지도는 원래 일본 자위대에 넘겨지기로 되어 있는 것이었다. 유영구는 서점 주인을 몇 번이나 찾아가 설득한 후에 겨우 구할 수 있었다. 그는 당시 북한지도와 함께 유출된 '25만분의 1' 중국지도를 함께 구입하지 못한 것을 지금도 아쉬워한다. 개인이 구입하기에는 너무 고가였다. 당시 정부기관을 찾아다니며 꼭 사와야 한다고 이야기했지만, 자신만 우스운 사람이 되고 말았다며 아직도 섭섭해 한다.

모든 그림은 관찰자의 시선을 전제로 하고 있다. 지도도 마찬가지다. 지도가 전제하고 있는 관찰자의 시선은 하늘에 위치하고 있다. 하늘 높은 구름 위에서 세상을 내려다보는 초월적 시선인 것이다. 지도가 강력한 무기가 되는 것은 바로 이 초월적 시선으로 내려다보기 때문이다. 이 전지전능한 시선을 피할 방법은 없다.

아주 어린 아이는 초월적 관점을 상상할 수 없다. 그러나 대여섯 살이 되면 이 초월적 시선을 상상하는 능력이 생긴다. 스위스의 발달 심리학자 피아제는 이 공간 지각 능력이 태어날 때부터 타고나는 것이라고 주장한다. 특별한 학습 과정이 없어도 인간이라면 누구나 약

6세 이후부터 이 초월적 시선을 상상할 수 있게 된다는 이야기다. 예를 들어 항공사진을 처음 보더라도, 이것이 하늘에서 땅을 내려다보는 것이라는 걸 얼마든지 추론해낼 수 있다는 것이다. 인간이 동물과 구별되는 것은 이 초월적 시선이 선험적으로 가능하기 때문이다.

초월적 존재에 대한 신앙, 즉 종교는 이런 초월적 시선에 대한 상상과 아주 밀접한 관련을 갖고 있다. 그래서 초기 지도의 대부분은 종교적 세계관을 반영하고 있다. 예를 들어 중세시대에 일반적이었던 'T-O지도'는 철저하게 중세 기독교의 세계관을 반영하고 있다. 나일 강과 돈 강 그리고 지중해에 의해 T자로 분할된 아시아, 아프리카, 유럽의 세 대륙을 둥근 O자형의 바다가 둘러싸고 있는 모양이다.

세계가 다원화되고, 자연과학이 발달하면서 이 초월적 시선은 분화되기 시작한다. '싱글 퍼스펙티브single perspective'에서 '멀티플 퍼스펙티브multiple perspective'로의 전환이다. 오늘날의 지도에서는 '시점'이 하나로 존재하지 않는다. 쉽게 말해 원근법의 소실점 반대편에 위치하는 통일된 관찰자의 시점이 없다는 이야기다. 곡면으로 된 지구를 평면에 그리다 보니 다양한 방식의 투영법이 개발되었기 때문이다. 오늘날 우리가 접하는 지도는 한 점에서 바라본 세상이 아니다. 면에 편재된 시점으로 '투영projection'된 세상이다. 제대로 된 지도는 관점의 편재화, 즉 다양한 관점에 열려 있어야 한다.

유영구는 지도 수집을 사람들과의 만남에 비교한다. 이런 사람, 저런 사람에 다 열려 있어야 한다는 것이다. 아닌 게 아니라 유영구의 인간관계는 참 특이하다. 모르는 사람이 없다. 좌우, 여야를 막론하고 다 친구고 형, 동생이다.

그의 정치적 성향은 보수다. 사안에 따라 '극우'일 때도 많다. 당연히 한나라당 쪽 의원들과 가깝게 지낸다. 그러나 진보 진영의 사람들과도 아주 가깝다. 야당의 손학규, 김근태와는 오랜 친구사이다. 지금도 진보 진영의 대부로 추앙받는 고 조영래 변호사와도 아주 절친한 사이였다. 그의 죽음 이후 유영구는 앞장서 조영래 추모 사업을 추진했다.

유영구는 비슷한 시기에 진보 진영의 인사와 보수 진영의 인사를 함께 명지대 교수로 임용했다. 예를 들어 노무현 정권의 문화재청장을 지낸 유홍준, 국정홍보처장을 지낸 김창호(지금은 퇴직) 등이다. 반면 뉴라이트 진영에서 활발하게 활동하는 강규형도 같은 시기에 교수로 임용됐다. 보수 단체의 선언과 토론회에 빠지지 않는 조동근도 명지대 교수다. 이렇게 명지대학교 교수들의 이념적 편차는 타 대학에 비해 훨씬 두드러진다. 유영구는 자신이 책임질 수 있는 영역에서만이라도 '관점의 편재화'를 실현하려는 것이다.

"좌나 우나, 극좌는 빼고 내가 보기에 오, 엑스 문제는 아닌 것 같아요. 나는 우편에 있어요. 사상적으로도 우고, 오히려 극우에 가까울 정도로 우지만. 화이부동 아니에요? 화합은 하지만 똑같이는 안 하더라도 좀더 폭넓은 생각을 가지고 있으면 좋은 거 아닌가. 그게 내 생각에 소위 양극화를 방지하는 제일 좋은 방법이 아닌가 싶고…… 빛과 그림자가 아닌가 싶고. 빛이 있어야 그림자도 생기고, 그림자가 있어야 빛도 보이고 그러는 거 아니에요? 세상 살면서 두 가지는 다

있어야 하겠죠. 어느 한쪽이 없다 그러면 또 다른 한쪽도 없는 거예요. 근데 이제 우리 사회가 그런 폭을 갖기가 조금 어려운 게, 분단이 되어 있기 때문에 모든 것을 분단에 전제해두고 생각하니까…… 사상이 자꾸 경직된다구……."

'한상에 둘러서 먹고 마셔'야 친한 거다

유영구는 KBO 총재가 되어 '야구의 지도'를 그리기도 했다. 이제까지 KBO 총재는 정치인이 주로 했다. 이전 총재는 노무현 전 대통령의 후원회장을 했던 신상우였다. 2009년 2월, 그가 물러나자 야구인들은 한국 야구 역사상 최초로 야구인들 스스로 총재를 추대하기로 결의하고, 소문난 야구광인 유영구 명지학원 이사장을 총재로 추천한다. 이후 정부와의 마찰, 사퇴 그리고 재추대의 우여곡절을 거쳐 유영구는 KBO 총재를 역임한다.

그는 고교 시절부터 야구광이었다. 프로야구 원년부터 MBC청룡의 팬이었고, MBC청룡이 LG에 인수될 당시 LG의 고문이기도 했다. 이후 박용오 총재 시절 돔구장추진위원으로 활동했고 총재고문을 맡기도 했다. KBO 총재를 맡았을 때 느낌이 어땠냐고 물었다. 그는 대답한다.

"사람이 일생에서 두 번 실수를 하면 안 되는데. 나는 똑같은 실수를 두 번 했어요. 나는 연애결혼을 했는데, 연애의 환상을 가지고 결혼했는데, 결혼이라는 현실로 돌아오니까, 그 격차가 엄청나더라구…… (웃음) 야구도 그랬어. 내가 야구를 엄청 좋아했어. 야구랑 연

애를 한 거지. 근데 총재가 됐다는 건 야구랑 결혼을 한 거야. 똑같은
실수를 두 번 한 거지."

야구와의 결혼은 환상이었다며 불평하지만, 명지대학교 이사장 시
절보다는 훨씬 즐겁고 보람된 시절이었다. 하긴 '목소리만 큰' 교수
들에 비해 실력으로 승부를 보며 평생 살아온 야구인들과의 의사소
통이 훨씬 편할 것 같기는 하다. 월급도 스스로 반납한 무보수의 봉사
직이었지만 새롭게 야구의 지도를 그려나가고, 자신이 그리는 지도
만큼 바로바로 나타나는 변화의 피드백은 그의 삶을 즐겁고 활기차
게 해주었다. 그의 재임기간 동안 한국 프로야구는 놀랍게 발전했다.
국제대회에서 보여준 한국야구의 저력도 정말 대단했다.

하루 일과의 대부분이 사람 만나는 일인 유영구에겐 혼자 지내는
시간이 절대적으로 부족하다. 그래서 그는 주말이면 약수동 시장 한

가운데 있는 그의 작은 사무실에서 혼자 보낸다. 전화도 받지 않는다. 주로 커피를 볶는다. 술 담배와는 거리가 먼 그에게 다양한 커피를 볶고 마시는 일은 유일한 사치다. 아, 그가 즐기는 사치가 또 하나 있다. 머그잔을 모으는 일이다. 지금까지 약 1,500개 정도 모았다. 외국 여행이나 출장에서 돌아오는 길에 꼭 몇 개씩은 사온다. 가방이 꽉 차 더 이상 가져오기 어려우면, 아내가 잠든 사이 아내의 가방에 몰래 넣어두었다가 혼나는 일도 자주 있었다.

혼자 커피를 직접 볶고 가는 일은 그리 쉬운 일이 아니다. 몇 시간을 정신없이 몰두해야 가능한 일이다. 그 커피를 머그잔 가득 부어 마시면 주말의 오후는 후딱 지나간다. 혼자 보내는 시간을 즐기지만, 주말식사는 꼭 가족과 함께 해야 한다. 그는 '한상에 둘러서 먹고 마셔'라는 찬송가 구절을 가장 좋아한다. 그는 개를 열 마리 넘도록 길러봤지만 아무리 훈련 잘 받은 훌륭한 품종의 개도 다른 개들과 절대 밥은 같이 못 먹는다며, 인간만 함께 식사할 줄 안다는 사실을 반복해서 강조한다. 아무리 친해도 밥을 함께 먹지 않으면 친한 게 아니라는 아주 독특한 철학이다.

서재 가득한 고서와 고지도, 야구장의 환호성, 다양한 머그잔과 직접 만드는 커피, 그리고 사랑하는 이들과 한상에 둘러서 먹고 마시는 식사. 그를 만나면 마음이 참 편해지고, 아무리 복잡한 문제를 이야기해도 문제가 바로 간단해지는 느낌이 드는 까닭은 바로 이 4가지 때문이다. 참 많이 부러운 남자의 물건이다.

이완종의
면도기

도대체 왜 한국 남자들은 행복하지 못할까? 왜 다들 이토록 일사불란

하게 침울한 표정일까? 나이가 들수록 자꾸 우울해지는 까닭은 또 왜

일까?

내 문화심리학적 분석은 아주 단순하다. 끝없이 타인의 눈을 의식

하기 때문이다. '남들과 다른 것은 틀린 것'이라는 획일화의 굴레가

한국 남자들의 일상을 지배한다. 그래서 식당에서 혼자 밥도 못 먹는

다. 음악회는 물론, 극장에 혼자 가는 것도 쉽지 않다. 남들이 나를

'사회부적응자'로 볼까 두려운 탓이다. 그러나 가만히 생각해보자.

누구도 내가 혼자 밥 먹는 것, 혼자 음악 듣는 것에 관심 없다. 그런데

도 그들의 눈길을 두려워한다. 정말 희한한 현상 아닌가?

타인의 눈길을 두려워하는 한국 남자들의 심리가 가장 분명하게

드러나는 것은 수염이다. 오늘날 한국 남자들이 수염을 기른 경우는

거의 없다. 무서워서다. 얼굴에서부터 확연하게 타인과 구별되는 것

처럼 두려운 것은 없기 때문이다. 수염을 기를 수 있는 사람들은 노숙

자이거나 연예인이다. 한쪽은 타인의 시선을 전혀 의식할 필요가 없어 수염을 기르고, 다른 한쪽은 너무 타인의 시선을 의식해서 수염을 기른다.

나는 '한국 사회의 진정한 민주화는 한국 남자들이 제멋대로 수염을 기를 때 이뤄진다(!)'고 생각한다. 자기가 원하는 수염을 다양한 형태로 기르고, 수염에 '빨주노초파남보'의 염색도 하고 거리를 활보할 수 있는 때야말로 한국 사회의 진정한 민주화가 이뤄졌다고 볼 수 있다. 나와 다른 것이 틀린 게 아니라는 사실을 받아들일 수 있게 되었다는 뜻이기 때문이다.

정치제도의 민주화만이 전부가 아니다. 다수의 억압과 편견으로부터 자유로워지는 내적 민주화가 진정한 민주사회다. 타인의 눈길에 대한 두려움으로부터 자유로운 사회가 진정한 민주사회란 이야기다.

여자들은 화장을 하고 남자들은 면도를 한다. 여자들의 화장만큼이나 면도는 남자들의 중요한 일상이다. 그러나 남자의 면도라고 다 같은 면도는 아니다. '털을 미는 것'과 '수염을 깎는 것'은 전혀 다른 행위다. 어쩔 수 없이 매일 털을 밀어야 하는 남자들에게 면도는 의무와 책임이다. 이런 종류의 면도는 일회용 면도기나 전기면도기로도 충분하다. 그러나 수염을 기르는 이들에게 면도는 미학이다.

자기만의 독특한 수염 형태를 유지하는 일은 아주 특별한 노력이 동반된다. 타인과 구별되는 자기만의 독특한 세계관이 없다면 그 귀찮음을 감내하기 힘들다. 이들에게 손에 딱 잡히는 면도기는 필수다. 17년째 똑같은 면도기만 쓰고 있는 사람을 만났다. 이왈종 화백이다.

17년째 이왈종은 허름한 화장실 한구석에서 오직 한 가지 면도기만 사용해 수염을 깎는다.

이왈종은 무소의 뿔이다. 그렇게 그는 혼자 간다

'숲속에서 묶여 있지 않은 사슴이 먹이를 찾아 여기저기를 다니듯이 지혜로운 이는 독립과 자유를 찾아 무소의 뿔처럼 혼자서 가라.'

숫타니파타의 시 〈무소의 뿔처럼 혼자서 가라〉에 나오는 내용이다.

서귀포에는 무소의 뿔처럼 혼자 작업실에 주저앉아 새벽부터 저녁까지 사슴과 노루, 푸른 바다와 달개비, 동백나무를 그리는 화가가 산다. 이왈종이다. 참 특이한 이름이다. '왈曰'이란 글자가 이름에 들어가는 경우는 흔치 않다. 이름의 뜻은 '종鐘이 울린다'일 테지만, 이름의 음은 아주 고집스럽게 들린다.

이름만큼이나 그의 모습도 고집스럽다. 신선 모양의 눈썹과 허옇고 짧은 수염 때문이다. 자신이 이제 나이가 들었다는 사실을 받아들이기 시작하면서부터 이왈종은 수염을 길렀다. 그러나 아주 오래된 수염처럼 자연스럽다.

수염을 길렀지만 이왈종의 첫인상은 내가 기대한 예술가의 모습과

는 조금 거리가 있다. 아니 많이 차이가 난다. 수염을 폼 나게 기르고, 파이프 담배를 문 예술가의 분위기는 아니라는 이야기다. 이웃집 아저씨의 인상이다. 더 솔직히 말하자면, 동네 슈퍼 아저씨 분위기다. 어투나 이야기 방식은 무릎 나온 '추리닝' 차림으로 소주 한잔 걸치고 있는 슈퍼 아저씨다.

그는 무소의 뿔처럼 혼자이고 싶어 서귀포에 내려왔다.

서귀포 작업실 바닥에 주저앉은 이왈종과 나. 그는 지난 20년 동안 이 넓고 거친 화실의 마룻바닥에서 무소의 뿔처럼 혼자 그림을 그린다.

서울서 잘나가던 대학 교수가 다 때려치우고 아무 연고도 없는 서귀포에 내려온 것은 1990년도다. 이왈종은 1945년생이다. 그러니까 마흔다섯에 서귀포로 내려온 것이다. 남들은 안정된 생활을 시작하고, 자신의 능력을 즐기기 시작할 때, 그는 그 황당한 결정을 한 것이다. 요즘에야 사정이 많이 달라졌지만, 20년 전만 하더라도 교수라는 사회적 지위는 그리 만만한 게 아니었다.

딱 5년만 자기가 그리고 싶은 그림을 원 없이 그리고 싶었다. 교수는 그림을 그리는 직업이 아니었다. 수업 준비를 하고, 수업을 하고, 보직을 맡아 학교 행정에 참여해야 하는 일은 화가의 직업이 아니었다. 그래서 그는 제주도로, 서귀포로 내려왔다. 당시 그가 교수 생활을 하며 모은 재산으로 삼청동에 집이 하나 있었다. 그것이면 5년 동안 굶지 않고 그림을 그릴 수 있겠다고 생각했다. 아내와 가족이 어떻게 먹고살 것인가에 대해서는 아무 생각 없었다. 그저 그림을 그리고 싶을 따름이었다. 그렇게 5년만 원 없이 그림을 그릴 수 있다면 죽어도 좋겠다고 생각했다. 외롭지 않았냐고 물었다.

"처음에는 서울 생각이 많이 났지. 복잡하고 번잡해서 그렇게 싫어서 내려왔는데도, 그 바쁘게 돌아다니던 생각이 자꾸 나더라고. 전시회 다니고, 술 먹고, 주말이면 결혼식 다니고, …… 그래서 릴리프 작업을 했어요. 부조 작업이지. 그게 엄청난 노동이에요. 근데 서울 생각이 자꾸 나서, 몸을 힘들게 해야 잠에 곯아떨어지고, 서울 생각을 잊을 수 있으니…… 부조는 한국화에서 있을 수 없는 일이에요. 근데 그게 전시회를 하는데, 다 팔려버리더라고. 그때 내가 힘을 얻었지. 이건 된다. 그런 확신이 생겼지."

그때 팔려고 했던 삼청동 집은 아직도 그의 소유로 남아 있다. 서귀포에서의 삶은 그에게 교수와 같은 사회적 지위의 성공과는 질적으로 다른, 새로운 차원의 성공이었다. 자신이 하고 싶은 일을 마음대로 하며 먹고살 수 있다는 누구도 부럽지 않은 '성공한 삶'을 이뤄낸 것이다. 지금도 그는 '밥 먹고, 그림만 그릴 수 있다면 성공한 거다'라고 이야기한다. 그러나 이런 종류의 성공이 처음부터 그리 쉽게, 혼자만의 노력으로 이뤄지는 것은 절대 아니다. 이왈종은 운이 좋았다고 이야기한다. 잊을 수 없는, 너무 고마운 이의 도움이 있었기 때문이다.

서귀포에서 혼자의 삶이 익숙해지기까지 그동안 그를 도와준 그 고마운 이는 김철호다. 그는 지금은 사라진 '소라의 성'이라는 서귀포 근처, 가장 아름다운 절벽에 있던 식당의 사장이었다. 김철호는 밥 먹는 것과 같은 일상의 사소한 문제부터, 집 구하는 것과 같은 현지인이 아니라면 해결할 수 없는 아주 복잡한 문제들까지 마치 자기 일처럼 도와주었다. 그가 없었다면 이왈종의 홀로서기는 훨씬 더 오래 걸렸을 것이다.

서귀포의 소문난 예술 애호가였던 김철호는 밥은 먹고 그림을 그려야 한다며 아침, 점심, 저녁으로 그를 불러댔다. 둘은 8년간 거의 매일 만났다. 하루에 세 번씩 만날 때도 많았다. 새벽에는 등산길의 친구로 동행했다. 점심때가 되면 손수 밥을 해놓고 전화했다. 저녁이면 목욕탕에서 만났다. 그의 후원은 각별하고 친절했다.

지금 이왈종이 사용하는 면도기도 바로 그 김철호가 선물한 것이다. 그가 일본 여행에서 다녀와 선물한 면도기는 이후 이왈종이 가장 아끼는 애장품이 되었다. 1998년 김철호가 뇌출혈로 갑자기 세상을 떠난 이후로는 더더욱 그렇다. 가끔씩 면도기가 있어야 할 자리에 없으면, 이왈종은 불안해진다. 이곳저곳 찾다 없으면 공연히 아내에게 화를 낸다. 나중에 잘 찾아보면 여행 가방에 본인이 잘 챙겨놓고 아무 잘못 없는 아내에게 큰소리 친 것이다.

면도기에 맞는 면도날을 이제 더 이상 구할 수 없다. 도루코 본사에 전화를 했더니 더 이상 생산이 안 된다고 한다. 그는 전국에 수배해 마지막 남은 두 박스를 구해놓았다. 한 박스에 약 100개 정도 들었

이왈종의 '향로.' 자신의 서귀포 정착을 도왔던 김철호 사장에 대한 감사의 기억으로 시작된 향로 제작은 이제 이왈종의 아주 중요한 작품 세계가 되었다.

으니, 아껴 쓰면 죽을 때까지 쓸 수 있다며 안도의 표정을 짓는다.

이왈종의 면도기는 서귀포의 삶을 가능케 한 김철호에 대한 감사의 기억이다. 그가 죽은 후, 이왈종은 절에 가서 초제부터 49제까지 치러줬다. 뿐만 아니다. 자신의 방 한쪽 벽에 그의 사진을 걸어놓고, 1년 동안 향을 피웠다. 이왈종은 그렇게 각별하게 김철호를 기억했다.

김철호를 기억하는 감사의 절차는 여기서 끝나지 않는다. 향을 피우다 보니 향로가 맘에 안 들었다. 서울 인사동에 올라가 향로를 찾았으나, 마음에 드는 게 없었다. 이왈종은 직접 향로를 만들기로 맘을 먹는다. 수천만 원 들여 도자기 가마를 작업실에 들여놓고 직접 향로를 제작한다. 그렇게 시작한 향로 만들기가 이제 이왈종의 아주 특별한 작품 세계가 되었다.

이왈종은 지금까지 그림으로만 그렸던 서귀포의 새, 물고기, 달개비, 동백꽃, 등을 향로의 한 귀퉁이에 새겨넣는다. 어떤 향로 꼭대기에는 남녀가 사랑하는 모습도 만들어 올린다. 그 사이를 비집고 향이 올라오는 모습은 참 희한하다. 생전 듣도 보도 못한, 아주 묘한 에로티시즘이다.

이왈종은 섬세하다. 그래서 익숙하고 오래된 면도기가 좋다

이왈종은 자신의 작품에 대부분 '제주 생활의 중도中道'라는 제목을 붙인다. 그가 이야기하는 중도는 자기 마음을 들여다보는 것을 뜻한다. 자기가 지금 무엇을 생각하고 있는지 끊임없이 돌이키지 않으면, 자신도 모르게 무언가에 집착하게 된다. 집착은 반드시 자신에게든, 남에게든 상처를 남기게 되어 있다. 그가 서귀포의 삶에서 찾고자 한 것은 상처를 남기는 모든 종류의 집착으로부터 자유로워지는 삶이었다.

"제주에 와서 그림을 그리는데…… 처음에는 자주 자전거를 타고 밀감 밭이나 숲속을 혼자 다녔어요. 가만히 앉아 하릴없이 잡초를 들여다보니, 서로 엉켜있는 것 같은데, 아무도 서로 다치지 않더라고. 아무것도 아닌 게 서로 질서가 있어요. 서로 엉켰는데, 서로 다치지 않게…… 올려다보니 나무도 그래요. 서로 엉키지 않고, 서로 상처주지 않더라고…… 이런 식으로 세상을 보니 아주 마음이 편해지고, 남한테 의지하거나 기대하지 않게 되고…… 아주 좋더라고."

이왈종의 그림에서 꽃과 풀은 서로 다치지 않게 조화롭다. 하늘의 색은 터키색이다. 그 하늘에는 고기가 헤엄친다. 자동차가 굴러다니고, 나무는 하늘을 향해 팔을 아주 편하게 벌리고 있다. 아주 착한 동요를 듣는 느낌이다. 그러나 이렇게 편안한 마음을 얻기까지 그리 쉽지는 않았을 것이다. 그가 내면의 평화를 얻기까지의 고통이 내 눈에는 읽힌다(나는 아주 체계적으로 공부한 심리학자다. 이 정도는 읽어낸다).

이왈종은 정이 많다. 또한 아주 섬세하다. 그가 자신의 면도기에 집착하는 이유도 섬세하기 때문이다. 다른 면도기와 달리 이 면도기는 손 잡는 자세가 너무 예술적이다. 검지를 대는 부분에 솟아 오른 곡면이 면도하는 손의 자세를 지극히 자연스럽게 해준다. 이런 손의 자세로 면도를 하면 털이 잘려나가는 사각대는 소리가 너무 경쾌하다.

이왈종의 그림은 한 편의 동화다. 아주 착한 동화다. 그가 만들어낸 터키색 바다는 물고기가 헤엄치는 하늘이 되고, 전통적 한국화에는 절대 나오지 않는 자동차도 굴러다닌다.

지금은 보기 힘들지만, 예전의 이발소에는 긴 가죽벨트가 거울 옆에 항상 걸려 있었다. 이발사는 수시로 그 가죽에 면도날을 비벼댔다. 그렇게 날카로워진 면도날이 내 턱과 목의 털을 잘라나갈 때의 그 '사각'거리는 느낌은 이발소에 간 남자들만이 느낄 수 있는 또 하나의 '오르가슴'이다. '퇴폐이발소'가 나온 게 절대 우연이 아니다.

이왈종은 엄지와 검지로 면도기를 잡고 아주 부드러운 동작으로 수염을 깎는다. 이런 종류의 섬세한 차원을 느낄 수 있는 이는 아주 쉽게 상처 받게 되어 있다. 유전적으로 이미 사람들 사이에서 상처 받도록 프로그램이 짜여 있다는 뜻이다. 그러나 사람들 사이에서 상처

이왈종이 이 면도기를 좋아하는 이유는 엄지와 검지에 이렇게 부드럽게 잡히기 때문이다.

받는 것은 모든 예술가의 운명이다. 그들은 자신의 고통으로 창조한 작품으로 위로 받는다.

이왈종은 자신의 그림과 관련해 왜곡과 비난을 받기도 한다. 당연한 일이다. 전통적인 한국화에서는 다룰 수 없는 입체적인 부조 작업도 하고 돌조각도 하기 때문이다. 2~3미터 보자기에 그림을 그리기도 한다. 소재도 기존의 한국화에서는 상상할 수 없는 것들을 다룬다. 그가 그리는 단순한 형태의 새, 물고기는 전통적 한국화에서는 볼 수 없다. 뿐만 아니다.

자동차, 배, 전화기, TV도 그의 그림에는 빠지지 않고 나온다. 정사 장면 시리즈를 판화로 찍어내기도 하고, 50돈이 넘는 금판에 춘화를 그려 넣기도 한다. 묘하게 야한 향로를 만들기도 한다. 전통적 한국화가라면 상상할 수 없는 일들이다. 그는 자신의 작품 주제들을 이야기하며 "다들 미쳤다고 하지"라는 표현을 아주 자주 쓴다.

그는 자신의 그림을 여전히 '한국화'라고 이야기한다. 진경산수만이 한국화가 아니다. 시대가 변하면 내용도 바뀌는 것이다. TV나 자동차가 없을 때 그림을 그렸으니 산이나 폭포만 있는 것이다. 오늘날 한국인들이 사는 모습을 그리면 바로 그것이 한국화라는 것이다. 오늘날의 한국인들은 TV도 보고 자동차도 타고 골프도 친다. 이전의 동양화, 서양화의 분류가 재료에 의한 구분이었다면 이제 그런 식의 분류법은 아무 의미가 없다고 이왈종은 강조한다.

"전통이란 게 도대체 뭐에요? 전통을 지킨다는 것은 계속 발전시키는 것과 같은 이야기라고…… 정체된 것은 절대 전통이 될 수 없어요. 난 학교에서 애들 가르칠 때도 절대 밑그림을 그리지 말라고 했어요. 그냥 생각나는 것을 바로 그려라. 주제를 가지고 고민할 것도 없다. 시를 읽고 생각나는 대로 그려라…… 그랬다고. 재료도 뭐든지 쓰라고 했지. 그랬더니 팬티나 스타킹을 가지고 한국화를 하겠다는 학생들도 나왔어…….

물론 교수들 사이에서 갈등도 생겼지. 그러나 열려 있지 않으면 발전도 없어요. 난 지금도 그래. 남녀의 체위를 그리면…… 너는 자식도 없냐? 또 그런다고. 그럼 난 이렇게 이야기해요. 넌 밤에 이거 안하냐? …… 예술가가 두려운 게 많고 가리는 게 많으면 예술가가 아니에요. 모든 것에 열려 있지 않으면 안 된다고."

도대체 그런 비난을 뚫고 그토록 과감한 시도를 할 수 있는 용기는 어디서 나왔을까? 기초가 분명하기 때문이다. 자기 색깔을 분명히 하려면 용기가 있어야 한다. 그 용기는 자신에 대한 신념, 즉 자기 실력에 대한 확신에서 나온다는 것이다. 그는 지금도 매일 자기 얼굴을 그린다. 화장실 변기에 앉아 자기 얼굴을 꼭 한 번은 그린다. 이런 기초의 끊임없는 반복에서 자기 확신이 나오고, 타인의 평가를 두려워하지 않는 용기도 나오는 것이다.

심리학적으로 보면, 그의 섬세함은 그의 대범함과 동전의 양면이다. 본래 작은 일에 소심한 사람이 큰일에 과감한 법이다. 주위의 대소사에 큰소리 떵떵치는 사람치고 큰일 하는 것 본 적 없다. 마치 면도날에 깎여나간 털이 다시 붙을 수 없는 것처럼 그의 섬세한 작업은 아무도 안 간 길을 뚫고 나간다. 이왈종은 섬세해서 용감한 것이다.

이왈종은 이제 서귀포에서 얻은 행복을 서귀포에 다시 돌려주려 애쓴다. 서귀포의 명물이 된 이중섭미술관의 설립 과정에서 그는 동분서주했다. 가나화랑, 현대화랑에서 이중섭의 그림을 기증받기 위해 뛰어다니기도 했다. 그는 지금도 매주 서귀포시에 나가 아이들을 가르친다. 그가 초등학생들을 모아 무료로 그림을 가르친 지는 벌써 십몇 년이 되었다. 초기에는 그림물감, 스케치북과 같은 재료도 모두 그가 사서 나눠줬다.

매주 서귀포시 평생교육센터에서 열리는 '이왈종 그림교실'에는 제주도 아이들이 들어오고 싶어 난리다. 이 그림교실에 지원하기 위해 엄마들이 밤을 새워 기다리는 사태가 벌어지기도 했다. 한국을 대표하는 화가가 서귀포 한구석에서 초등학교 아이들과 이렇게 씨름하며 지낸다. 그러나 이왈종은 아이들을 가르치며 오히려 배운다고 한다. 그의 그림이 동시처럼 편안한 까닭도 바로 이런 그의 따뜻한 일상 때문이다.

면도기에 집착하는 이왈종은 에로티시즘에도 집착한다
면도기 광고의 전형적인 방식이 있다. 모델은 예외 없이 식스팩의 복근을 한 남자들이다. 배의 근육을 보여줄 하등의 이유가 없는 면도기

선전이다. 그런데도 죄다 딱 벌어진 어깨와 초콜릿 복근을 하고, 상체를 벗고 있다. 조각 같은 턱에 거품을 잔뜩 바르고 한 손에는 면도기를 들고 있다.

면도기 선전은 남자에게 광고하는 게 아니다. 여자들이 상상하는 에로틱한 남성상을 구체화해 여자들에게 보여주는 것이다. 평범한 남자들은 여성들이 열광하고, 흥분하는 그 면도기광고 모델을 흉내낼 따름이다. 여자들은 남자들이 면도하는 모습에서 에로티시즘을 느낀다고 한다. 남자들이 자신들에게 없는 여자의 가슴에 열광하듯, 여자들도 자신들에게 결핍된 수염과 그 수염을 정리하는 면도에서 에로티시즘을 느끼는 것이다.

이왈종은 에로티시즘에도 관심이 많다. 그의 에로티시즘의 형상화 노력은 아주 오래 되었다. 그러나 서귀포에 내려오면서 더욱 구체화된다. 여한 없이 5년 동안 자신이 그리고 싶은 것만 그리다 죽겠다고 했으니 체면이나 타인의 평가가 두려울 리 없다. 90년대 중반 〈조선일보〉에 연재된 이영희의 〈노래하는 역사〉의 삽화를 그리면서부터 그의 에로티시즘은 더욱 과감하고 노골적이 된다.

이영희의 〈노래하는 역사〉는 일본향가집 《만엽집》에 남아 있는 이두문자의 옛 노래를 해석해 신문에 연재한 것이다. 그 대부분의 내용이 남녀의 은밀한 사랑 이야기인 까닭에 삽화 또한 경계를 넘나드는 표현이 대부분이었다. 더군다나 그의 에로틱한 삽화는 신문 역사 최초의 컬러 삽화였다. 그 후, 그의 에로티시즘은 더욱 과격해져 판화 시리즈로부터, 금판, 골프공, 향로, 부조, 돌조각에 이르기까지 사용가능한 모든 매체를 통해 표현되고 있다.

그의 에로티시즘의 극치는 골프공에 그린 체위 시리즈다. 골프의 18홀을 상징하는 18개의 골프공에 표현된 다양한 체위 그림은 1500만 원에 팔리기도 했다. 18홀 내내 작은 구멍에 공을 집어넣어야 하는 골프, 역시 에로틱한 운동이다. 홀 근처에서 사내들은 어김없이 야한 농담을 주고받는다. 여자 캐디들도 그런 종류의 농담은 으레 당연한 것으로 받아들인다. 그러나 아무도 내놓고 골프와 에로티시즘의 관계를 이야기하지 않는다.

이왈종의 탁월함은 바로 이런 부분에 있다. 누구나 생각하지만, 감히 이야기할 수 없는 것들을 미술의 형식을 빌려, 아무렇지도 않게 그저 '툭' 내놓는 것이다. 보는 사람의 반응은 우선 '허걱'이다. 그러나 이내 웃는다. 자발적 무장해제다. 이왈종의 그림에는 도덕적 굴레에서 풀려나는 통쾌함이 있다. 그래서 그의 에로티시즘은 음탕하지 않다. 재미있다. 즐겁다.

야한 그림 그리기는 이왈종이 서귀포로 오기 전부터 있었던 아주 오래된 습관이다. 정말 참석하기 싫은 교수회의 내내, 그는 담배 몸체에 다양한 체위를 그렸다. 그 얇은 담배에 아주 가늘게 나오는 모나미 펜을 이용해 다양한 체위를 그리고, 옆에 폼 나게 한시도 적었다. 그때 수없이 연습한 실력이 골프공에도 유감없이 발휘된다. 자신이 실제 골프장에서 플레이하는 골프공에도 체위를 그려 넣어 자신만의 표시를 하기도 한다. 그가 제주도의 골프장에서 잃어버린 공이 한 경매 사이트에서 100~200만 원에 거래되는 일도 있었다.

그의 에로티시즘의 극치는 골프공에 그린 체위 시리즈다. 골프의 18홀을 상징하는 18개의 골프공에 표현된 다양한 체위 그림은 1500만 원에 팔리기도 했다.

골프는 이왈종의 작품 세계에 에로티시즘만큼이나 중요한 주제다. 그의 서귀포 그림의 절반 이상은 골프와 관련 있다. 그는 당시 제주 핀크스CC 회장을 통해 골프를 배웠다. 지금은 주인이 바뀌었지만, 지금도 핀크스CC 클럽하우스의 벽에는 이왈종의 커다란 그림이 걸려 있다.

한번 빠져들면 끝을 모르고 빠져드는 성격 탓에 내기 골프도 많이 했다. 지역 타짜들의 내기 골프에 말려 적지 않은 돈을 잃기도 했다. 한번은 파3홀에서 그가 17타를 쳤다고 횟수를 세고 있는 이도 있었다고 한다. 열이 받을 대로 받은 그는 작업실 바닥에 쌀을 뿌려놓고, 아이언으로 쳐올려 북소리가 나게 하는 연습을 하기도 했다. 그 덕에 현재 이왈종은 싱글 수준의 실력을 유지하고 있다. 예전에 비해 거리가 많이 줄었지만, 여전히 젊은 사람들의 드라이버에 밀리지 않는다.

골프에 한없이 빠져들다, 어느 날 갑자기 '아차' 하는 생각이 들었다. 아내와 자식들은 서울서 고생고생하며 사는데, 나는 그림을 그리겠다고 서귀포에 와서 골프나 치고 있나 하는 자괴감이 든 것이다. 그렇다고 그 재미있는 골프를 포기할 수는 없었다. 이왈종은 골프도 치고 싶은 만큼 치면서, 그림도 그리고 가족들에 대한 미안함도 없앨 수 있는 기발한 방법을 찾아낸다. 골프를 주제로 그림을 그리는 것이다.

여러 가지 시도를 했다. 그러나 골프장 전체를 그리는 것은 애초부터 무리였다. 페어웨이에서 그린까지를 그려보기도 했다. 결론은 그린 주변을 그리는 것이었다. 그린 주변에서 재미있는 일이 가장 많이 일어나기 때문이다.

그가 그린 골프 그림에는 해학이 있다. 한 사람은 퍼팅을 놓치고 아쉬워하고, 뒤에서 보던 동반자들은 마주 보며 웃는다. 그린 주변의 워터해저드에 공을 빠뜨려 아이언으로 건지는 사람, 남은 벙커 샷을 하느라 퍼덕대는데 그린 위에 뒷짐 지고 서 있는 사람, 퍼팅 방향을 본다고 주저앉아 있는 사람 등등. 골프채를 양팔 가득히 잡고 오가는 캐디의 모습도 빠지지 않는다.

이왈종의 모든 그림은 '아, 우리의 모습이 저렇지!' 하며 슬그머니 미소 짓게 한다. 예술이라며 거리 두고, 어깨에 힘주며 관람객을 주눅 들게 하는 그런 그림이 아니다. 지금 그에게 전국 골프장에서 주문이 밀려든다. 이왈종은 이제 가족들에게 전혀 미안해할 필요 없이 골프 치러 다닌다. 골프 나가는 새벽이면 아내가 깨지 않도록 조용조용 발꿈치를 들고 나가고, 돌아와서는 가족들 눈치 보느라 자라목이 되는 나 같은 이들에겐 정말 꿈같은 이야기다. 그는 자신의 서귀포에서의 삶을 이렇게 이야기한다.

"내 서귀포 생활은 게으름이야. 게으르게 사는 게 중요해요. 게을러야 색 하나를 보더라도 오래 보게 돼. 쳐다보고, 또 쳐다보고, 생각하고, 또 생각하고…… 그래야 내 마음에 드는 색이 나와. 색 하나를 찍어놓고 몇 년을 볼 수 있어야 내 색깔이 나와. 지금 내 그림에 터키바다색, 나뭇잎 색, 다 그렇게 나온 거야."

평생 '주색'에 몰두하는 이왈종. 술을 좋아하는 그는 지금도 서귀포에서 자신만의 색을 찾고 있다.

이왈종 자신에게 최고의 찬사는 '평생 주색에 시달린 사람'이라고 한다. '주酒'는 물론 술이다. 그는 술을 참 좋아한다. 그러나 그가 이야기하는 '색色'은 여자가 아니다. 그림의 색깔을 뜻한다. 자신만의 색을 찾기 위해 서귀포에 왔고, 지금까지 그 색만 들여다보고 있다. 그래서 그는 오늘도 '주색에 시달린' 얼굴로 거울 앞에 서서 면도를 한다. 서귀포의 삶을 가능케 해준, 잊지 못할 친구 김철호가 선물해준 엄지 검지에 딱 붙는, 세상에 하나뿐인 그 면도기를 잡고.

박범신의
목각 수납통

우리나라에서 아마도 가장 많은 베스트셀러 소설을 쓴 '성공한 작가' 박범신에게 물었다. 다시 태어나면 소설을 쓰겠느냐고. 아니란다. 절대 안 쓴단다. 박범신은 다시 태어나면 세 가지는 절대 안 한다고 한다.

첫째는 아버지다. 철이 없어서 아무 생각 없이 그저 애를 줄줄이 난 거지, 세상에 대해 조금이라도 알았더라면 절대 애를 안 낳았을 거라고 한다. 애들이 아직 어릴 때, 줄줄이 누워 자고 있는 아이들을 보면서 '이 험난한 세상에서 이 애들은 도대체 어떻게 살아가야 하나' 하는 생각이 들었다. 그러면서 '도대체 내가 무슨 짓을 했나' 하는 생각에 앞이 캄캄해지더라는 거다.

대부분의 사람들은 이 세상에 태어나 자식이라도 남기고 갈 수 있어서 다행이라고 생각하는데, 작가는 확실히 다르다. 스티브 잡스도 죽기 바로 직전, 엄청난 고통으로 말 한마디 제대로 못하면서도 자기 자식들을 보고 "와우, 와우, 와우!" 감탄만 계속했다고 한다. 그 대단한 아이폰, 아이팟, 애플컴퓨터를 만든 것보다 자기 닮은 자식 낳은 게 자기 삶의 최고 감동이었다는 거다. 그런데 박범신은 반대다. 자기 자식들이 살아가면서 겪을 그 고통, 좌절이 먼저 떠오르는 거다. 그 슬픔이 안쓰러워 애를 낳지 않겠다는 거다. 달리 말하자면, 자신의 삶이 그토록 고통스러웠던 이야기다. 그 고통을 자신의 자식들이 똑같이 느끼는 게 두려운 거다.

두 번째는 결혼이다. 애를 안 낳으려면 결혼도 당연히 안 하는 거 아니냐고 내가 물었다. 결혼해도 애를 안 낳는 경우가 많고, 애를 낳고도 결혼 안 하는 경우도 많다며, 결혼과 출산을 연결시키는 내 낡은 편견을 지적한다. 그럼, 사랑은? 사랑도 안 하는 거냐고 물었다. 사랑을 어떻게 멈출 수 있느냐, 사랑의 열망은 멈추는 법도 없고 멈춰서도 안 되는 거라고 한다. 아, 이건 괜찮은 것 같다. 가능한 한 많은 여인과 사랑하고 싶다는 이야기다. 멋있다.

세 번째가 소설이다. 정말 고통스러운 일이라는 거다. 물론 소설 때문에 즐거운 일도 많고, 소설 쓰는 순간만큼은 행복한 시간이었지만, 다시 태어나면 절대 하지 않을 거란다. "그럼 다시 태어나면 뭐하고 싶으냐?"고 물었다. 아, 생각해보니 '다시 태어나도 지금 부인하고 결혼할 거냐?'는 질문은 많이들 하지만, 언젠가부터 '다시 태어나면 뭐할 거냐?'는 질문은 별로 안 하는 것 같다. 삶이 심드렁해진 거다. 그 결혼 이야기, 나온 김에 마저 하자.

'다시 태어나도 지금의 부인과 결혼 하겠다'고 대답하는 것은 도무지 지능에 문제가 있는 거라고 나는 생각한다. 다시 태어난다는 것은 이제까지와는 전혀 다른 삶을 살라는 기회를 주는 거다. 지금까지 살았던 사람과 계속 살려면 뭐하러 다시 태어날까(그러나 난, 지금의 마누라와 꼭 다시 결혼한다. 그러나 한국에서는 아니다. 사우디, 예멘, 뭐 그런 곳이다. 부인이 아주 많아도 되는 곳, 그런 곳이면 여러 명 중에 지금 내 마누라처럼 나를 아주 잘 아는 여자도 한 명쯤 꼭 있어야 한다. 젊고 예쁘지만, 철없는 부인들을 감독할 사람이 필요하기 때문이다. 나한테 뭐라 욕하지 마라. 난 지금 소설가를 인터뷰하고 있다. 무슨 이야긴들 못할까!). 그런 의미에서 박범신이 무조건 옳다. 다시 태어나면 결혼도 안 하고, 소설가도 안 하겠다는 거다.

그럼 뭘 하고 싶으냐고 물었다. 나무를 만지는 목수 일을 하겠다고 한다. 목수와 소설가. 잘 어울리지 않는다. 그러나 박범신은 실제로 목공예에 몰두했던 적이 있다. 베스트셀러 작가로 날리던 80년대, 목공예 작품전에도 출품할 정도로 나무 만지는 일에 몰두했다.

"내가 원래 나무를 좋아해요. 내가 어렸을 때, 우리 큰 매형이 목수였거든. 시골에서 장난감도 없는데, 매형이 나무로 인형을 깎아주고. 그래서 어려서부터 나무에 대해 굉장히 친근감을 가졌던 것 같아요. 나무를 만지는 걸 참 좋아하는데, 나무를 파내야 하니까. 이걸 하고나면 며칠 동안 팔이 떨려요. …… 이게 집중력이 강해야 해요. 칼을 가지고 하니까.

소설이라는 게 논리가 가득 쌓여 있고 논리의 그물망 속에 작가가 들어 있는 거지. 소설을 쓴다는 게 굉장한 압박이에요. 그런데 목공예를 하고 있으면 그런 논리로부터 해방감을 느끼지."

박범신은 다시 태어나면 뭘 하겠냐는 질문에 나무를 만지는 목수 일을 하겠다고 한다.

　　박범신은 당시에 만들었던 목각 수납통을 보여준다. 보통 수준이
아니다. 여러 가지를 만들었는데, 오는 사람마다 하나둘씩 집어가,
현재 남아 있는 게 몇 가지 안 된다며 아쉬워한다.

　　이 목각 수납통은 그의 곁에서 참 오래 살아남았다. 서재에 들어서
서 뭐든 주머니에서 꺼내면 바로 이곳에 먼저 들어간다. 라이터, 담
배, 볼펜, 수첩. 뭐든 받아주는 수납통을 자기 손으로 직접 파고, 깎아
서 만든 거다. 그래서 더욱 특별한 '남자의 물건'이다. 뭐든 다 받아
주는!

박범신은 나무를 깎으며 세상과 화해할 날을 꿈꾼다
지난 해 박범신은 교수직에서 은퇴했다. 나와 같은 명지대학교에 근

무했지만, 학교에서는 전체 교수회의에서나 한두 번 마주친 게 전부다. 중간에 사표를 내고 몇 년 쉬기도 했다. 2005년도였다. 그때 왜 교수를 그만뒀던 거냐고 물었다.

"그 전에도 몇 번 그만둔다고 했었어요. 그러다가 2005년도에 토지문학관에 있으면서 아, 이젠 못하겠다. 그리고 사표를 그냥 우송했지. 그래서 퇴직금도 받고. …… 자유롭게 예인藝人으로 사는 그 양식하고, 교수로서 살아가야 하는 그 양식하고는 충돌되는 부분이 많거든. 불편했고, 글만 열심히 써야겠다는 욕망이 훨씬 더 강했고. 직접적인 계기는 마침 학과장 차례가 돌아와서, 하하하! 학과장 차례를 다른 교수님들한테 미루려니 잘 안 되더라고. 그것이 촉발시키기는 했지만, 진작부터 이 교수라는 지위가 나를 좀 불편하게 했어요. 그렇게 때려치우고 나왔는데, 거참 소설이 안 써지더라고. 안 되더라고."

결국 박범신은 소설 한 권 못 쓰고, 2007년에 학교 측의 요청에 못 이겨 다시 교수로 복귀한다. 그 후 그는 다섯 권의 책을 연이어 집필한다. 그가 '갈망 3부작'이라 일컫는 《촐라체》 《은교》 《고산자》를 쓰고, 자본주의의 폭력을 다룬 《비지니스》, 그리고 지난해 출간한 《나의 손은 말굽으로 변하고》에 이르기까지, 정말 폭발적인 집중력이다. 1970~1980년대 그의 전성기 이후 가장 생산적인 시기였다. 특히 최초로 인터넷 포털에 연재한 《촐라체》, 그리고 그의 블로그에 연재한 《은교》는 사람들 사이에 큰 화제가 되었다.

잘나가다가 때려치우듯 갑자기 사라지는 일은 박범신에게 일종의 습관인 듯했다. 그는 1993년에도 비슷하게 사라진 적이 있다. 그때는 아예 '절필 선언'까지 했다. 당시 그는 '영원한 청년 작가'라고 불리며 대중 연예인 같은 인기 작가의 삶을 살고 있었다. 그런데 갑자기 사라진 거다.

"일단 존재론적 위기 같은 게 있었고. 나이가 뭐, 그때 40대 후반이거든. 그전에 한 15년 이른바 인기 작가로 불리며 진짜 많이 썼거든. 맑은 우물도 두레박질만 계속하다 보면 바닥에서 흙탕물이 나오지. 뭐, 그런 어떤 상상력의 한계 같은 게 근본적인 이유고. 또 한 가지는 1980년대를 관통해 오면서 소위 대중주의라는 것에 대한 사회적 비판, 거기에 혼자 대응해왔던 게 날 굉장히 지치게 했어요."

아, 맞다. 그때 그런 비난이 있었다. 1979년 중앙일보에 《풀잎처럼 눕다》를 연재한 후, 박범신은 최인호와 더불어 당시 최고의 인기 작가로 활동한다. 당시 그는 미친 듯 소설을 써댔다. 《숲은 잠들지 않는다》《우리들 뜨거운 노래》《불의 나라》《물의 나라》《밤이면 내리는 비》《수요일은 모차르트를 듣는다》 등등. 대충 귀에 익은 소설 제목만도 이만큼이다. 그러나 당시는 대중에게 인기가 있다는 이유만으로 비난을 받던 시절이었다. 우리 역사에는 그런 희한한 시절도 있었다.

당시 대학생이었던 내 기억에도 그렇다. 박범신 소설을 읽는 일은 '토플'이나 '보캐블러리' 책을 옆에 끼고 다니는 것과 비슷한 거였다. 군부독재와 억압의 이 회색 하늘 아래, 어찌 너만 잘살겠다고 영어공부하고, 어찌 너만 그 아름다운 낭만적 사랑을 즐기고 있는가. 뭐 이런 비난이었다. 이쪽 끝에는 황석영과 조세희, 그 반대편에 박범신과 최인호가 있었다. 소설의 지향성과는 관계없이 대중작가 박범신의 위치는 그렇게 각인되었다. 당시 작가의 기분은 어땠을까?

"일단, 내가 죄가 있다면 유명해진 거지. 책이 잘 팔렸던 것도 죄고. 그래서 문학으로 얻어낸 사회적 기득권은 이제 다 반납하겠다. 뭐 먹고살 게 없으면 내가 노동도 할 수 있는 거고. 그래서 문학으로 얻은 기득권은 당신들이 다 가져가. 난 내 단독자로 살아갈 길을 찾아보지. 뭐, 이런 마음도 없지 않아 있었어요. 그냥 독자들이 잊기를 바란 거죠. 그냥 나를 잊어줬으면 좋겠다. 그래서 한 3년 산속에 들어가 텃밭 농사나 하고 그렇게 지냈죠."

한마디로 말하자면 자존심이 무지하게 상한 거다. 대중문학이니, 순수문학이니, 참여문학이니 하는 구분 자체가 자신의 생각이나 의지와는 전혀 상관없는 방식으로 이뤄졌다. 단지 인기 작가라는 이유만으로 폄하되는 그 분위기에 대한 좌절과 분노가 그의 '절필 선언'으로 이어진 거다. 박범신은 '쪽팔리다'는 생각이 들면, 바로 때려치운다. 그게 세상을 대하는 자신의 '전략 없는 전략'이라는 거다. 세상의 변화에 잘 대처하고, 대인관계를 요령 있게 만드는 전략이 아니다. 막가파식 자학, 자기 파괴, 마조히즘의 전략이다.

한 3년 정도 지나자 박범신은 너무 외로워서 견딜 수 없는 지경이 된다. 밭을 갈면서도 하루 종일 혼자 중얼거린다. 풀을 매면서도, "아, 그 여자는 말했다" 뭐 이런 식으로 이야기하고 있는 자신을 자주 발견한다. 중얼거리는 자기 목소리를 녹음해서 다 풀어내면 바로 소설이 되는 그 지경까지 이르렀다. 결국 내가 안 쓰면 고통스러워 죽겠다는 생각이 들었다. 그때 쓴 소설이 《흰 소가 끄는 수레》다. 그렇게 다시 문단에 돌아오니, 원하는 대로 됐다.

이제 새로 내는 그의 책들은 더 이상 베스트셀러가 안 된다. 그러니 더 이상 대중문학을 한다는 비난을 안 들어도 된다. 그러나 조금 더 깊이 들여다보면, 그의 절필 선언은 세상의 몰이해나 편 가르기에 대한 분노만은 아니었다. 자기성찰의 문제였다. 내면의 변화를 《흰 소가 끄는 수레》에 기록하며 박범신은 자신 안에 숨겨진 도무지 합리적으로 설명할 수 없는 그 어떤 것을 발견한다.

"나에 대해서 도무지 설명할 수 없는 아주 작은 부분이 있어요. 그게 작은 거지만, 때때로 나한테는 전부가 되어버려요. 100퍼센트 나를 지배하려고 해요. …… 옛날에는 너무 고독했는데, 지금은 제자들도 많고 마누라도 있고 환경도 무지하게 좋아졌는데, 나는 여전히 그냥 시골에서 스무 살, 그 시기에서 크게 걸어 나오지 않고 있거든, 내 내부는. …… 이게 뭘까, 하는 게 요즘의 내 화두고, 그래서 포기할 수 없는 이 질문을 연장해가야 하는 게 아닐까, 그런 생각을 하지요. 그런데 그런 생각을 하면 너무나 마음이 무겁고……."

박범신은 그래서 말년에 조그만 목공소 같은 것을 하고 싶단다. 도무지 풀리지 않는 내면의 문제들로부터 자유로워지고 싶을 때, 나무를 만지고 있으면 다른 어떤 것들도 내 안으로 들어올 수 없을 것 같기 때문이다.

"고향 논산에 내려가면 기구도 좀 갖춰놓고, 좋은 대패도 사고…… 앞으로 내가 원하는 건, 이런 목공예보다는 의자라든가, 식탁 같은 것을 짜고 싶어요. 손녀딸 의자도 좀 짜고, 이런 거 굉장히 좋아하거든요. 내가 가끔 길을 지나다가도 나무 같은 거 버려져 있으면 주워 와요. 그걸 가지고 의자도 짜고. 작년까지도 내가 짠 의자가 마당에 놓여 있었는데, 너무 썩어서 봄에 버렸어요. 앞으로도 나무하고 가까이 지내고 싶다는, 그런 로망이 있어요."

박범신에게 생은 본질적으로 '슬픔'이다

박범신에게 세상은 처음부터 온통 불화로 가득 차 있고, 사람과 사람 사이의 소통은 불가능한 곳이었다. 때만 되면 되살아나는 내면에 도무지 어쩔 수 없는 바로 그 부분은 그의 슬픈 유년기의 기억에서 비롯된다.

박범신은 논산에서 1남 4녀의 막내로 태어났다. 논 몇 마지기 농사 짓는 게 전부였던 그의 집은 가난하기 그지없었다. 그의 아버지는 돈 번다며 항상 강경 읍내에 가 있었고, 집에는 아주 가끔 들렀다. 가난과 절망으로부터 탈출구를 찾지 못하던 누이들과 삶에 별다른 희망을 꿈꿀 수 없던 어머니는 매일같이 싸웠다. 정말 지겹도록 싸웠다.

"우리 어머니가 굉장히 히스테릭하셨어. 나의 예민한 성격은 어머니한테 받은 거야. 거기다 누나들 네 분은 제대로 배우지도 못했어. 아무 희망도 없이 부대끼며 살아야 하는 40, 50년대의 삶이었으니까. 그 분풀이를 할 곳이 없잖아. 그걸 가족끼리 한 거지. 만날 싸워요.

나는 학교 갔다 오면 집에 못 들어가고, 굴뚝 그을음에 혼자 쭈그리고 앉아 있는 거야. 왜 옛날 초가집에는 굴뚝이 다 밖으로 나와 있잖아. 다른 애들 다 들어가서 밥 먹을 때, 혼자 거기 그러고 앉아서 깜

그는 매번 '슬프다'고 했다. 소통의 좌절, 세상과의 불화에서 오는 슬픔은 그의 모든 작품에
기본적으로 깔려 있다.

깜해질 때까지 있는 거야. 집이 조용해지길 바라는 거지. 그리고 조
용해지면 살짝 들어가서 보리밥이라도 있으면 장독대 가서 고추장
넣어 혼자 먹는 거야. 추운데서 불은 깜깜하지. 윗방에는 누나들이
상처받고 누워 있고 아랫방에는 우리 어머니가 한숨 쉬고 계시고. 나
는 그때 어머니가 잠들기를 꿍장히 바랐어요."

　이 맥락에서 비교할 수 없는 아주 유치한 내 이야기를 조금 보태보
자. 내가 아직 아내에게 저항이 가능하다고 믿던 시절, 부부싸움을
정말 자주했다. 그때의 싸움은 매번 같은 식으로 끝났다. 다신 집에
들어가나 보자 하며, 나는 문이 부서져라 닫고 나와버린다. 그러나
몇 시간 후, 맥없이 돌아선다. 순전히 집에 남겨진 내 아이들이 혹시

라도 저렇게 어린 박범신처럼 슬퍼할 것 같아서였다. 이런 유의 어설 픈 가족 갈등과는 비교도 할 수 없는 좌절을 어린 박범신은 온몸으로 겪으며 자란 것이다.

절대 빈곤의 시대, 사람들은 어찌할 수 없는 절망과 상처를 그렇게 자해하는 방식으로 해결하려 했다. '쪽팔리면 바로 때려치우는 박범 신식 마조히즘'의 기원은 바로 그곳이었다. 어머니와 누나들은 왜 자 신들이 그렇게 죽어라 싸워야 하는지도 몰랐다. 도대체 무엇이 자신 들을 그 구석에 몰아넣고 숨 막히게 하는지, 이해할 능력도 여유도 없 었다. 그 시대사적 고통의 한가운데 어린 박범신은 버려져 있었던 것 이다. 그저 고독의 껍질을 갈수록 두껍게 하는 수밖에 없었다. 그 안 에서 세계는 근원적으로 나와 화해할 수 없다는 인식을 곱씹으며 그 렇게 유년기를 혼자 보낸 것이다.

때만 되면 스멀스멀 기어올라 자신을 괴롭히는 그 어떤 것은 바로 이 유년기의 기억으로부터 오는 것이다. 그것의 본질은 어쩔 수 없는 '실존의 괴로움'이다. 그래서 그는 매번 '슬프다'고 했다. 소통의 좌 절, 세상과의 불화에서 오는 슬픔은 그의 모든 작품에 기본적으로 깔 려 있다. 최근 그는 또 다른 차원의 슬픔을 작품화했다. '늙어감의 슬 픔'이다. 2010년에 발표된 그의 소설 《은교》는 그 슬픔을 아주 절절 하게 묘사하고 있다.

사실 나는 찜질방에서 남 신경 전혀 안 쓰고, 거의 소리 지르는 수 준으로 수다를 떠는 '아줌마'들을 보면서 항상 그런 생각을 한다. 저 들도 처녀 시절에는 송창식, 윤형주의 노래를 따라 부르며 가슴 설레던 시절이 있었겠지. '헤어지자 보내온 그녀의 하얀 손수건'을 노래하며 슬프게 창밖을 내다본 적도 있었겠지. 밤늦은 시각, 전봇대를 붙잡고, 그날 저녁 내내 먹은 음식을 죄다 토해내며 괴로워하는 술 취한 중년 사내를 보면서도 같은 생각을 한다. 이들도 한때는 뜨겁게 한 여인을 사랑하고, 그녀를 위해 내 목숨까지도 바칠 수 있다고 생각한 적이 있었겠지. '저 별은 나의 별, 저 별은 너의 별' 뭐, 그런 말도 안 되는 이야기로 그녀의 마음을 사로잡으려 한 순수의 시절도 있었겠지. 생각이 이쯤에 이르면, 나도 모르게 가슴이 뭉클해지며 눈물이 난다. 세월은 가난보다 무섭다. 그 착하고, 순수하고, 멀쩡한 인간들을 세월은 저토록 형편없이 망가뜨린다. 아, 나이 들면 몸에서 이상한 냄새까지 난다. 젠장.

박범신의 소설 《은교》를 읽으면서도 몇 번이나 가슴이 멍해지며 눈물이 나려 했다. 난 아직 오십에 불과하다. 그런데도 칠십 노인의 열일곱 소녀에 대한 사랑에 자꾸 감정이입이 되었다. 다시 돌아오지 않을 젊음이 그렇게 서러울 수가 없었다. 다들 나 같은 반응이었냐고 물었다.

"하하하! 연재할 때 반응이 좋았어요. 보니까 나이든 사람만 그 소설을 좋아하는 것 같지 않고, 고답적인, 자기 자신의 본능을 강력하게 억압하고 사는 계급, 지식인 계급의 반응이 제일 컸어요.

하지만 놀라운 것은 매우 젊은 독자들에게도 굉장히 큰 반향이 있었어요. 그 소설의 기본적인 주제는 늙어가는 슬픔에 대해 쓴 거예요. 그런데도 많은 젊은 독자들이 너무나 많이 울었다고 하는 반응을 보여주고. 아마도 그게 인류 보편의 정서일 수도 있겠다는 생각도 해요. ……사랑에 대한 인간의 욕망은 칠십 아니라 구십이 되어도 꺼지지 않는 게 우리의 딜레마고, 또 그게 인간이 만물의 영장이라는 증거도 된다고 봐요."

짚불처럼 확 타버리고 싶은 욕망은 영원하다는 거다. 나이가 들면 슬퍼지는 게, 바로 그러면 안 된다고 생각하기 때문이란다. 그래서 소설 《은교》에서 그는 주인공 노인의 입을 빌려 평생 그런 욕망을 억압하고 살아야 하는 지식인 사회의 이중적 태도를 반복해서 지적한다. 소설의 주인공, 시대의 위대한 시인 이적요는 죽기 직전에서야 자신이 헛살았다고 이야기한다. 자신의 본능과 본질적인 욕망에 대해 한 번도 솔직하게 이야기하지 못한 삶이 도대체 무슨 의미가 있느냐고 고백하는 것이다.

이제 교수직에서 은퇴한 '영원한 청년 작가' 박범신에게 그 소설의 늙은 주인공에게 감정이입이 되느냐고 물었다. 그는 "감정이입이 아니라, 그 노인이 바로 자신"이라고 한다. 그래서 아주 내친 김에 또 물었다. 소설에서는 그렇게 열일곱 소녀와 사랑을 하는데, 현실에서의 박범신은 어떠냐고. 그런 이야기를 자신의 생각이라고 그렇게 대놓고 막 해도 되는 거냐고(무식한 질문인 거 나도 안다. 그러나 난 교수다. 일반인이 그런 질문을 하면 무식한 거지만, 교수가 그런 질문을 하면 아주 솔직하고 예리한 거다. 세상은 그렇게 불공평한 거다. 불평하지 마라. 그 혜택을 얻으려고 난 독일서 13년간 죽어라 고생했다. 세상에는 공짜가 없다).

"작가는 빨가벗겨져 시청 앞에 운집한 군중 속으로 내던져지는 존재예요. 그게 두려우면 소설 못 씁니다. 혹시 이게 뭐, 내가 나이든 작가로서 너무 망가지는 거 아닌가? 사람들이 날 주인공으로 볼까? 이런 거 생각하면서 어떻게 소설을 써요. …… 정말로 난 그런 거 상관없어요. 문학이라는 건 허위로 쓰는 거지만, 삶의 본질 속에 내재된 진실을 목표로 하고 있기 때문에 두렵지 않을 수 있지요. 그 소설에서 노인이 보여주는 그 욕망도 대부분 내 안에 들어 있는 것들이지요."

끌로 나무를 자근자근 파내듯 작가는 디테일로 이야기한다
박범신은 디테일의 작가다. 세부 묘사가 아주 자세하다. 그의 소설 《촐라체》의 아무 페이지나 펼쳐 그가 쓴 문장을 한번 살펴보자.

"형광등의 스타트 전구처럼 깜박이다가 한순간 불이 확 켜지고 만 어떤 결론에 내 자신이 먼저 놀랐기 때문이다. 나는 진저리를 치듯 전신을 부르르 떤다. 자기 파멸의 달콤한 이끌림을 제치고, 돌연 강렬하게 솟구쳐 나와 몸속에서 터져 나오는 또 다른 비명 소리를 나는 그 순간 듣는다. 살고 싶다! 살고 싶다…… 라는, 목소리가 내 속에서 우주적인 빅뱅으로 터져 나오고 있다."

박범신의 묘사는 항상 이런 식이다. 독일 출신의 건축가 미스 반 데어 로에가 '신은 디테일에 있다'고 폼 나게 이야기했다(나도 그런 폼 나는 이야기 정말 많이 했다. 예를 들면, '뛰는 놈 위에 나는 놈 있고, 나는 놈 위에 노는 놈 있다' 따위. 문제는 아무도 인용해주지 않는다는 사실이다). 박범신도 디테일로 이야기한다. '나는 깜짝 놀랐다'

가 아니다. "형광등의 스타트 전구처럼…… 진저리를 치듯 전신을 부르르" 하며 놀라야 진짜 놀라는 거다. 박범신의 소설에는 일관되게 이런 디테일이 있다. 묘사 중심의 문체라는 이야기다.

고등학교 때 박범신은 소크라테스와 공자가 황혼에 대화한다는 설정으로 교지에 콩트를 발표한 적이 있다. 그때 지도교사가 그를 불러 '황혼'이 그냥 '황혼'이 아니었으면 좋겠다는 충고를 한다. 이 한마디의 충고로 인해 오늘날까지 디테일한 묘사는 박범신 소설의 특징이 된다.

박범신식 디테일은 단순 명료한 인터넷 시대에도 통한다. 그는 최초로 포털사이트에 소설을 연재했다. 랩이 나오면서부터 젊은이들은 더 이상 '시詩'를 읽지 않는다. UCC와 같은 동영상이 보편화되면서, 젊은이들은 더 이상 소설을 읽지 않는다. 더구나 인터넷 포털은 3초 이내에 승부를 봐야 하는 곳이다. 그런데 박범신은 그곳에 그 특유의 디테일한 묘사로 소설을 연재했다. 성공적이었다. 사실 그전까지만 해도 그는 일일이 200자 원고지에 소설을 썼다. 출판사에서 네이버에 소설 연재를 제안해오자, 그는 눈이 번쩍 뜨인다.

"네이버가 뭔지도 몰랐어. 그런데 거기를 젊은이들이 하루에 1000만 명 이상 지나쳐 간다니까. 인터넷에 연재하기로 했다니까 주변에 후배들이 그래요. 인터넷이 조금 저급한데, 당신 옛날에 대중작가라고 욕을 바가지로 먹고, 지금까지 실컷 이미지 잘해놨더니 또 망가뜨리는 거냐. …… 난 그거 절대 공감할 수 없어요.

나는 텍스트의 힘을 항상 믿어요. 난 한사코 내 소설의 힘을 믿고

그는 고향 논산에 내려가 지낼 계획이다. '열 받으면 바로 때려치우는' 자학의 전략에서 '나무 만지기' 라는 새로운 존재유지의 전략으로 변화한 거다.

살아요. 뭐 네이버에 연재하든, 신문에 연재하든, 문학잡지에 연재하든 그게 무슨 상관이냐, 난 그런 논리거든. …… 인터넷의 안티도 걱정들 하더라고. 아무 소리나 막 나오니까. 그런데 안티가 아무리 많아도 내가 1980년대 대중주의라고 깨진 것 그 이상으로 나올게 뭐 있겠는가. 그래서 전혀 두렵지 않았어요."

박범신은 세상과 화해하기보다는 이렇게 항상 부딪치며 살아왔다. 그래서 상처도 많고, 억울한 것도 많다. 더 근본적인 존재의 슬픔도 끊이지 않고 스며들어온다. 그는 이 모든 것을 오직 문장의 디테일로 다스리며 견뎌왔다. 그는 자신의 이런 태도를 '문학순정주의'라고 이야기한다. 그리고 죽을 때까지 문학순정주의로 최선을 다하겠다고 한다. 조금도 흔들림 없이 그 길을 가겠다는 거다.

예전에는 열 받고 상처 받고 쪽팔리면 바로 때려치웠다. 그러나 이젠 때려치울 것도 별로 없다. 지난 여름 막내 장가보내면서 아버지도 내려놨고, 교수직도 내려놨다. 이제 나무 깎고, 다듬으며 목공일하며 지내면 된다. '열 받으면 바로 때려치우는' 자학의 전략에서 '나무 만지기'라는 새로운 존재유지의 전략으로 변화한 거다. 그래서 고향 논산에 은퇴 후 머물 수 있는 집도 마련해놨다. 고향은 그러라고 있는 거다.

KI신서 3810
남자의 물건

1판 1쇄 발행 2012년 2월 7일
1판 13쇄 발행 2012년 2월 17일

지은이 김정운
펴낸이 김영곤 **펴낸곳** (주)북이십일 21세기북스
부사장 임병주 **PB사업부문장** 정성진
편집1팀장 정지은 **책임편집** 장보라 **편집** 박혜란 윤홍 윤지영 **디자인** 씨디자인 **교정교열** 김경수
MC기획2실장 안현주 **국내기획팀** 유승재 김성용 이지혜
마케팅영업본부장 최창규 **마케팅** 김현섭 김현유 강서영 **영업** 이경희 정병철
출판등록 2000년 5월 6일 제10-1965호
주소 (우413-756) 경기도 파주시 문발동 파주출판단지 518-3
대표전화 031-955-2100 **팩스** 031-955-2151 **이메일** book21@book21.co.kr
홈페이지 www.book21.com **블로그** b.book21.com **트위터** @21cbook

책 값은 뒤표지에 있습니다.
ISBN 978-89-509-3566-5 13320